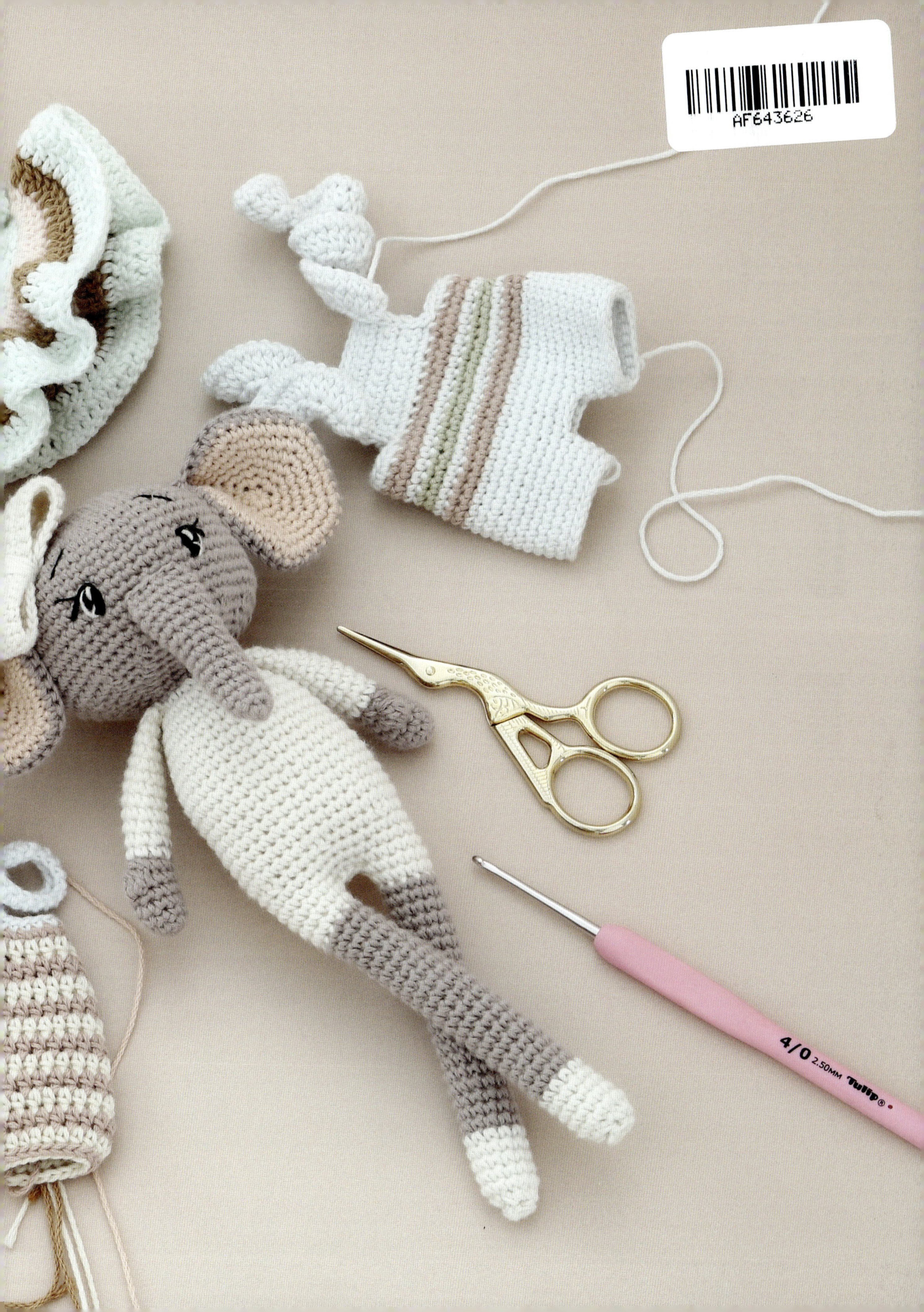
4/0 2.50MM Tulip®

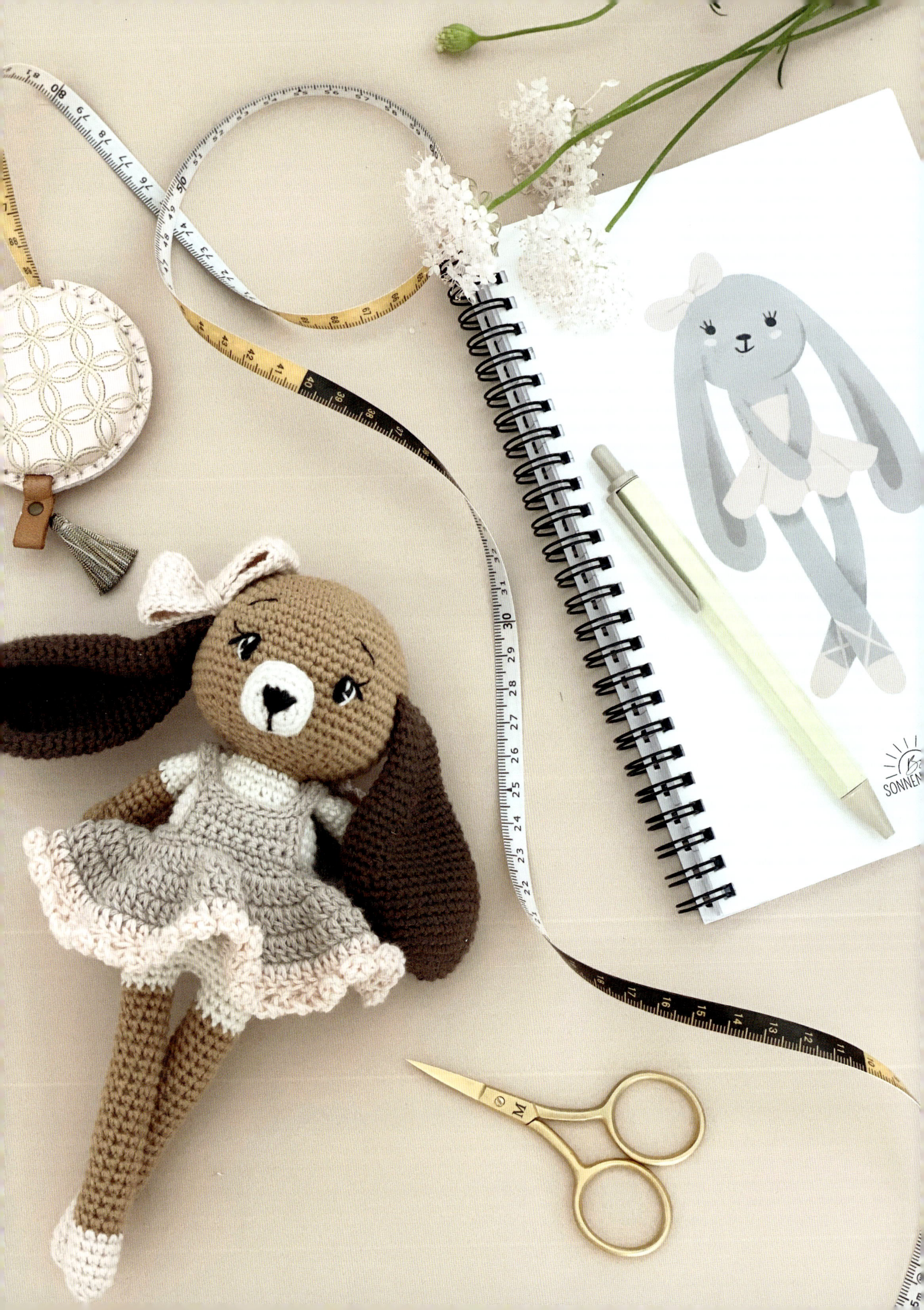

# Frida

## und ihre Freunde

15 liebenswerte Häkeltiere

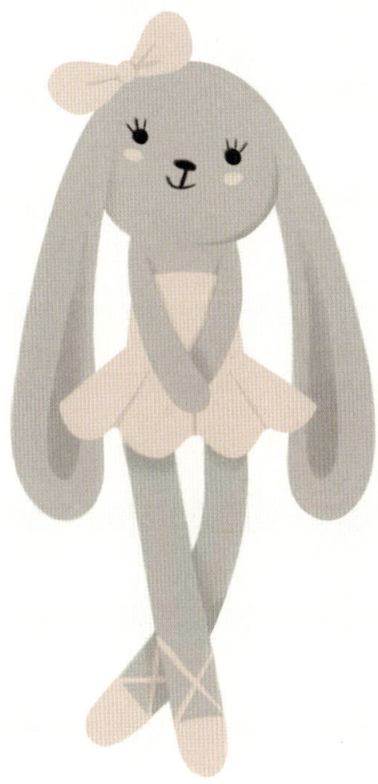

Christine Maria Sonnenschein

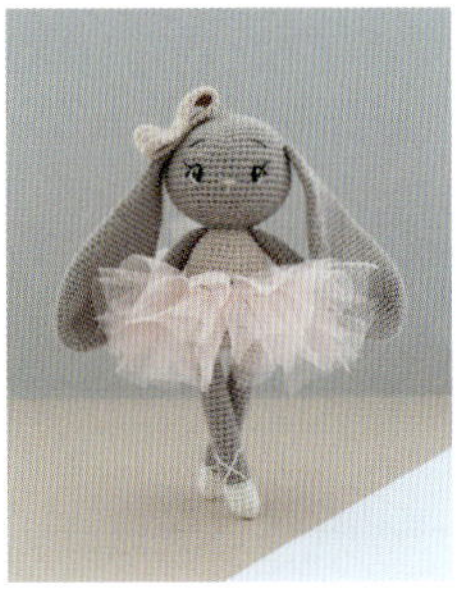


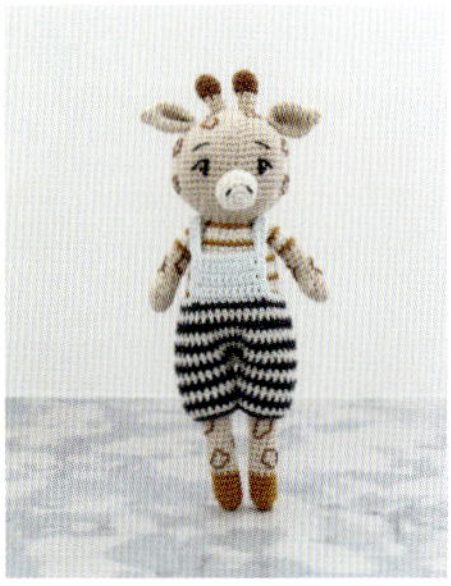


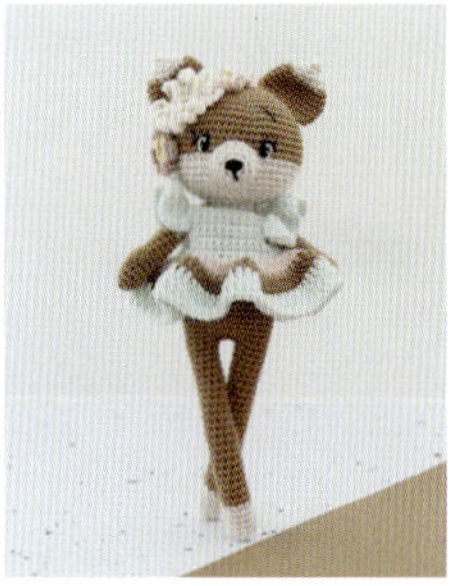


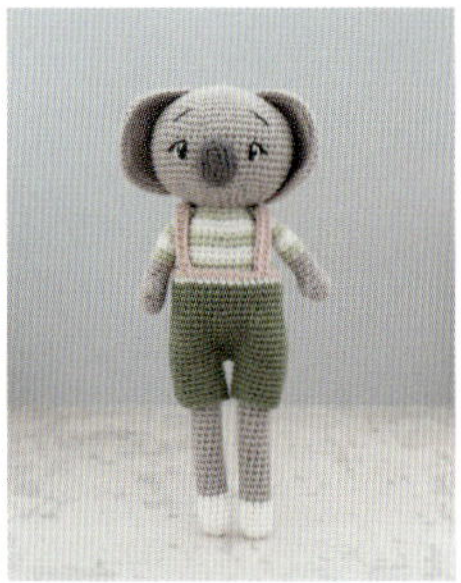


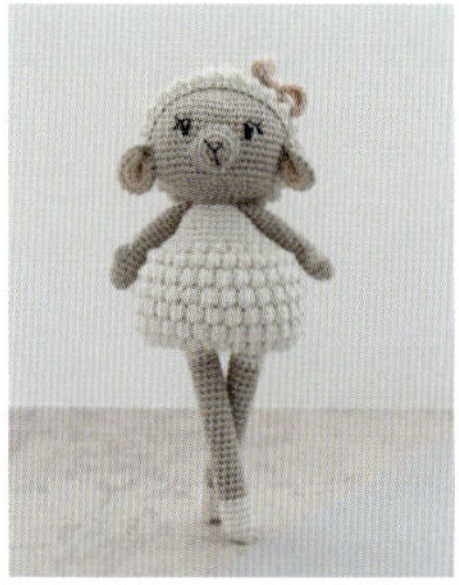


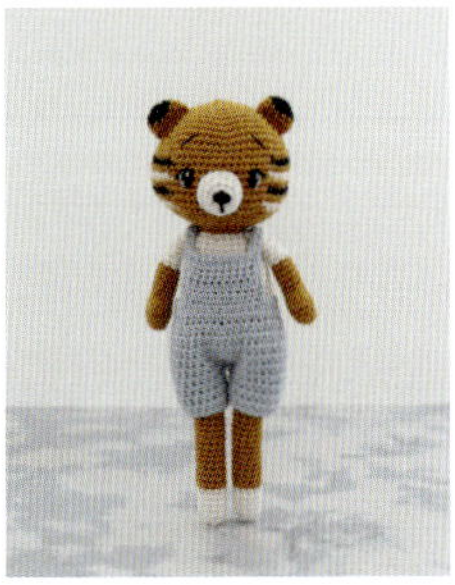


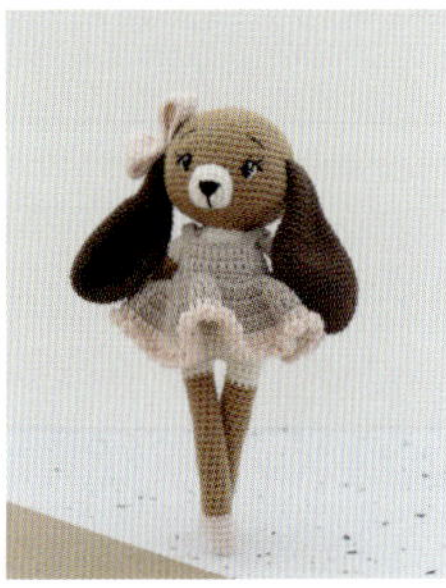


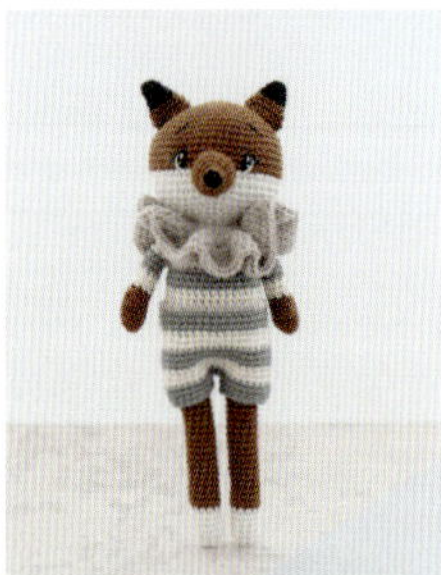


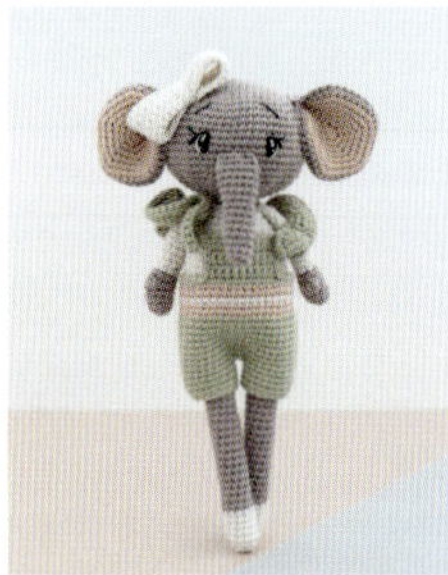


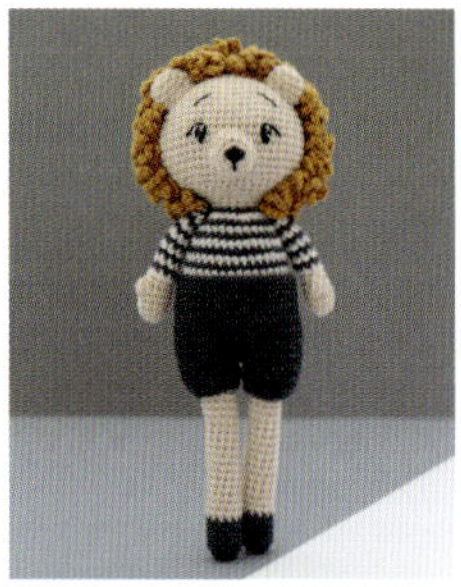


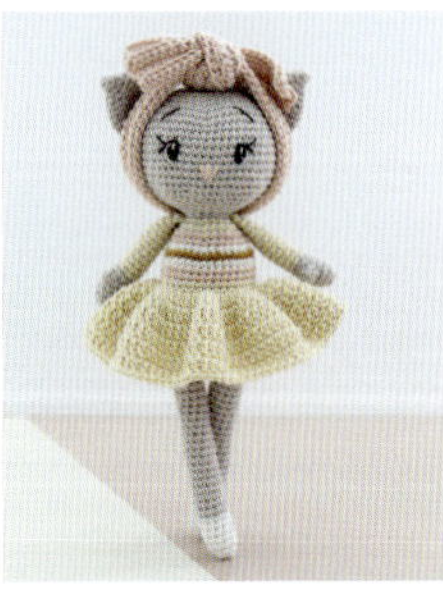


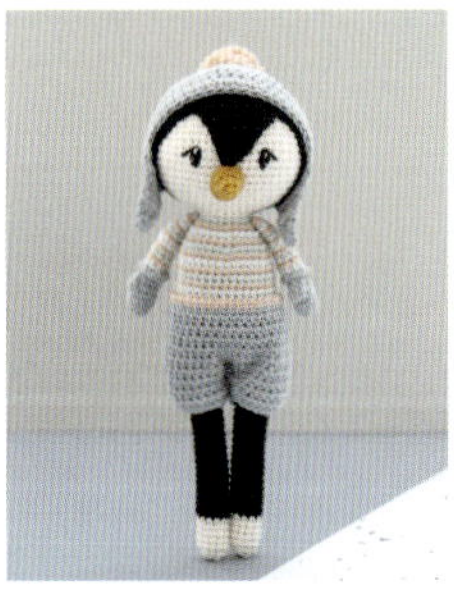


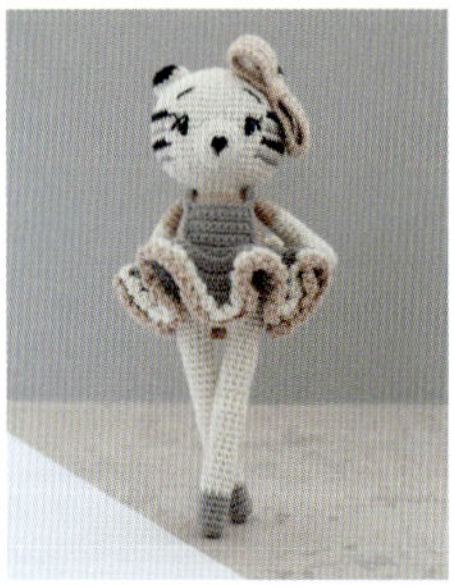


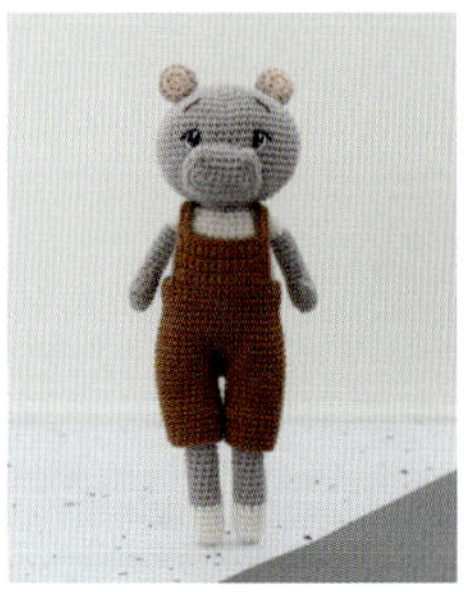


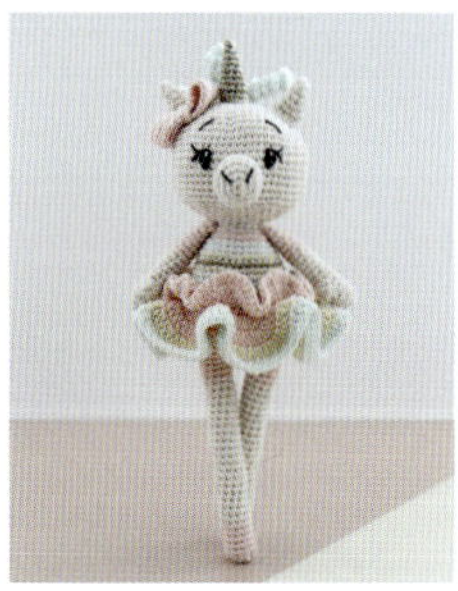

# Inhalt



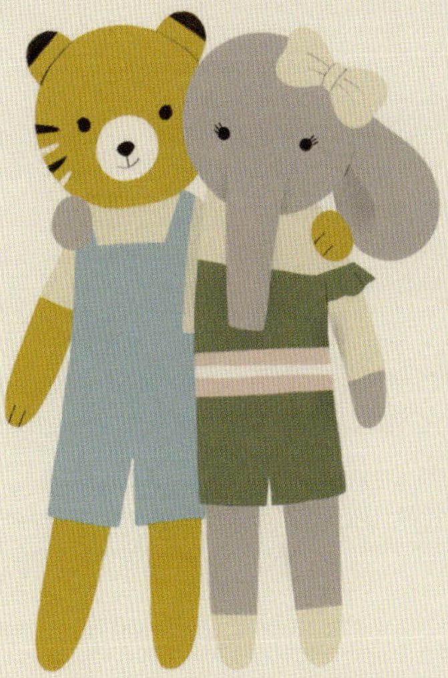

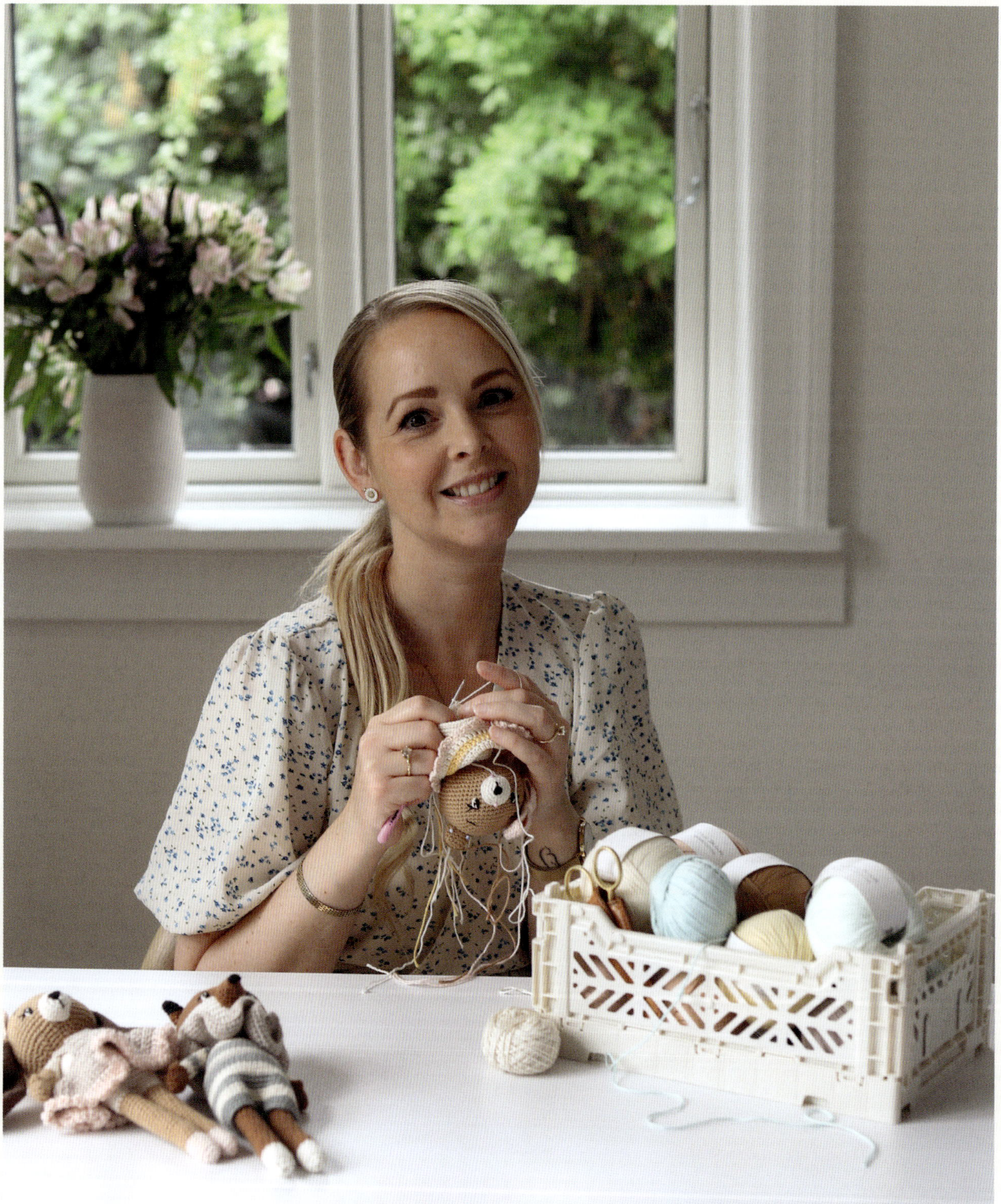

# Liebe Leserin, lieber Leser,

mit großer Demut und Begeisterung stelle ich dir diese Sammlung mit Anleitungen für 15 liebenswerte Häkeltiere vor – ein Buch, von dem ich schon lange geträumt habe. Der Traum entstand, als ich meine erste Anleitung für das Kaninchen Frida zu Papier brachte. Diese Figur erfüllte mich mit Freude und Stolz und inspirierte mich zu weiteren Häkelfiguren.

Meine Reise in die Häkelwelt begann, als ich meine erste Tochter erwartete. Ich verspürte ein tiefes Bedürfnis, schöne Dinge für sie zu erschaffen. Das war eine große Herausforderung, die ich entschlossen und gerne angenommen habe. Nach etlichen Fehlversuchen hatte ich schließlich den Dreh heraus. Am Anfang häkelte ich ganz einfache Sachen und steigerte mich nach und nach zu komplexeren Kreationen.

Instagram hat bei dieser Häkelreise eine entscheidende Rolle gespielt. Es war eine Plattform, auf der ich meine Kreationen teilte und von überall her Zuspruch erhielt. Die Unterstützung und das Feedback dieser Online-Community inspirierten mich dazu, weiter zu häkeln, neue Anleitungen zu entwickeln und schließlich dieses Häkelbuch auf den Weg zu bringen.

Das Buch enthält meine besten und beliebtesten Häkelanleitungen, darunter das kultige Kaninchen Frida, jetzt mit einem neuen Twist. Das Buch richtet sich sowohl an Einsteiger:Innen, die gerade die Freude am Häkeln entdeckt haben, als auch an erfahrene Häkler:Innen, die nach neuen Herausforderungen suchen.

Für mich ist Häkeln mehr als ein Hobby. Es ist ein kreativer Prozess, der Ruhe und Zufriedenheit bringt. Ich hoffe, dass du, genau wie ich, Freude an diesen Anleitungen hast und dich vielleicht dazu inspirieren lässt, dein eigenes Häkeluniversum zu erschaffen.

Teile deine Häkelfiguren gerne auf Instagram unter #fridaogvennerne und #bysonnenschein.

Ich wünsche dir ganz viel Spaß!

Liebe Häkelgrüße
Christine Maria Sonnenschein

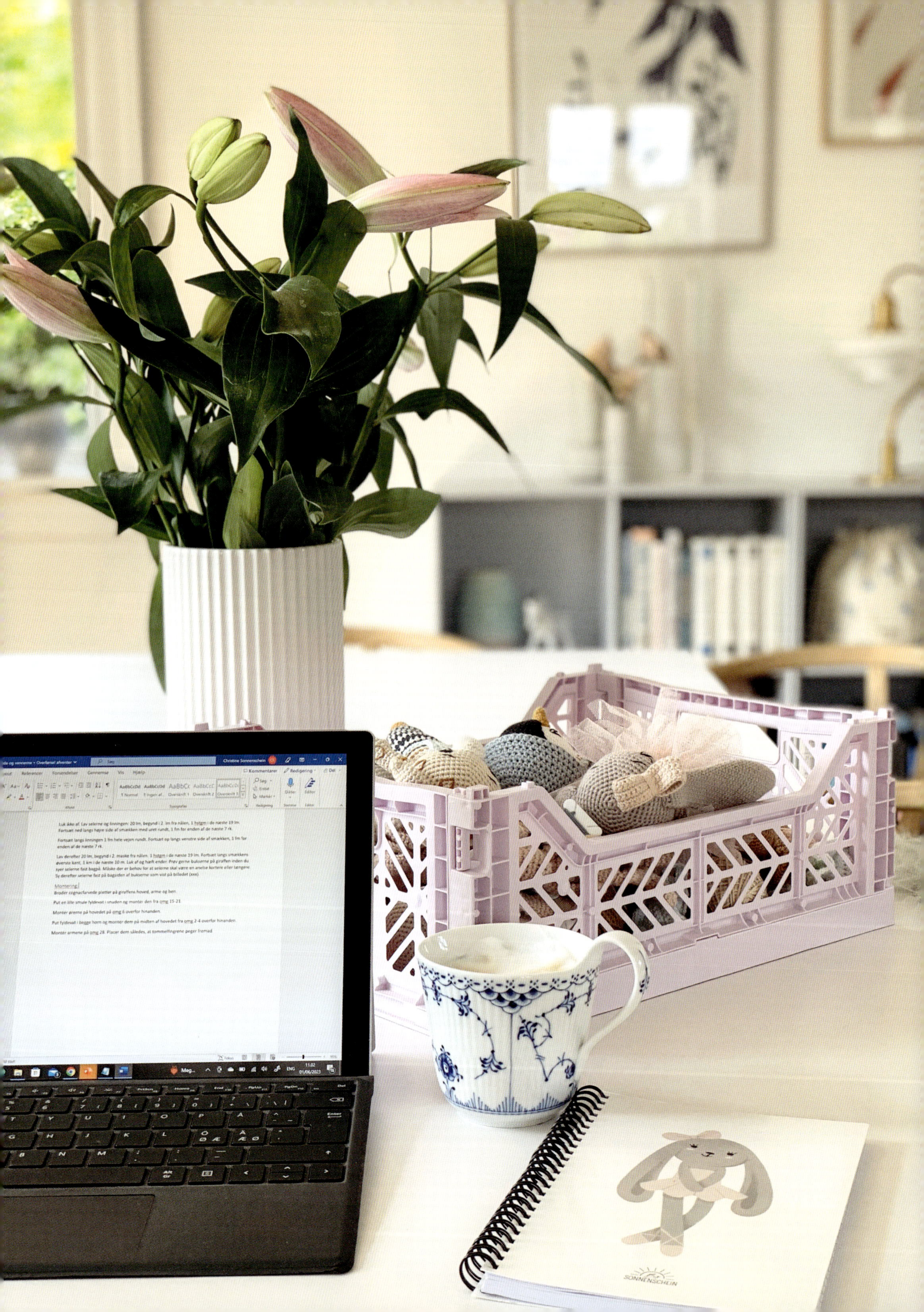
SONNENSCHEIN

# Über die Anleitungen

*In diesem Buch findest du Häkelanleitungen für 15 verschiedene Tiere in dezenten Farben. In jeder Anleitung sind die von mir verwendeten Materialien aufgelistet, einschließlich Garn, Lauflänge und Menge. Alle Figuren sind je nach Länge der Ohren und des Zubehörs 23–25 cm groß. Sie werden nach dem gleichen Grundmuster gehäkelt und können daher ganz nach Belieben kombiniert werden. Der Fantasie sind keine Grenzen gesetzt.*

## Abkürzungen

**anschl** = anschlagen

**arb** = arbeiten

**Büschelm** = Büschelmasche (4 halb abgemaschente Stäbchen in 1 Masche werden am Ende zusammen abgemascht)

**Fb** = Farb(e)

**fM** = feste Masche(n)

**Häkelnd** = Häkelnadel

**hStb** = halbe(s) Stäbchen

**Km** = Kettmasche(n)

**LL** = Lauflänge

**Lm** = Luftmasche(n)

**M** = Masche(n)

**M-Glied** = Maschenglied

**Nd** = Nadel

**R** = Reihe(n)

**Rd** = Runde(n)

**Rdm** = Randmasche(n)

**Stb** = Stäbchen

**wdh** = wiederholen

## Maschenzahl und Wiederholungen

**(x)** = Die Zahl in Klammern am Ende einer Runde gibt die Anzahl der Maschen an, die du nach dieser Runde haben solltest.

Durch * wird gekennzeichnet, wenn eine Abfolge von Maschen mehrmals wiederholt werden muss. Das * markiert den Beginn der Abfolge. Danach wird angegeben, wie oft die Abfolge ab diesem * noch gehäkelt werden muss.

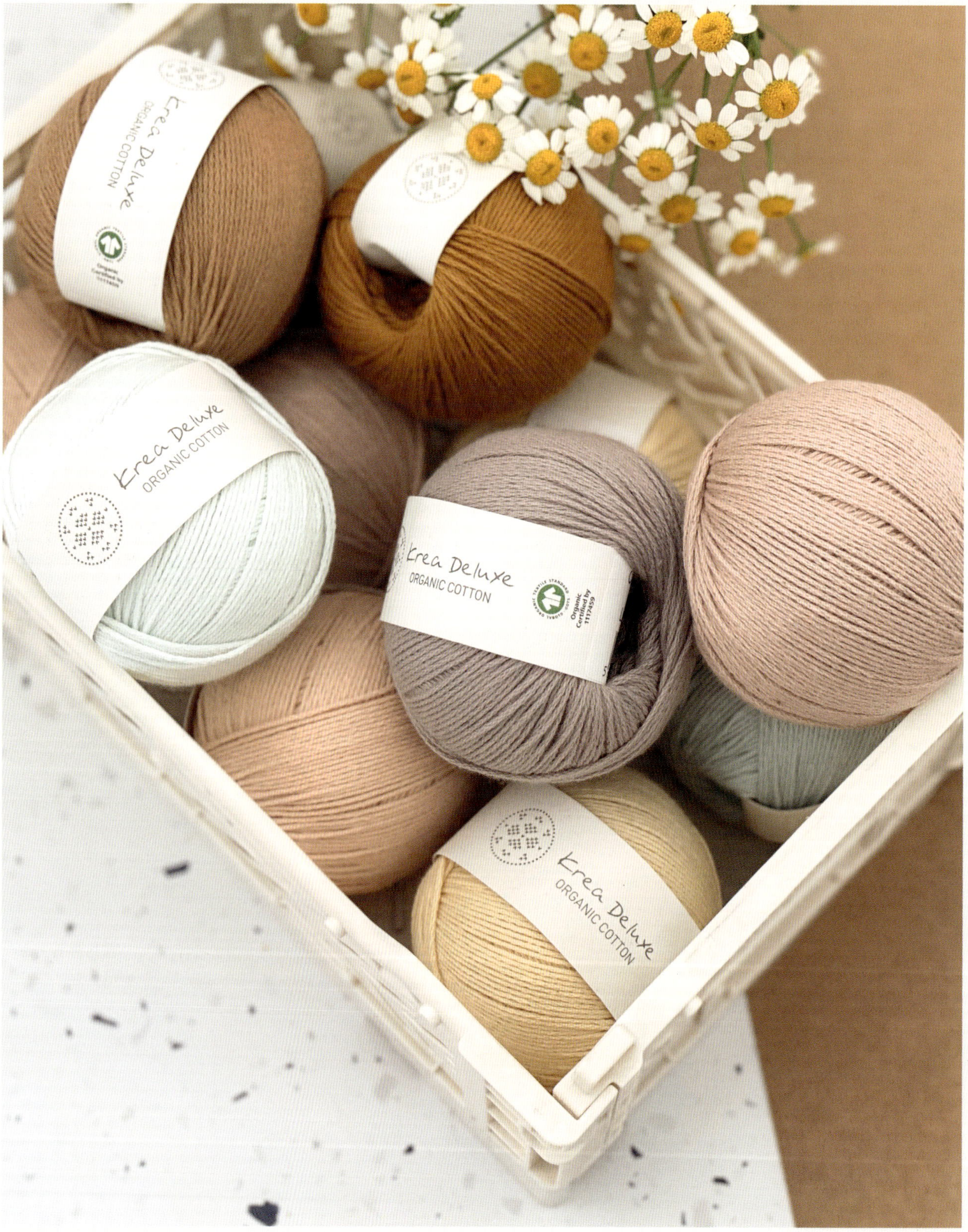
Krea Deluxe
ORGANIC COTTON
Krea Deluxe
ORGANIC COTTON
Krea Deluxe
ORGANIC COTTON
Krea Deluxe
ORGANIC COTTON

# Material und Zubehör

### Garn

Für alle Figuren habe ich Organic Cotton (100 % Bio-Baumwolle) von Krea Deluxe verwendet. Es ist mein absolutes Lieblingsgarn. Es ist in vielen schönen Farben erhältlich und ist wunderbar weich. Ich finde, dass meine Figuren etwas feiner werden, wenn ich damit häkle. Du kannst natürlich jedes beliebige Garn verwenden, du musst nur darauf achten, dass Häkelnadel und Garn zueinander passen. Außerdem solltest du auch die Dicke des Garns und die Lauflänge beachten, wenn die fertigen Figuren die gleiche Größe haben sollen, wie im Buch angegeben. Die Knäuel à 50 g von Krea Deluxe haben eine Lauflänge von 165 Metern.

### Häkelnadel

Für alle Figuren habe ich eine Häkelnadel von 2,5 mm von Tulip Etimo Rose verwendet, mit der ich sehr zufrieden bin. Sie liegt gut in der Hand, wiegt nicht viel, und das Garn gleitet leicht über die Nadel. Auch hier kannst du selbstverständlich eine andere Nadel verwenden, mit der du gut zurechtkommst.

### Maschenmarkierer

Ein Maschenmarkierer ist eine kleine Sicherheitsnadel aus Metall oder Kunststoff (alternativ kannst du auch ein Stück Garn in einer Kontrastfarbe verwenden). Er kann helfen, die Maschenanzahl im Auge zu behalten. Markiere damit die letzte Masche einer Runde und verschiebe ihn nach jeder Runde mit nach oben. Zusätzlich markiere ich mit einem Maschenmarkierer auch die Maschen, die ungehäkelt bleiben, z.B. bei Hosen oder Beinen.

### Sicherheitsaugen

Wenn du Sicherheitsaugen verwenden möchtest, anstatt die Augen selbst aufzusticken, sind die Tiere nicht für Kinder unter 3 Jahren geeignet. Denke daran, dass die Sicherheitsaugen vor dem Ausstopfen des Kopfes eingesetzt werden müssen und achte darauf, sie mit der mitgelieferten Sicherung gut zu befestigen.

### Füllwatte

Als Füllung für die Tiere empfehle ich eine Polyesterfaserfüllung. Sie ist überall im Fachhandel erhältlich. Außerdem ist sie hypoallergen, gut waschbar und preiswert. Beim Ausstopfen der Figuren solltest du immer nur kleine Mengen auf einmal nehmen, bis die gewünschte Optik erreicht ist. Ich stopfe meine Figuren normalerweise sehr fest aus, da ich auch sehr fest häkle. Beachte jedoch, dass zu wenig Füllung der Figur einen traurigen Ausdruck verleihen kann und zu viel Füllung dazu führen kann, dass sich die Maschen weiten, sodass die Füllung durch die Maschen hindurch sichtbar wird.

Als nachhaltigere Alternative zu herkömmlicher Füllwatte kann ich Bio-Kapok wärmstens empfehlen. Es ist eine tolle Füllung für Teddybären. Es behält seine Form gut, ist weich und angenehm zu verarbeiten.

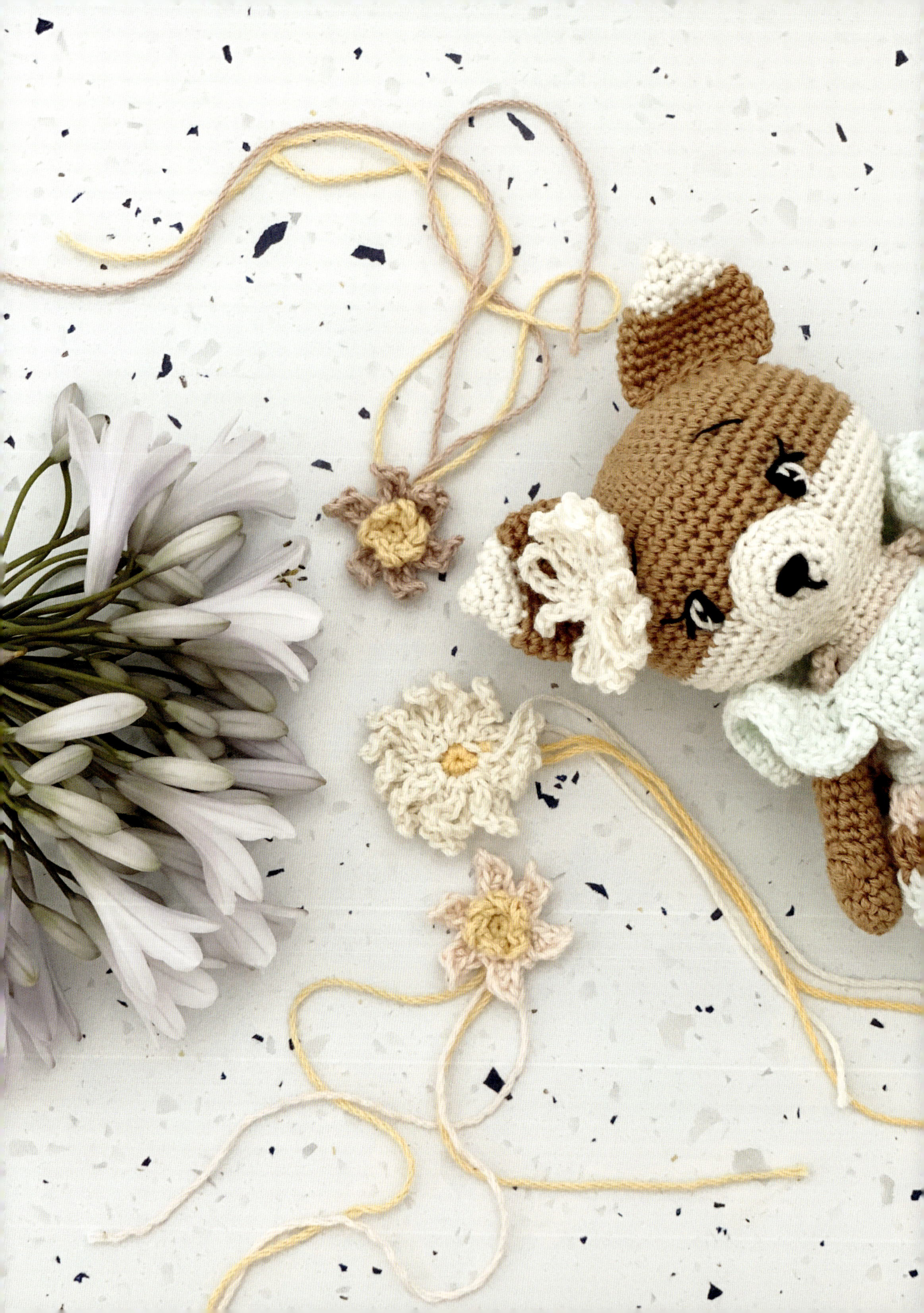

# Techniken

## Häkeln mit mehreren Farben

Beim Häkeln mit mehreren Farben kannst du das Garn, das gerade nicht verwendet wird, auf der Innenseite der Arbeit weiterführen. Du musst es also nicht bei jedem Farbwechsel abschneiden. Wenn du es wieder brauchst, kannst du den Faden einfach wieder aufnehmen und die andere Farbe auf der Innenseite mitführen. Achte darauf, den mitlaufenden Faden locker zu lassen, damit sich die Häkelarbeit nicht zusammenzieht.

Lediglich bei den Häkelkleidern habe ich den Faden zwischendurch abgeschnitten. Das ergibt hier das schönste Ergebnis, auch wenn dadurch am Schluss viele Fäden vernäht werden müssen.

Einige Tiere tragen gestreifte Kleidung. Beim Häkeln von Spiralrunden würde es beim Farbwechsel einen Versatz geben. Du kannst dies vermeiden, wenn du die Farbe in der Mitte der Rückseite wechselst. Das geht am besten, indem man am Ende der Runde noch ein paar feste Maschen mehr häkelt oder einige Maschen aufzieht, jedoch nicht in jeder Runde. Schaue deine Arbeit an, dann siehst du, wo es nötig werden könnte. Die letzte Masche wird dann zum neuen Rundenbeginn. So liegen die Farbwechsel auf der Rückseite auf einer schönen, geraden Linie.

Ich nehme den Farbwechsel immer in der letzten Masche der Runde vor. Allerdings steht an einzelnen Stellen im Buch, dass die Farbe in der ersten Masche gewechselt werden soll, da es in diesen Fällen einfacher bzw. schöner ist.

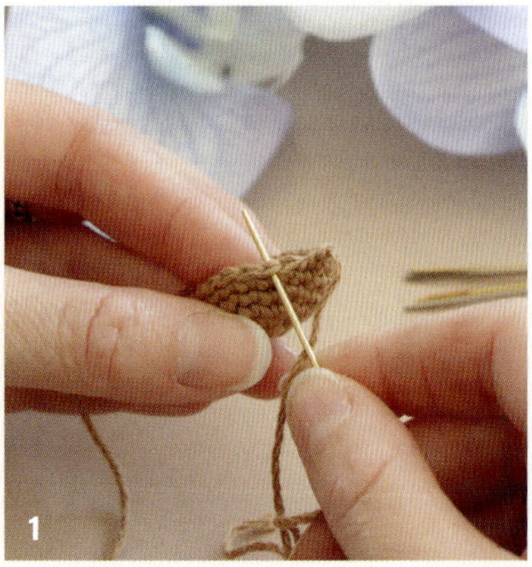


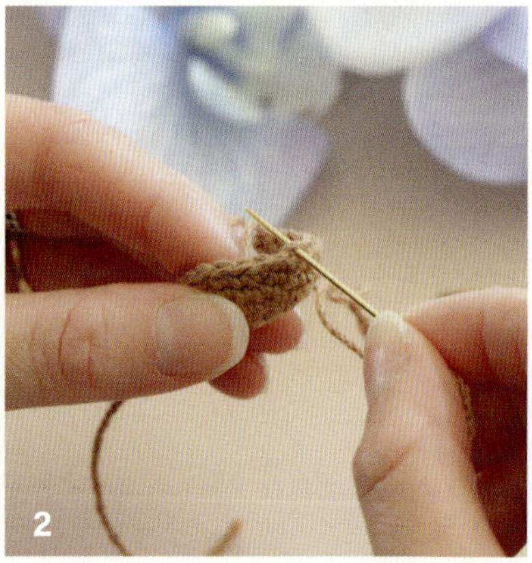


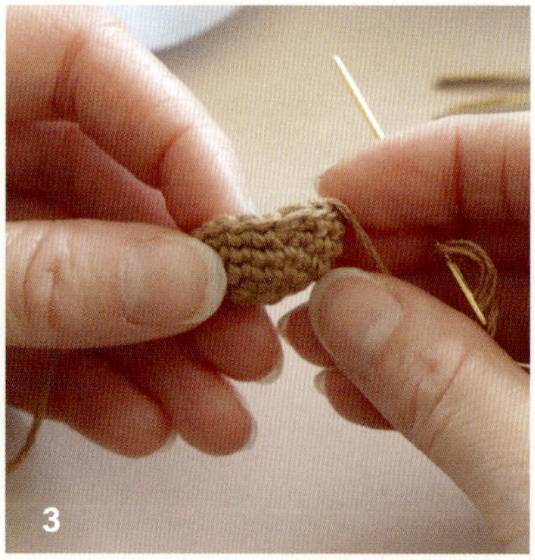


## Unsichtbarer Abschluss

Ein unsichtbarer Abschluss verleiht den Häkelteilen ein schönes Finish. Dafür das Garnende in eine Wollnadel fädeln. Dann die Nadel von vorne durch die 2. Masche der vorherigen Runde (Bild 1) und dann zurück zwischen den beiden Maschengliedern in die letzte Masche (Bild 2) stechen. Vorsichtig festziehen, bis die Masche wie die anderen Maschen aussieht (Bild 3).

## Fertigstellen (Annähen)

Bei jeder Anleitung gibt es einen Abschnitt zum Fertigstellen mit einer genauen Anweisung, wo die einzelnen Kleinteile platziert und an der Figur angenäht werden sollen.

Bevor du mit dem Annähen beginnst, stecke die Teile mit Stecknadeln fest und prüfe, ob die Platzierung stimmt. Die fertige Optik hängt stark davon ab, ob die Kleinteile richtig platziert sind. Nutze gerne das lange Fadenende vom Beenden zum Annähen. Ich verwende hierfür eine Wollnadel mit stumpfer Spitze.

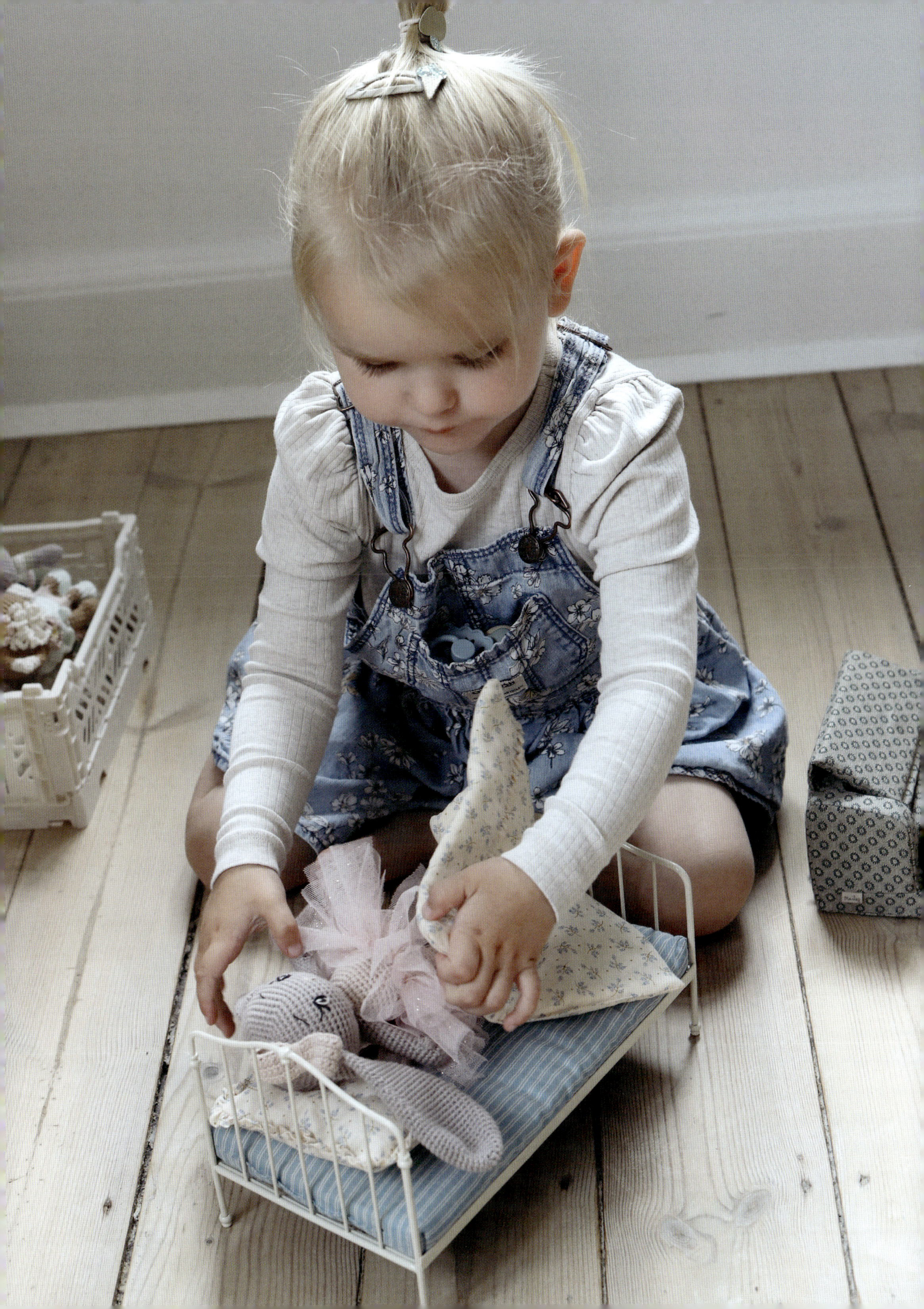

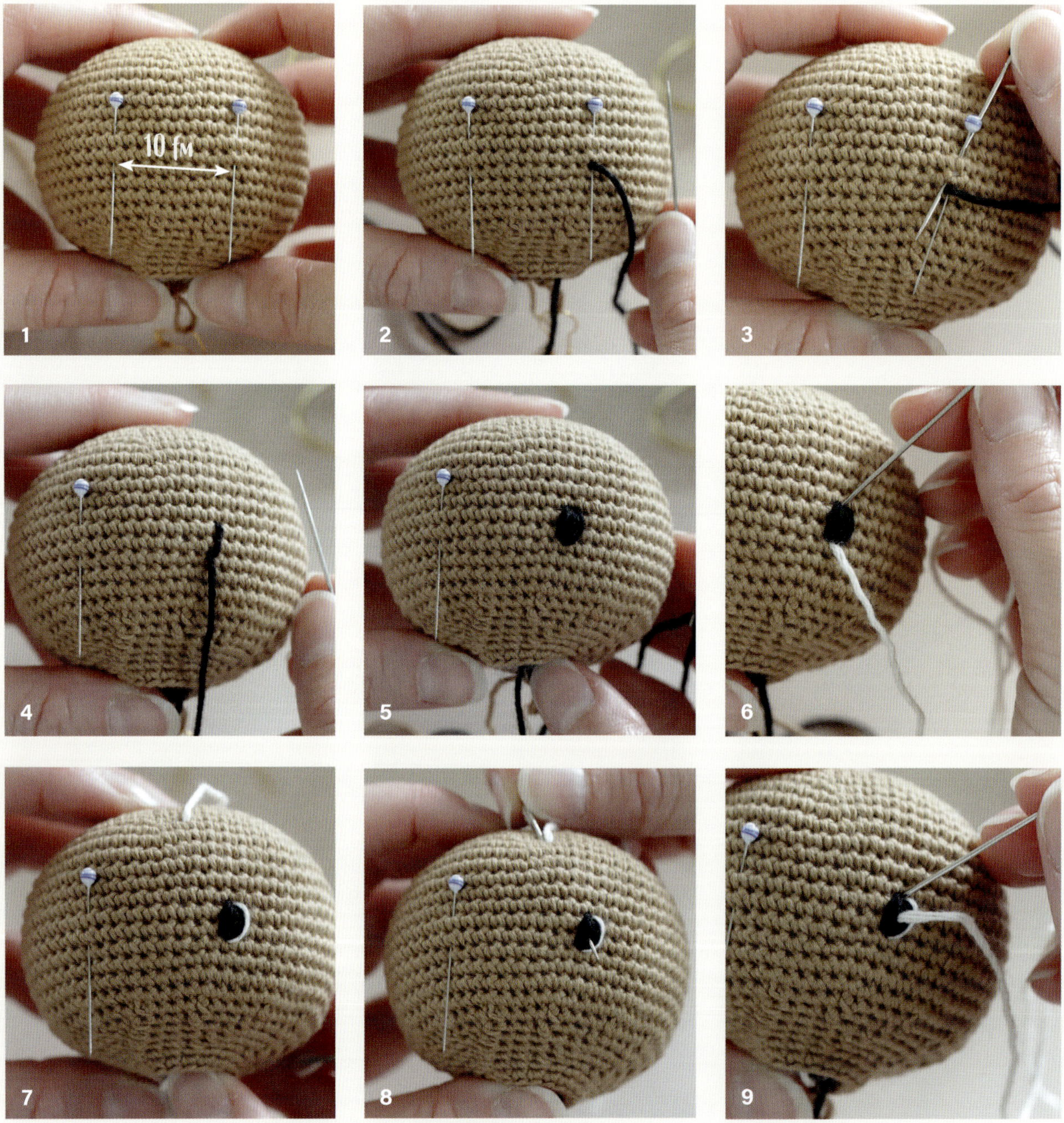
10 fM
1
2
3
4
5
6
7
8
9

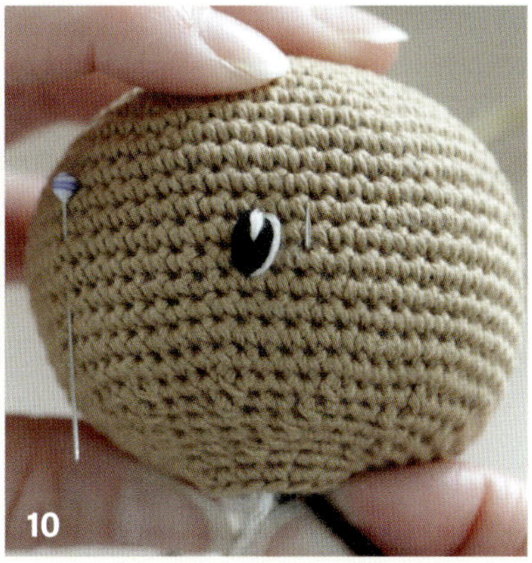


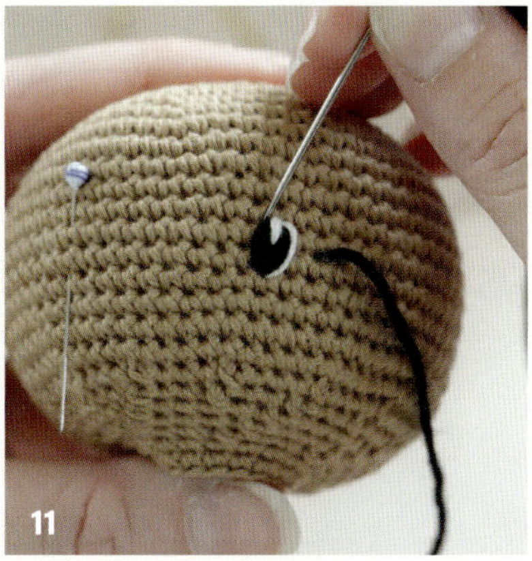


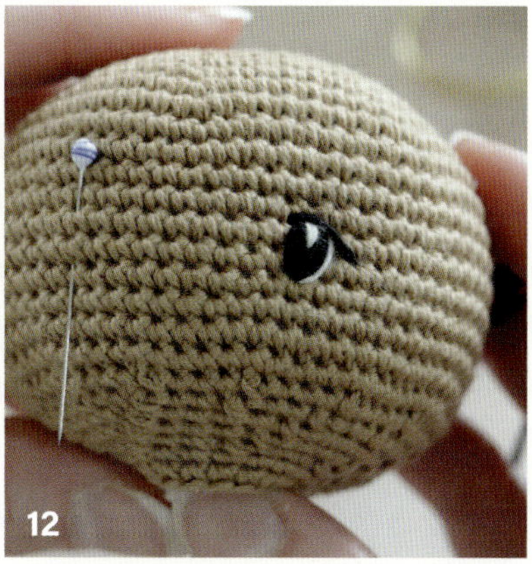


## Augen aufsticken

(in Schwarz und Naturweiß)

Ich empfehle zum Aufsticken der Augen eine spitze Sticknadel. Dadurch wird die Stickarbeit einfacher und das Ergebnis genauer. Übe bei Bedarf zunächst, bevor du direkt auf die Figuren stickst. Wenn dir das Ergebnis nicht gefällt, kannst du es ganz einfach auftrennen und von vorne beginnen. Denke daran: Übung macht den Meister.

Stopfe den Kopf gut aus, bevor du mit dem Sticken beginnst.

Markiere die Position der Augen mit Sicherheitsnadeln in den 15. und 16. Runden im Abstand von 10 Maschen (8 Maschen sind später zwischen den aufgestickten Augen sichtbar). Über diese 2 Runden werden die Augen aufgestickt (Bild 1).

Sticke zunächst die Pupille mit Garn in Schwarz, dazu 6-7-mal von oben nach unten mit der Sticknadel einstechen (Bild 2-5).

Sticke nun seitlich, außen um die Pupille mit Garn in Naturweiß eine Kontur und führe dann die Nadel nach oben in die Mitte des Auges, um einen Reflex zu bilden (Bild 6-10).

Sticke dann das Augenlid mit Garn in Schwarz auf (Bild 11 und 12).

Für die Wimpern (bei den weiblichen Figuren), die Augenbrauen und den kleinen, weißen Reflex im Auge empfehle ich, das Garn so zu teilen, dass es nur aus einem einzigen, dünnen Faden besteht. Die Augenbrauen werden schräg über die 9. und 10. Runde gestickt (Bild 13-21).

Zum Schluss alle Fadenenden in den Kopf ziehen und verknoten.

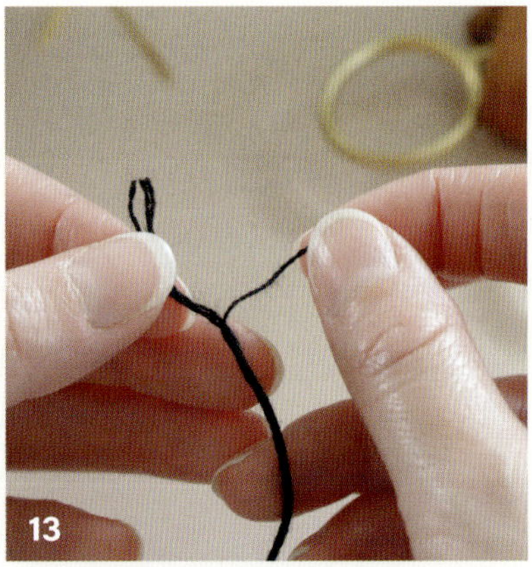
13

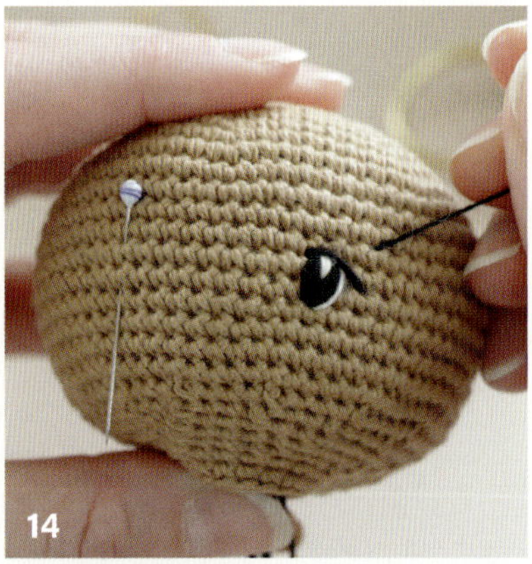
14

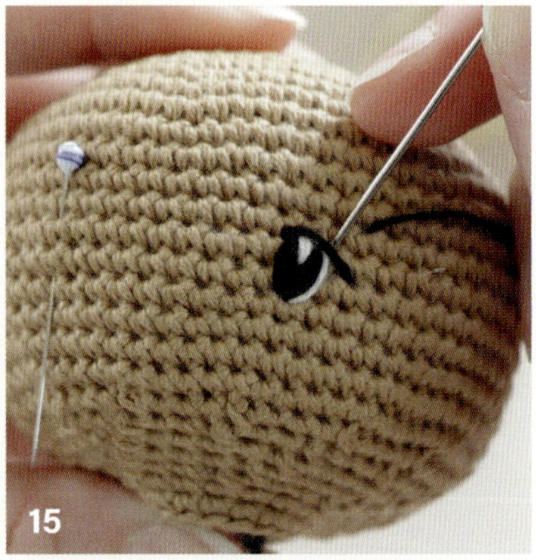
15

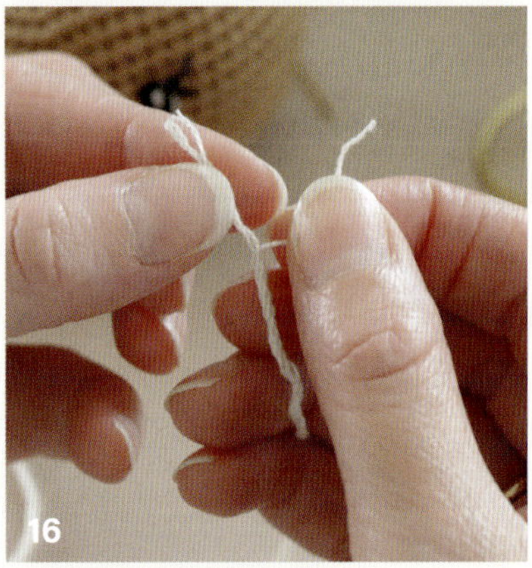
16

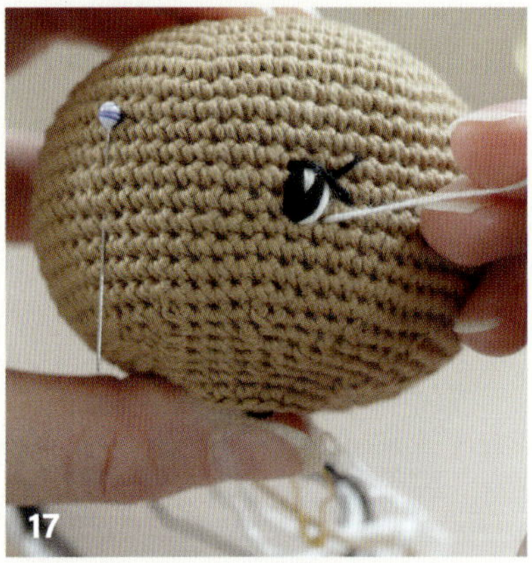
17

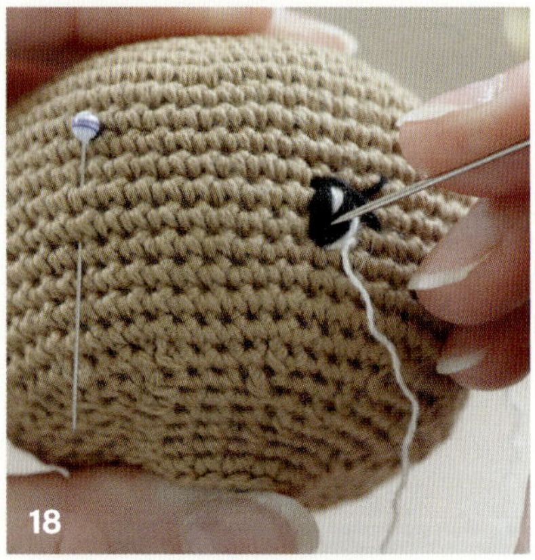
18

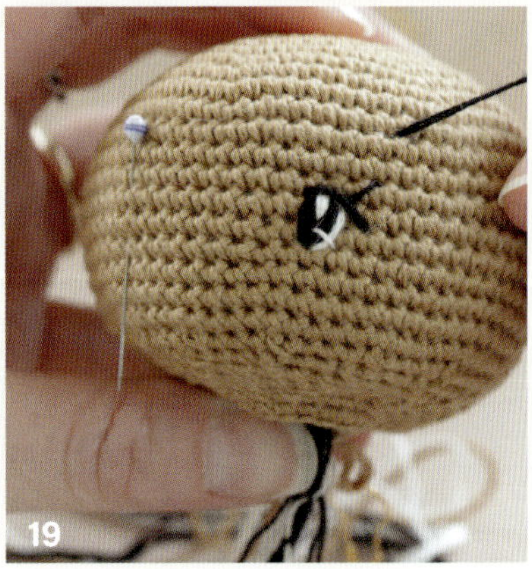
19

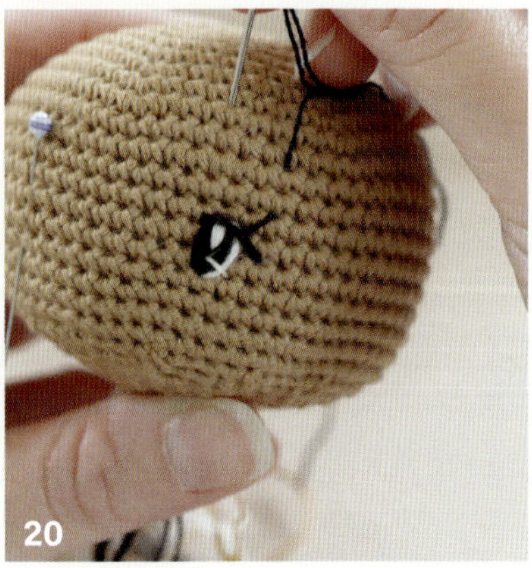
20

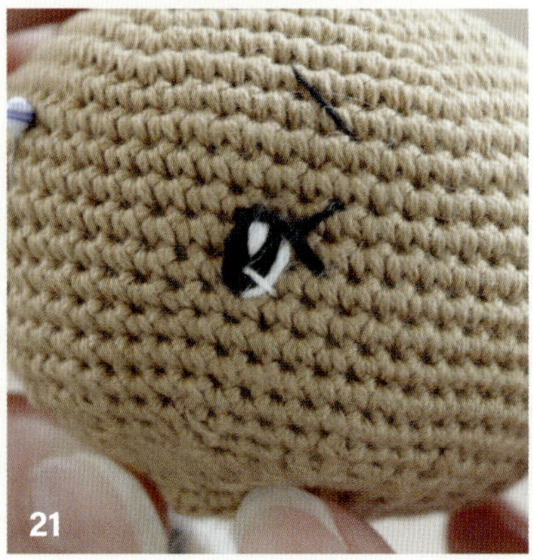
21

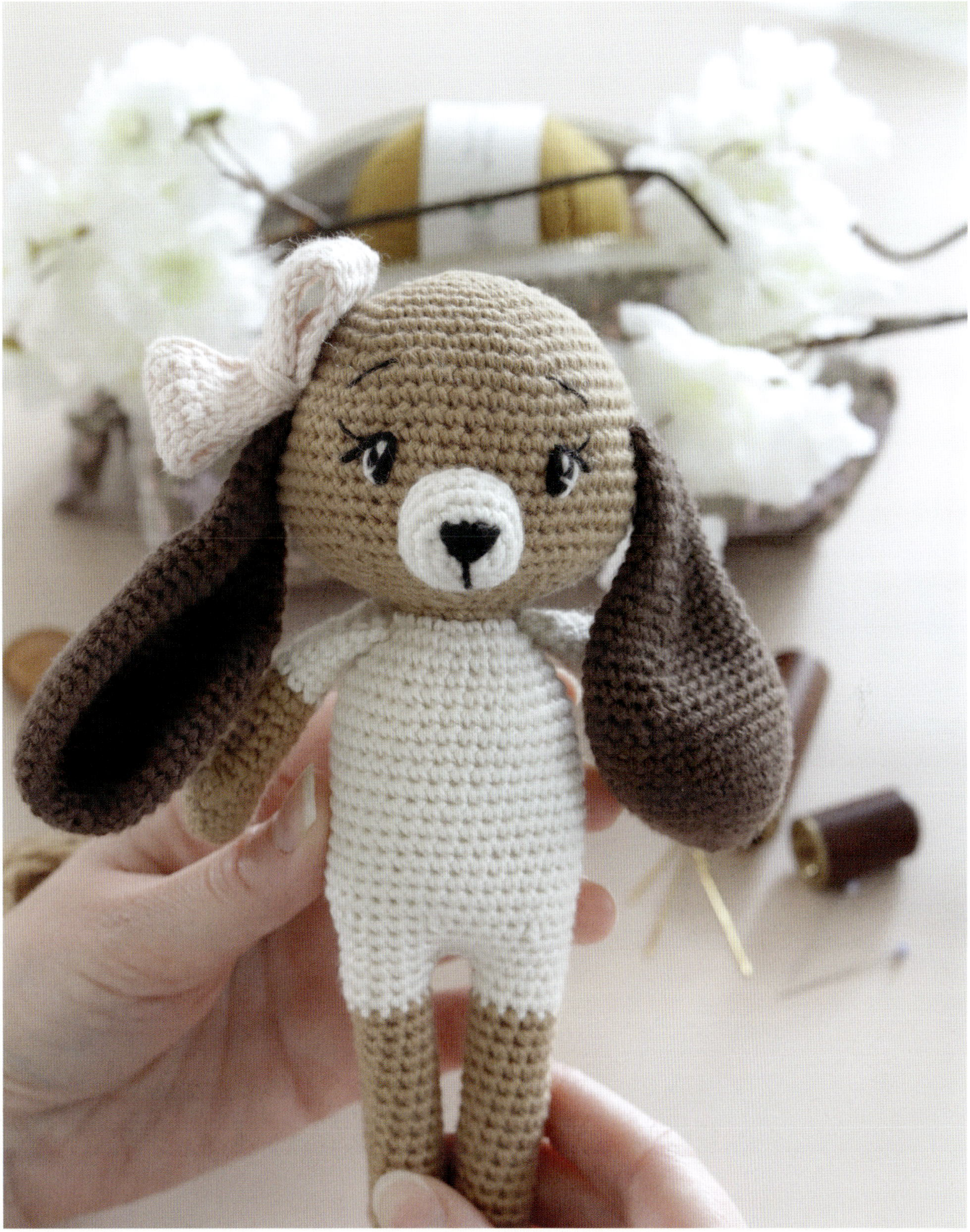

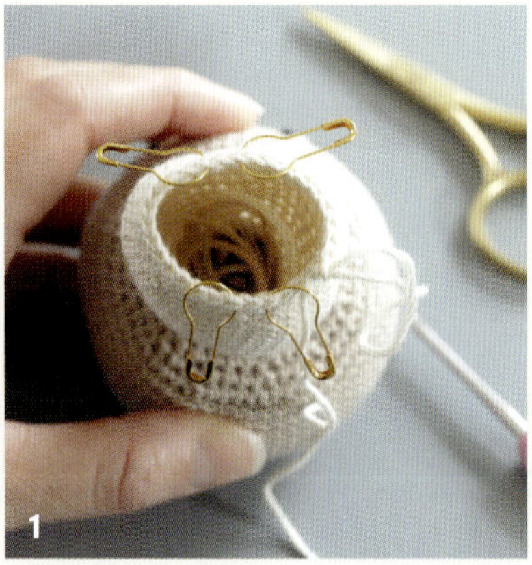
1
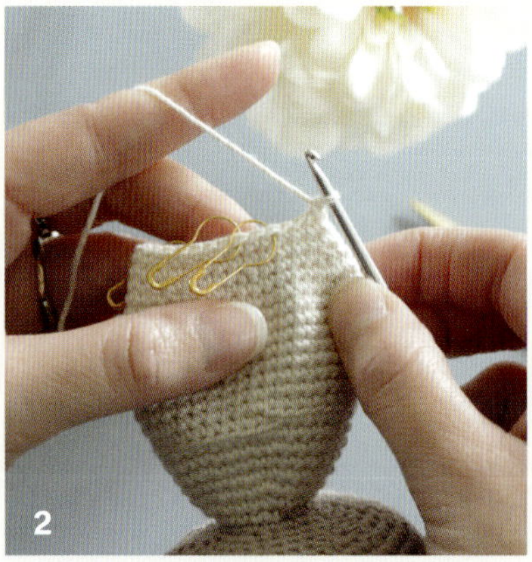
2
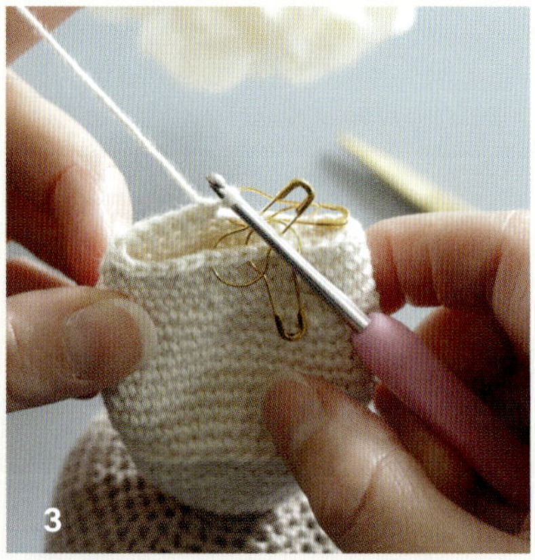
3
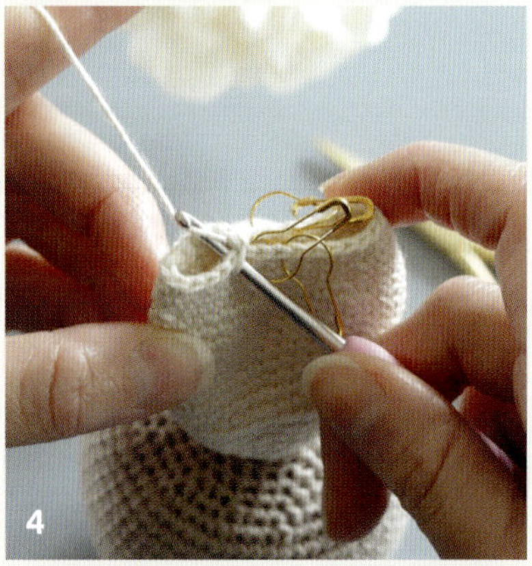
4
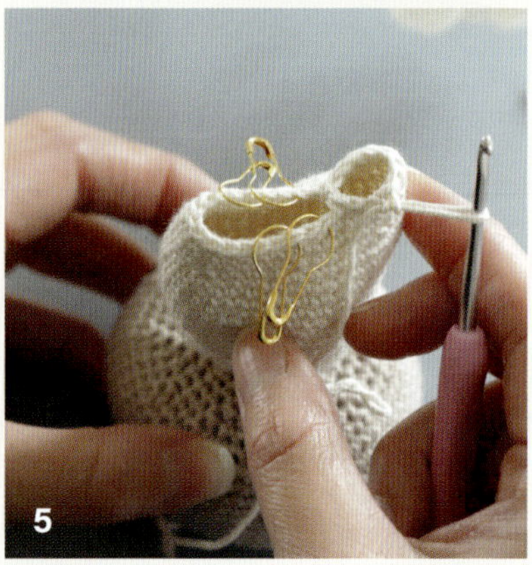
5
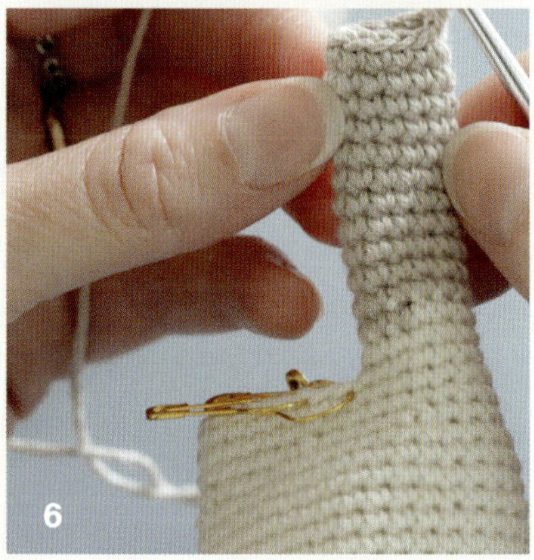
6
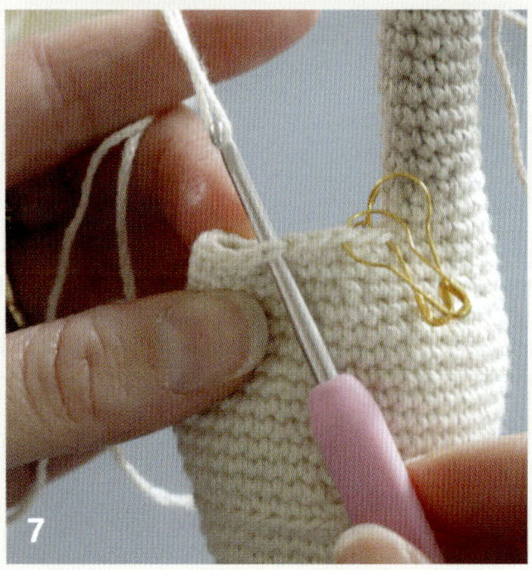
7

## Beine häkeln

Für die Beine wird die Arbeit geteilt. Dazu für den Abstand zwischen den Beinen 3 Maschen in der vorderen Mitte des Körpers (im Verhältnis zur Position der Augen) und 3 Maschen in der hinteren Mitte des Körpers markieren, gerne mit Maschenmarkierern, um den Überblick über diese insgesamt 6 Maschen zu behalten (Bild 1). Ggfs. ein paar feste Maschen auftrennen, um Platz für den Raum zwischen den Beinen zu schaffen. Für jedes Bein sollten 12 Maschen vorhanden sein (Bild 1).

Die Vorder- und Rückseite für das 1. Bein zusammenfügen, dazu bis zum Maschenmarkierer ein paar feste Maschen häkeln und auf der anderen Seite der Figur weiterhäkeln (Bild 2-6). Nachzählen, dass das Bein 12 Maschen hat. Das Bein nach und nach gut ausstopfen und mit den restlichen Runden, wie in der Anleitung beschrieben, fortfahren.

Für das 2. Bein das angegebene Garn auf der Rückseite der Figur anschlingen (Bild 7). Insgesamt 12 feste Maschen häkeln und Vorder- und Rückseite wie beim 1. Bein miteinander verbinden. Das Bein nach und nach gut ausstopfen und mit den restlichen Runden, wie in der Anleitung beschrieben, fortfahren.

Bevor das Loch zwischen den Beinen geschlossen wird, ggfs. noch etwas Füllwatte nachstopfen. Das angegebene Garn in eine Wollnadel fädeln und das Loch schließen.

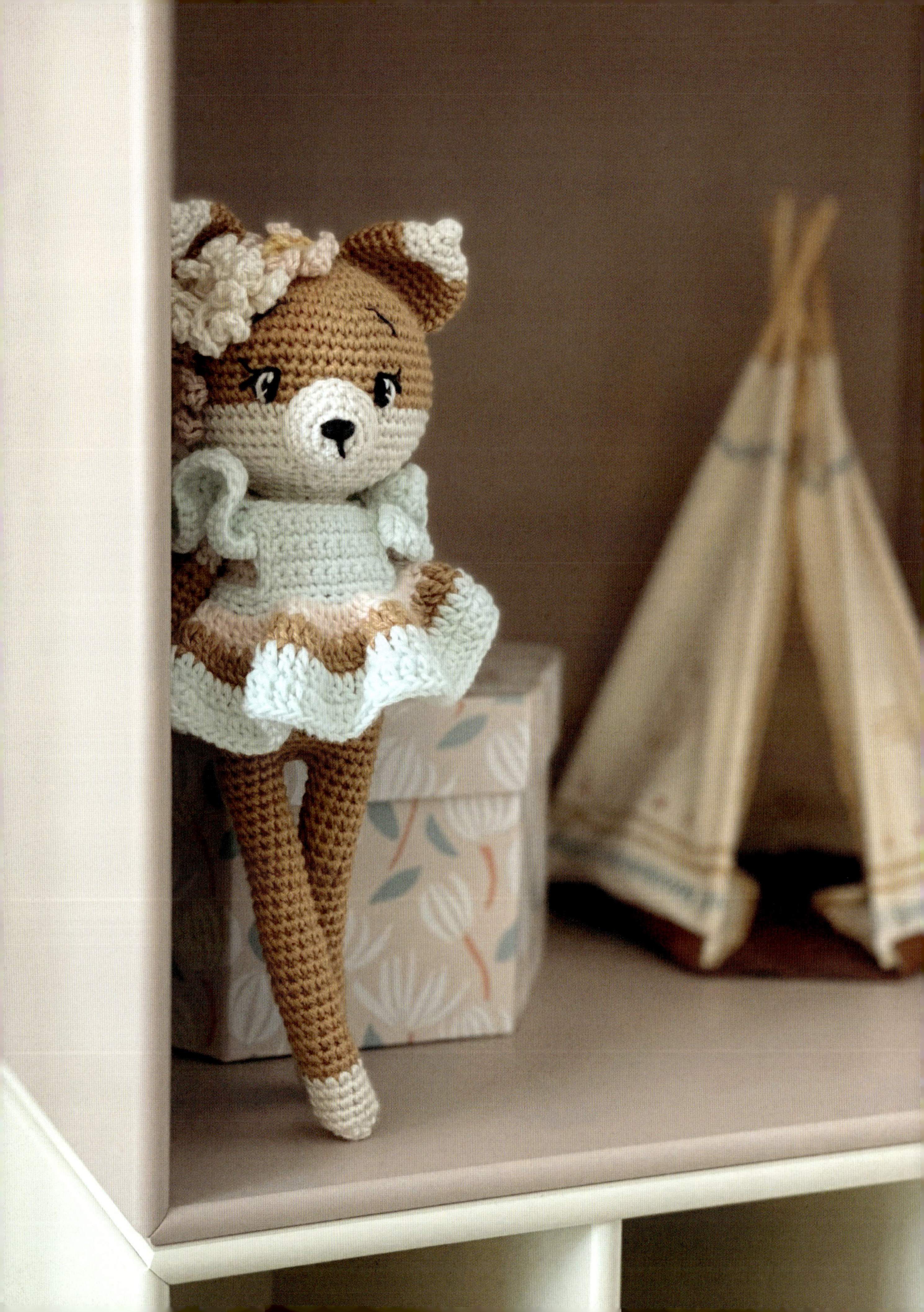

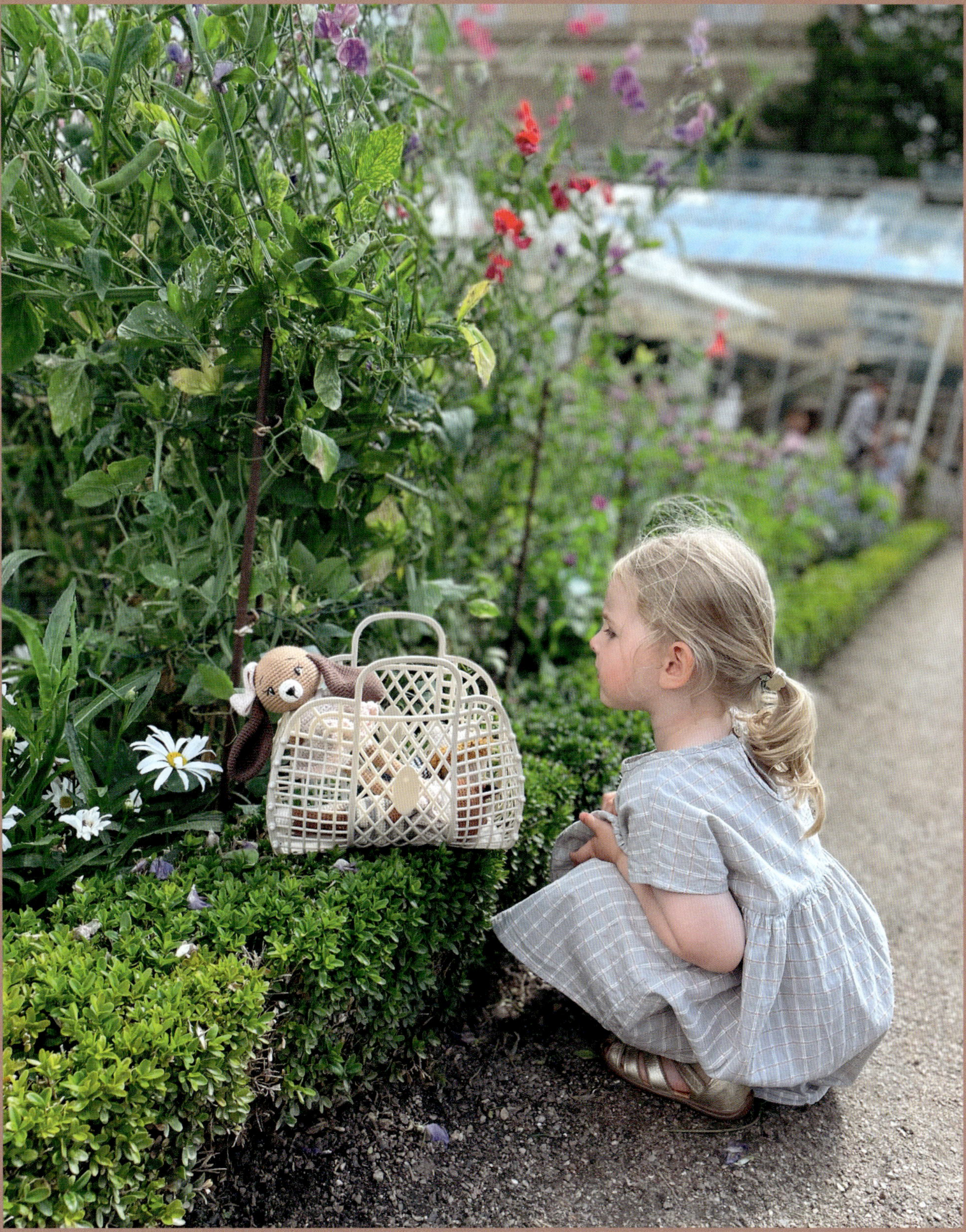

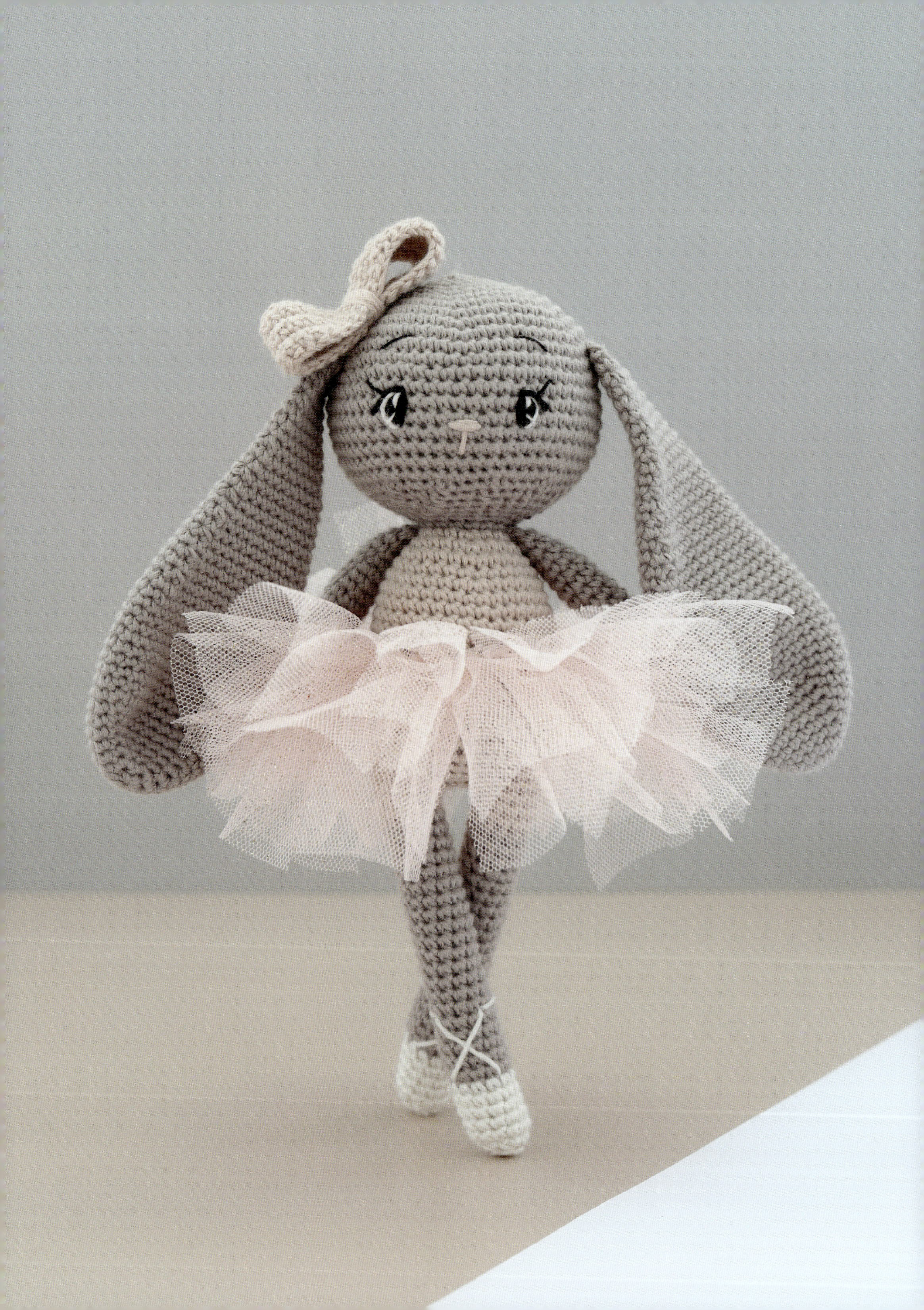

# Kaninchen
# FRIDA

## MATERIAL

Krea Deluxe Organic Cotton (100 % Baumwolle, LL 165 m/50 g) in Grau-Lila (Fb 19), Puder (Fb 07) und Naturweiß (Fb 01), je 50 g, in Schwarz (Fb 28), Rest
Häkelnadel 2,5 mm
Wollnadel
Sticknadel
Schere
Stecknadeln
Maschenmarkierer
Füllwatte
rosa Tüll mit Glitzer (100 cm x 25 cm)
ggfs. Sicherheitsaugen (ø 8-9 mm)

## KOPF UND KÖRPER

(in Grau-Lila beginnen)

**1. Rd:** 6 fM in einen Magic-Ring häkeln (= 6 M).
**2. Rd:** Jede fM verdoppeln (= 12 M).
**3. Rd:** Jede 2. fM verdoppeln (= 18 M).
**4. Rd:** Jede 3. fM verdoppeln (= 24 M).
**5. Rd:** Jede 4. fM verdoppeln (= 30 M).
**6. Rd:** Jede 5. fM verdoppeln (= 36 M).
**7. Rd:** Jede 6. fM verdoppeln (= 42 M).
**8. Rd:** Jede 7. fM verdoppeln (= 48 M).
**9. Rd:** Jede 8. fM verdoppeln (= 54 M).
**10. Rd:** Jede 9. fM verdoppeln (= 60 M).
**11.-20. Rd:** 60 fM häkeln.
**21. Rd:** Jede 4. und 5. fM zusammen abmaschen (= 48 M).
**22. Rd:** Jede 3. und 4. fM zusammen abmaschen (= 36 M).
**23. Rd:** Jede 5. und 6. fM zusammen abmaschen (= 30 M).
**24. Rd:** Jede 4. und 5. fM zusammen abmaschen (= 24 M).
**25. Rd:** Jede 3. und 4. fM zusammen abmaschen (= 18 M).
**26.-27. Rd:** 18 fM, in der letzten M der letzten Rd zu Puder wechseln.

Den Kopf gut ausstopfen und die Augen auf der gegenüberliegenden Seite des Rd-Anfangs aufsticken (Augen aufsticken, S. 15). Wenn du Sicherheitsaugen verwendest, müssen diese zwischen der 15. und 16. Rd mit einem Abstand von 8 M eingesetzt werden.

Hinweis: Häkle noch ein paar fM oder ziehe einige auf, wenn der Fb-Wechsel nicht in der rückwärtigen Mitte des Kaninchens liegt, nachdem die Augen aufgestickt wurden. Dies ist der neue Rd-Beginn.
**28. Rd:** Jede 3. fM verdoppeln (= 24 M).
**29. Rd:** Jede 4. fM verdoppeln (= 30 M).
**30.-31. Rd:** 30 fM häkeln.
**32. Rd:** Jede 5. fM verdoppeln (= 36 M).
**33.-38. Rd:** 36 fM häkeln.
**39. Rd:** In die hinteren M-Glieder 36 fM häkeln.
**40.-44. Rd:** 36 fM häkeln.
**45. Rd:** Jede 5. und 6. fM zusammen abmaschen (= 30 M).
**46.-48. Rd:** 30 fM häkeln.
Faden nicht abschneiden. Gut ausstopfen.

## BEINE

(weiter in Puder)
Für die Beine wird die Arbeit geteilt. Dazu für den Abstand zwischen den Beinen 3 M in der vorderen und 3 M in der hinteren Mitte des Körpers markieren, gerne mit M-Markierern, um den Überblick über diese 6 M zu behalten. Ggfs. ein paar fM auftrennen, um Platz für den Raum zwischen den Beinen zu schaffen. Die Beine gut ausstopfen. Für jedes Bein sollten 12 M vorhanden sein (Beine häkeln, S. 19).

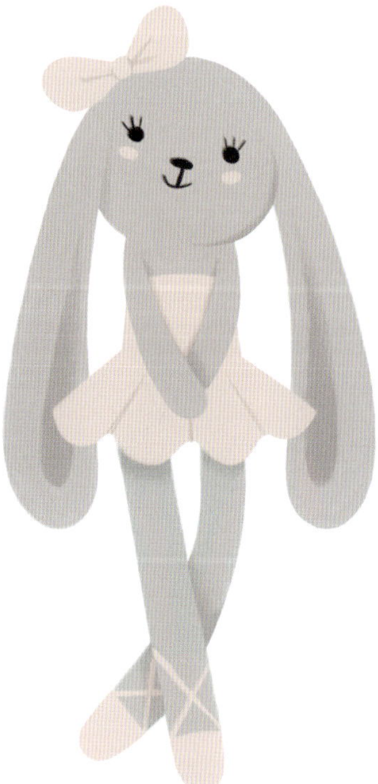

**1. Bein**
**49. Rd:** Die Vorder- und Rückseite für das 1. Bein zusammenfügen. Bis zum M-Markierer ein paar fM häkeln und auf der anderen Seite weiterhäkeln, insgesamt 12 fM häkeln (= 12 M).
Hinweis: In der 50. und 70. Rd noch ein paar fM mehr häkeln oder auftrennen, damit der Fb-Wechsel in der Mitte der Beinrückseite liegt.
**50. Rd:** 12 fM, in der letzten M zu Grau-Lila wechseln.
**51.-70. Rd:** 12 fM häkeln, in der letzten M der letzten Rd zu Naturweiß wechseln.
**71.-75. Rd:** 12 fM häkeln.
**76. Rd:** Fortlaufend 2 fM zusammen abmaschen (= 6 M).
Faden lang abschneiden, durchziehen, in eine Wollnd fädeln, durch die vorderen M-Glieder der restlichen M ziehen und gut festziehen. Vernähen.

**2. Bein**
**49. Rd:** In Puder auf der Rückseite anschlingen. Hier beginnt das 2. Bein. Insgesamt 12 fM häkeln und Vorder- und Rückseite wie beim 1. Bein miteinander verbinden (= 12 M).
Hinweis: In der 50. und 70. Rd noch ein paar fM mehr häkeln oder auftrennen, damit der Fb-Wechsel in der Mitte der Beinrückseite liegt.
**50. Rd:** 12 fM, in der letzten M zu Grau-Lila wechseln.
**51.-70. Rd:** 12 fM häkeln, in der letzten M der letzten Rd zu Naturweiß wechseln.
**71.-75. Rd:** 12 fM häkeln.
**76. Rd:** Fortlaufend 2 fM zusammen abmaschen (= 6 M).
Faden lang abschneiden, durchziehen, in eine Wollnd fädeln, durch die vorderen M-Glieder der restlichen M ziehen und gut festziehen. Vernähen.
Zwischen den Beinen zusätzlich ausstopfen. Garn in Puder in eine Wollnd fädeln und das Loch schließen. Bänder in Naturweiß an die Schuhe sticken.

## OHREN

(2x, in Grau-Lila)
**1. Rd:** 6 fM in einen Magic-Ring häkeln (= 6 M).
**2. Rd:** Jede fM verdoppeln (= 12 M).
**3. Rd:** Jede 4. fM verdoppeln (= 15 M).
**4. Rd:** Jede 5. fM verdoppeln (= 18 M).
**5. Rd:** Jede 6. fM verdoppeln (= 21 M).

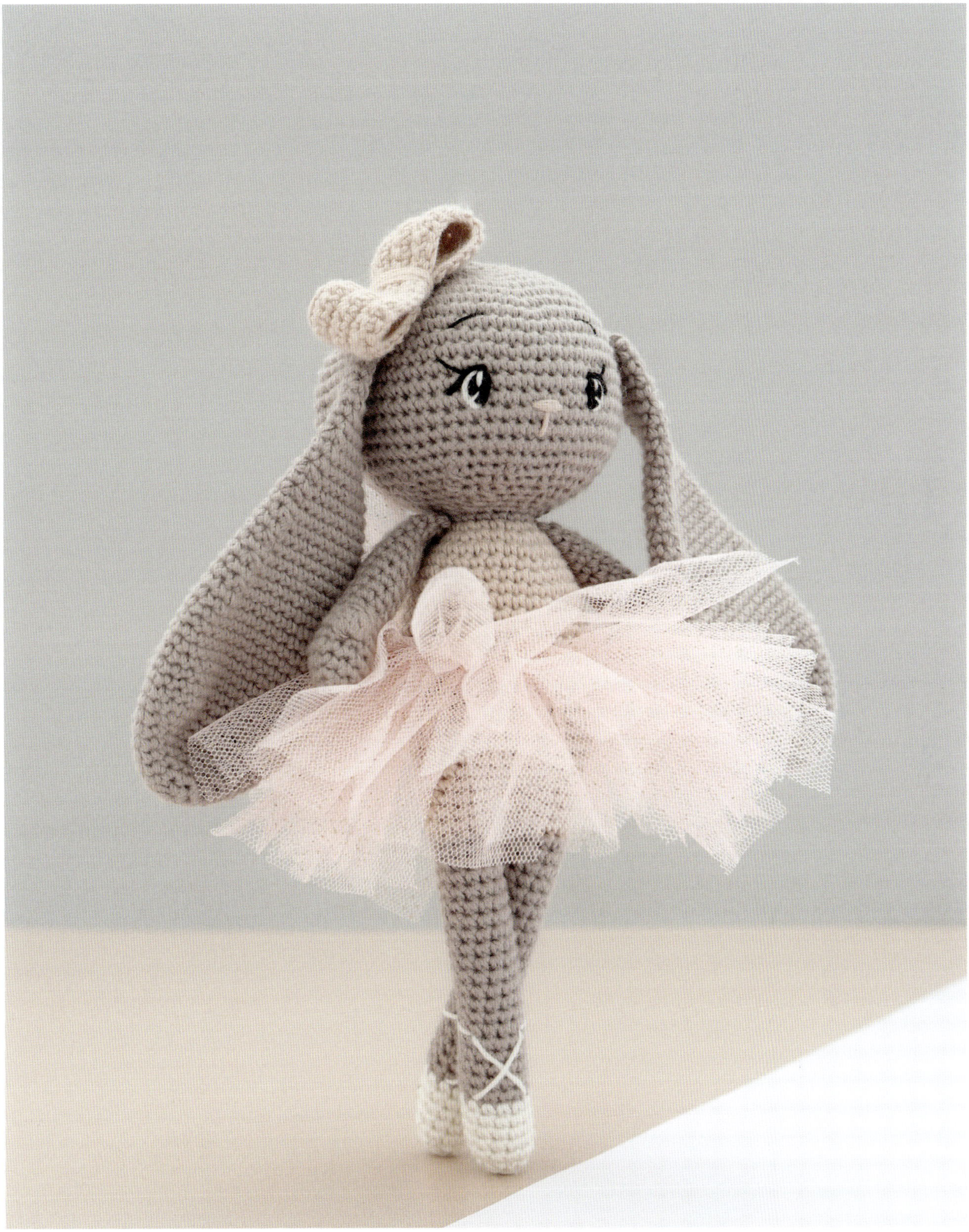

**6. Rd:** Jede 7. fM verdoppeln (= 24 M).
**7. Rd:** Jede 8. fM verdoppeln (= 27 M).
**8. Rd:** Jede 9. fM verdoppeln (= 30 M).
**9.-19. Rd:** 30 fM häkeln.
**20. Rd:** * 2 fM zusammen abmaschen, 13 fM, ab * noch 1x wdh (= 28 M).
**21. Rd:** 28 fM häkeln.
**22. Rd:** * 2 fM zusammen abmaschen, 12 fM, ab * noch 1x wdh (= 26 M).
**23. Rd:** 26 fM häkeln.
**24. Rd:** * 2 fM zusammen abmaschen, 11 fM, ab * noch 1x wdh (= 24 M).
**25. Rd:** 24 fM häkeln.
**26. Rd:** * 2 fM zusammen abmaschen, 10 fM, ab * noch 1x wdh (= 22 M).
**27. Rd:** 22 fM häkeln.
**28. Rd:** * 2 fM zusammen abmaschen, 9 fM, ab * noch 1x wdh (= 20 M).
**29. Rd:** 20 fM häkeln.
**30. Rd:** * 2 fM zusammen abmaschen, 8 fM, ab * noch 1x wdh (= 18 M).
**31.-32. Rd:** 18 fM häkeln.
**33. Rd:** * 2 fM zusammen abmaschen, 7 fM, ab * noch 1x wdh (= 16 M).
**34.-36. Rd:** 16 fM häkeln.
**37. Rd:** * 2 fM zusammen abmaschen, 6 fM, ab * noch 1x wdh (= 14 M).
**38. Rd:** 14 fM häkeln.
**39. Rd:** * 2 fM zusammen abmaschen, 5 fM, ab * noch 1x wdh (= 12 M).
**40. Rd:** 12 fM häkeln.
Nun noch 2 fM häkeln, die Ohröffnung flach drücken und 5-6 fM durch beide Lagen häkeln. Faden lang abschneiden und durchziehen.

## ARME

(2x, in Grau-Lila)
Gut ausstopfen, im Oberarmbereich etwas weniger.
**1. Rd:** 6 fM in einen Magic-Ring häkeln (= 6 M).
**2. Rd:** * 1 fM verdoppeln, 1 fM, ab * noch 2x wdh (= 9 M).
**3. Rd:** 1 fM verdoppeln, 4 fM, 1 fM verdoppeln, 3 fM (= 11 M).
**4.-5. Rd:** 11 fM häkeln.
**6. Rd:** 5 fM, 1 Büschelm, 5 fM.
**7. Rd:** 4 fM, * 2 fM zusammen abmaschen, ab * noch 1x wdh, 3 fM (= 9 M).
**8.-18. Rd:** 9 fM häkeln.
Nun die Öffnung des Arms flachdrücken und 4 fM durch beide Lagen häkeln, sodass der Daumen mit den Büschelm auf der Handseite liegt. Faden lang abschneiden und durchziehen.

## TÜLLROCK

(in rosa Tüll)
Den Tüll in 36 Streifen von je 3 cm x 12 cm zuschneiden. Nun die Tüllstreifen in die 36 fM der 39. Rd einknüpfen: Dafür das Kaninchen wenden, sodass die Beine zu dir zeigen. Einen Tüllstreifen in der Mitte falten und die Häkelnd durch die M (von unten nach oben) stechen. Die Hälfte des Tüllstreifens durch die M ziehen, sodass eine Schlaufe entsteht. Dann die Enden des Tülls durch die Schlaufe führen und festziehen. Dabei darauf achten, dass beide Enden gleich lang sind (Bild 1-6).

## SCHLEIFE

(in Puder)
34 Lm anschl. In Hin- und Rückr häkeln.
**1. R:** In der 2. Lm ab Nd beginnen, 33 fM häkeln, mit 1 Lm wenden (= 33 M).
**2.-6. R:** 33 fM, mit 1 Lm wenden.
**7. R:** 33 fM häkeln.
Faden lang abschneiden und durchziehen. Die kurzen Seiten zusammennähen. Das Fadenende einige Male um die Mitte wickeln, vorsichtig festziehen und verknoten.

## FERTIGSTELLEN

Die Ohren zwischen der 11. und 12. Rd am Kopf annähen. In der 28. Rd die Arme an den Körper nähen, sodass die Daumen nach vorne zeigen. Die Schleife über dem rechten Ohr annähen. Mit Garn in Puder eine kleine Nase auf das Gesicht sticken, zunächst horizontal zwischen der 16. und 17. Rd und dann vertikal über die 17. und 18. Rd.

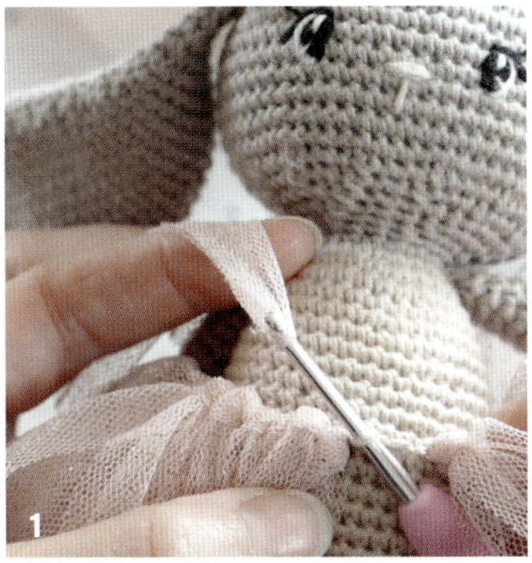
1

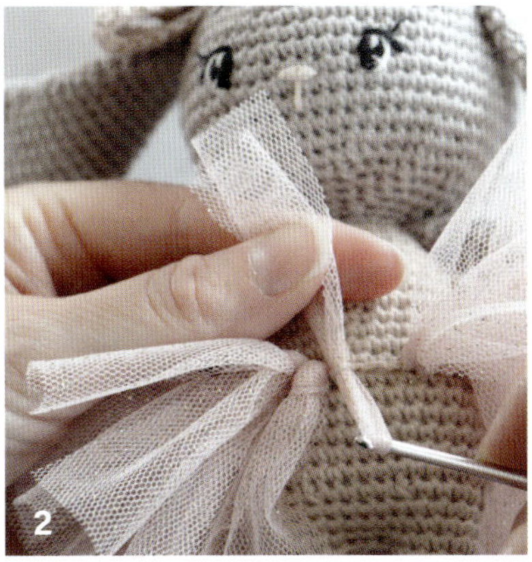
2

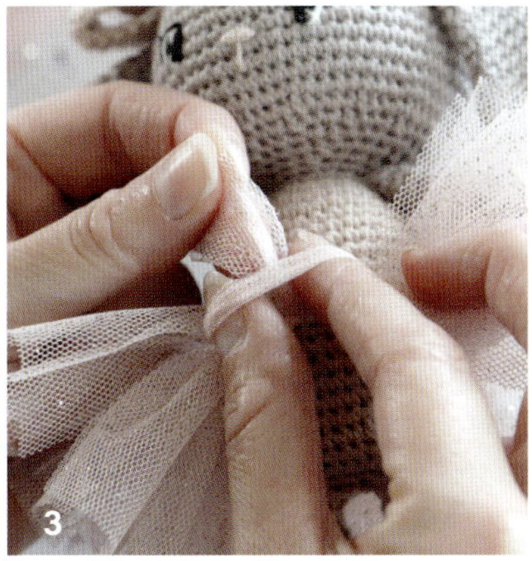
3

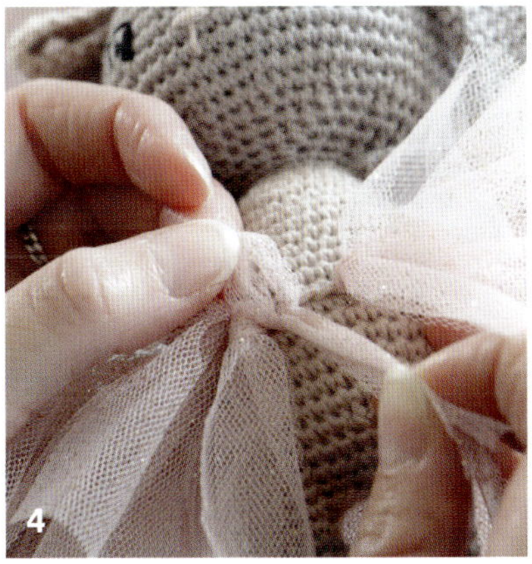
4

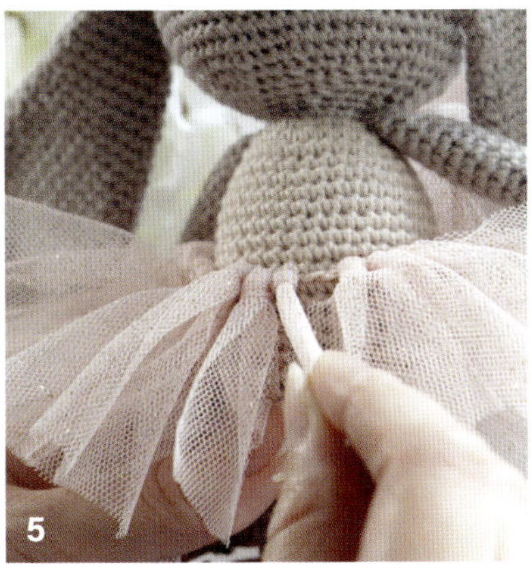
5

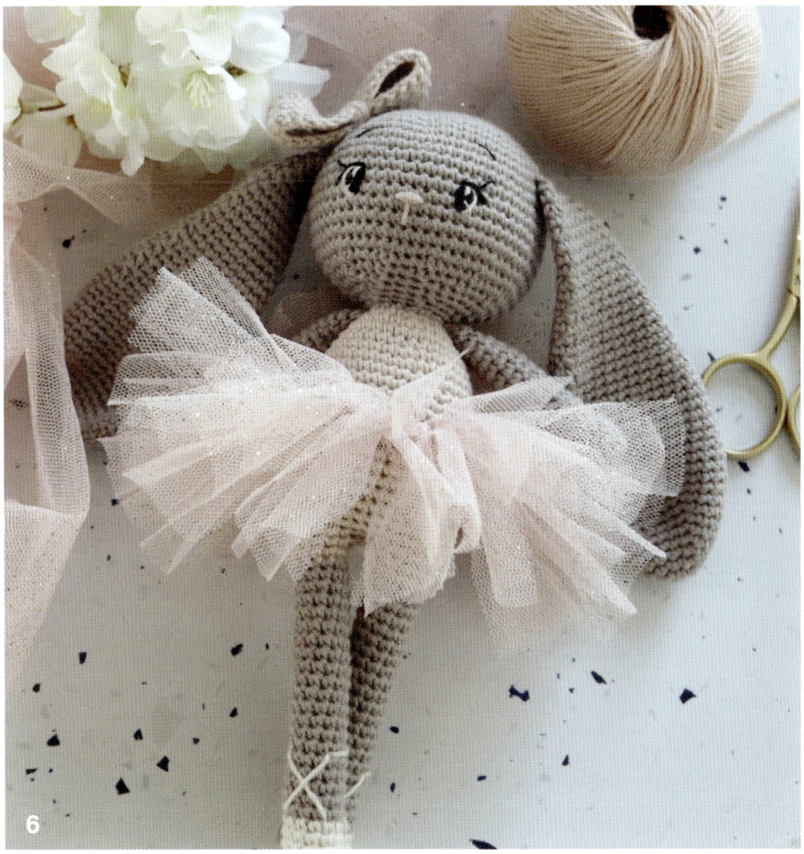
6

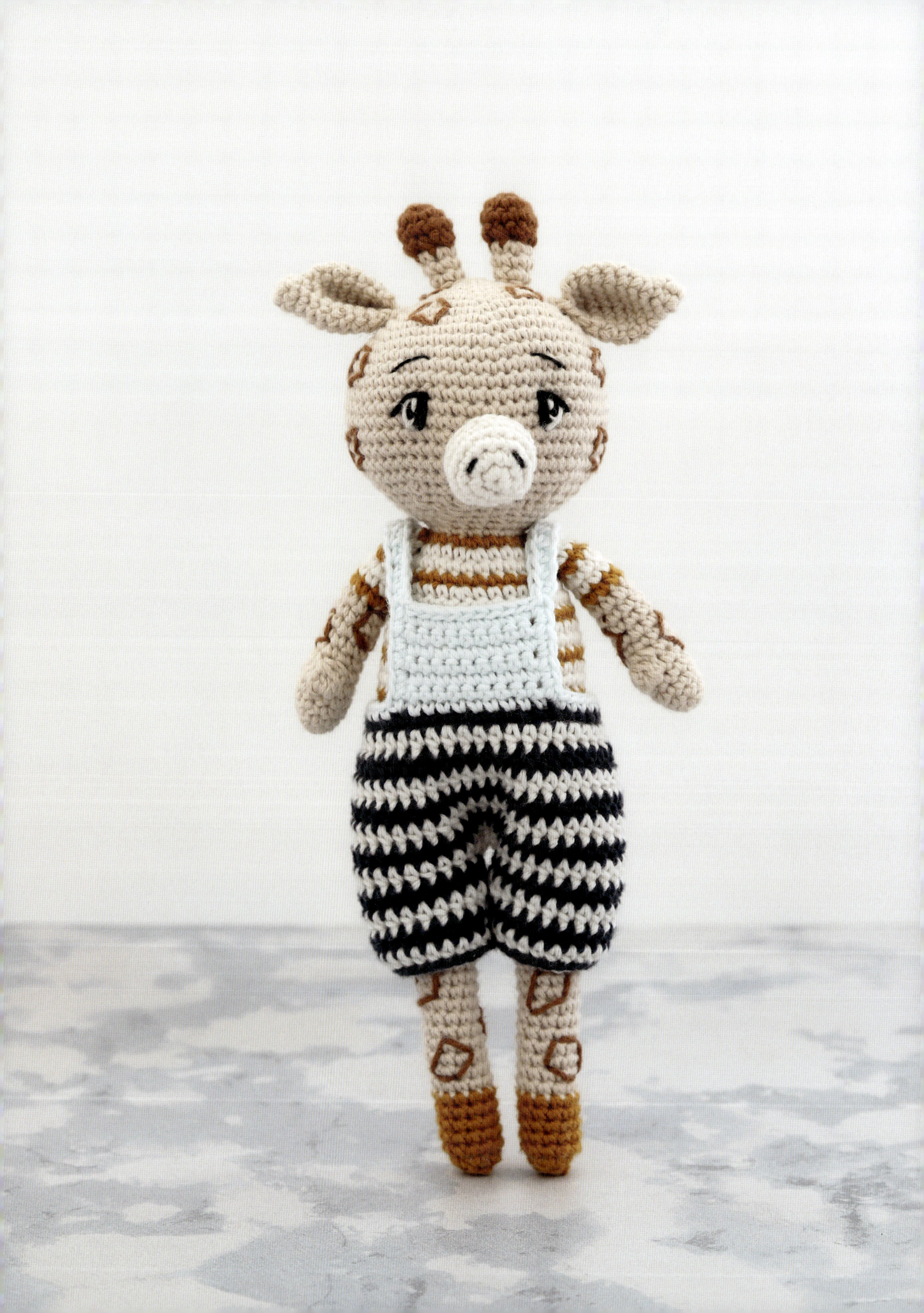

# Giraffe
# GABRIEL

**MATERIAL**

Krea Deluxe
Organic Cotton
(100 % Baumwolle,
LL 165 m/50 g) in
Sand (Fb 46),
Naturweiß (Fb 01),
Senfgelb (Fb 09),
Cognac (Fb 52),
Marineblau (Fb 27) und
Eisblau (Fb 24), je 50 g,
in Schwarz (Fb 28), Rest
Häkelnadel 2,5 mm
Wollnadel
Sticknadel
Schere
Stecknadeln
Maschenmarkierer
Füllwatte
ggfs. Sicherheitsaugen
(ø 8-9 mm)

**KOPF UND KÖRPER**

(in Sand beginnen)

**1. Rd:** 6 fM in einen Magic-Ring häkeln (= 6 M).
**2. Rd:** Jede fM verdoppeln (= 12 M).
**3. Rd:** Jede 2. fM verdoppeln (= 18 M).
**4. Rd:** Jede 3. fM verdoppeln (= 24 M).
**5. Rd:** Jede 4. fM verdoppeln (= 30 M).
**6. Rd:** Jede 5. fM verdoppeln (= 36 M).
**7. Rd:** Jede 6. fM verdoppeln (= 42 M).
**8. Rd:** Jede 7. fM verdoppeln (= 48 M).
**9. Rd:** Jede 8. fM verdoppeln (= 54 M).
**10. Rd:** Jede 9. fM verdoppeln (= 60 M).
**11.-20. Rd:** 60 fM häkeln.
**21. Rd:** Jede 4. und 5. fM zusammen abmaschen (= 48 M).
**22. Rd:** Jede 3. und 4. fM zusammen abmaschen (= 36 M).
**23. Rd:** Jede 5. und 6. fM zusammen abmaschen (= 30 M).
**24. Rd:** Jede 4. und 5. fM zusammen abmaschen (= 24 M).
**25. Rd:** Jede 3. und 4. fM zusammen abmaschen (= 18 M).
**26.-27. Rd:** 18 fM, in der letzten M der letzten Rd zu Senfgelb wechseln.

Den Kopf gut ausstopfen und die Augen auf der gegenüberliegenden Seite des Rd-Anfangs aufsticken (Augen aufsticken, S. 15). Wenn du Sicherheitsaugen verwendest, müssen diese zwischen der 15. und 16. Rd mit einem Abstand von 8 M eingesetzt werden.

Hinweis: Häkle noch ein paar fM oder ziehe einige auf, wenn der Fb-Wechsel nicht in der rückwärtigen Mitte der Giraffe liegt, nachdem die Augen aufgestickt wurden. Dies ist der neue Rd-Beginn.
**28. Rd:** Jede 3. fM verdoppeln, in der letzten M zu Naturweiß wechseln (= 24 M).
**29. Rd:** Jede 4. fM verdoppeln (= 30 M).
**30. Rd:** 30 fM, in der letzten M zu Senfgelb wechseln.
**31. Rd:** 30 fM, in der letzten M zu Naturweiß wechseln.
**32. Rd:** Jede 5. fM verdoppeln (= 36 M).
**33. Rd:** 36 fM, in der letzten M zu Senfgelb wechseln.
**34. Rd:** 36 fM, in der letzten M zu Naturweiß wechseln.
**35.-36. Rd:** 36 fM, in der letzten M der letzten Rd zu Senfgelb wechseln.
**37.-39. Rd:** Die 34.-36. Rd noch 1x wdh.
**40. Rd:** 36 fM, in der letzten M zu Sand wechseln.
**41. Rd:** In die hinteren M-Glieder 36 fM häkeln.
**42.-44. Rd:** 36 fM häkeln.
**45. Rd:** Jede 5. und 6. fM zusammen abmaschen (= 30 M).
**46.-48. Rd:** 30 fM häkeln.
Faden nicht abschneiden. Gut ausstopfen.

## BEINE

(weiter in Sand)
Für die Beine wird die Arbeit geteilt. Dazu für den Abstand zwischen den Beinen 3 M in der vorderen und 3 M in der hinteren Mitte des Körpers markieren, gerne mit M-Markierern, um den Überblick über diese 6 M zu behalten. Ggfs. ein paar fM auftrennen, um Platz für den Raum zwischen den Beinen zu schaffen. Die Beine gut ausstopfen. Für jedes Bein sollten 12 M vorhanden sein (Beine häkeln, S. 19).

**1. Bein**
**49. Rd:** Die Vorder- und Rückseite für das 1. Bein zusammenfügen. Bis zum M-Markierer ein paar fM häkeln und auf der anderen Seite weiterhäkeln, insgesamt 12 fM häkeln (= 12 M).
Hinweis: In der 70. Rd noch ein paar fM mehr häkeln oder auftrennen, damit der Fb-Wechsel in der Mitte der Beinrückseite liegt.
**50.-70. Rd:** 12 fM, in der letzten M der letzten Rd zu Senfgelb wechseln.
**71.-75. Rd:** 12 fM häkeln.
**76. Rd:** Fortlaufend 2 fM zusammen abmaschen (= 6 M).
Faden lang abschneiden, durchziehen, in eine Wollnd fädeln, durch die vorderen M-Glieder der restlichen M ziehen und gut festziehen. Vernähen.

**2. Bein**
**49. Rd:** In Sand auf der Rückseite anschlingen. Hier beginnt das 2. Bein. Insgesamt 12 fM häkeln und Vorder- und Rückseite wie beim 1. Bein miteinander verbinden (= 12 M).
Hinweis: In der 70. Rd noch ein paar fM mehr häkeln oder auftrennen, damit der Fb-Wechsel in der Mitte der Beinrückseite liegt.
**50.-70. Rd:** 12 fM, in der letzten M der letzten Rd zu Senfgelb wechseln.
**71.-75. Rd:** 12 fM häkeln.
**76. Rd:** Fortlaufend 2 fM zusammen abmaschen (= 6 M).
Faden lang abschneiden, durchziehen, in eine Wollnd fädeln, durch die vorderen M-Glieder der restlichen M ziehen und gut festziehen. Vernähen.
Zwischen den Beinen zusätzlich ausstopfen. Garn in Sand in eine Wollnd fädeln und das Loch schließen.

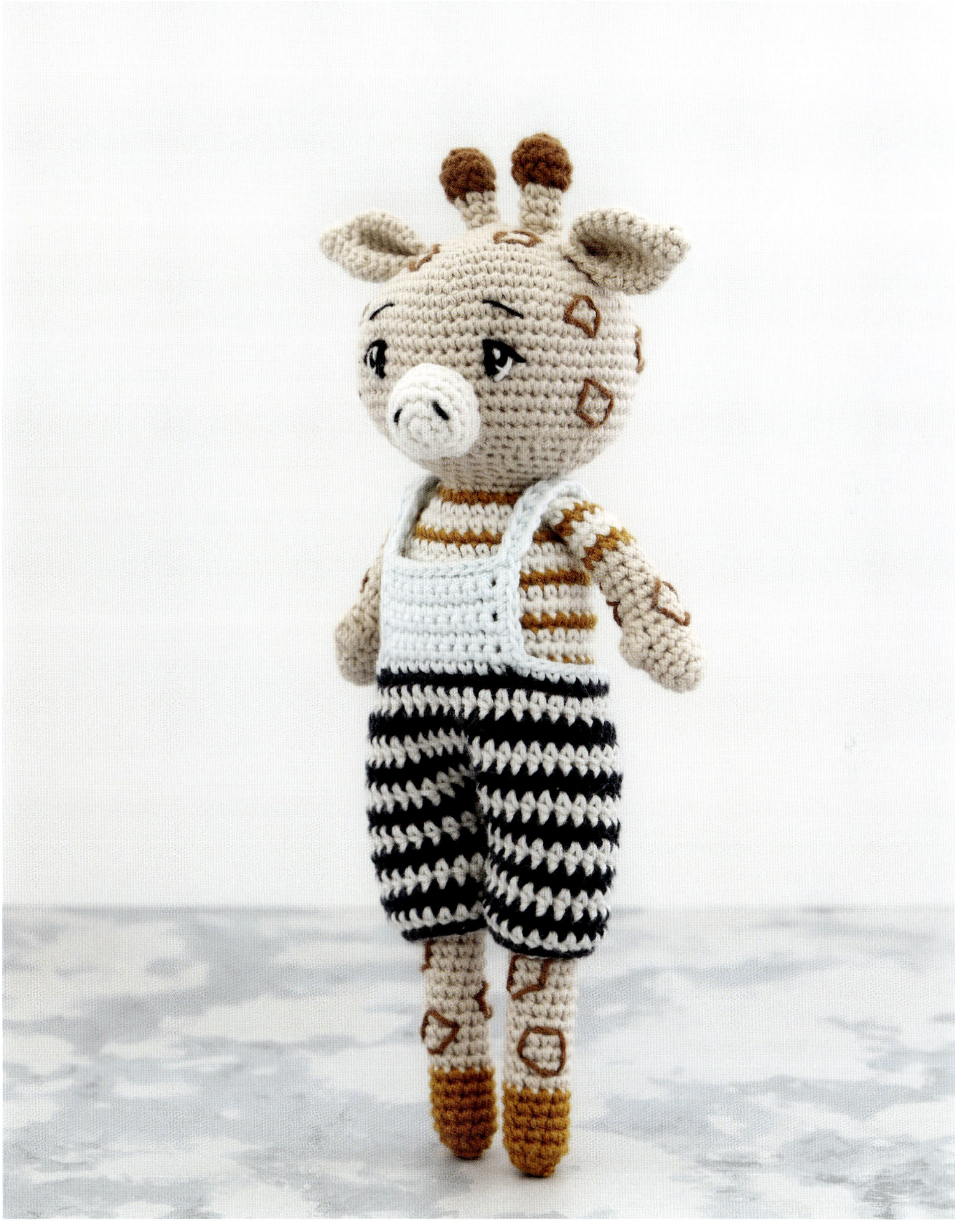

## OHREN

(2x, in Sand)

**1. Rd:** 6 fM in einen Magic-Ring häkeln (= 6 M).

**2. Rd:** 6 fM häkeln.

**3. Rd:** Jede 3. fM verdoppeln (= 8 M).

**4. Rd:** Jede 2. fM verdoppeln (= 12 M).

**5. Rd:** Jede 4. fM verdoppeln (= 15 M).

**6.-9. Rd:** 15 fM häkeln.

Die Ohröffnung flach drücken und 7 fM durch beide Lagen häkeln. Die untere Kante übereinanderlegen und 3 fM durch beide Lagen häkeln. Faden lang abschneiden und durchziehen.

## SCHNAUZE

(in Naturweiß)

**1. Rd:** 6 fM in einen Magic-Ring häkeln (= 6 M).

**2. Rd:** Jede fM verdoppeln (= 12 M).

**3. Rd:** Jede 2. fM verdoppeln (= 18 M).

**4.-5. Rd:** 18 fM häkeln.

Faden lang abschneiden und durchziehen. Einen unsichtbaren Abschluss (S. 12) arb. Nasenlöcher in Schwarz aufsticken.

## HÖRNER

(2x, in Cognac beginnen)

**1. Rd:** 6 fM in einen Magic-Ring häkeln (= 6 M).

**2. Rd:** Jede fM verdoppeln (= 12 M).

**3. Rd:** 12 fM häkeln.

**4. Rd:** Fortlaufend 2 fM zusammen abmaschen, in der letzten M zu Sand wechseln (= 6 M).

**5.-7. Rd:** 6 fM häkeln.

Mit 1 Km in die 1. M enden. Faden lang abschneiden und durchziehen.

## ARME

(2x, in Sand beginnen)

Gut ausstopfen, im Oberarmbereich etwas weniger.

**1. Rd:** 6 fM in einen Magic-Ring häkeln (= 6 M).

**2. Rd:** * 1 fM verdoppeln, 1 fM, ab * noch 2x wdh (= 9 M).

**3. Rd:** 1 fM verdoppeln, 4 fM, 1 fM verdoppeln, 3 fM (= 11 M).

**4.-5. Rd:** 11 fM häkeln.

**6. Rd:** 5 fM, 1 Büschelm, 5 fM.

**7. Rd:** 4 fM, * 2 fM zusammen abmaschen, ab * noch 1x wdh, 3 fM (= 9 M).

**8.-12. Rd:** 9 fM, in der letzten M der letzten Rd zu Senfgelb wechseln.

Hinweis: Am rechten Arm noch 2-4 fM mehr häkeln, bevor du zu Senfgelb wechselst. Dies ist der neue Rd-Beginn, damit der Fb-Wechsel auf der Vorderseite der Giraffe nicht sichtbar ist.

**13. Rd:** 9 fM, in der letzten M zu Naturweiß wechseln.

**14.-15. Rd:** 9 fM, in der letzten M der letzten Rd zu Senfgelb wechseln.

**16.-18. Rd:** Die 13.-15. Rd noch 1x wdh.

Nun die Öffnung des Arms flachdrücken und 4 fM durch beide Lagen häkeln, sodass der Daumen mit den Büschelm auf der Handseite liegt. Faden lang abschneiden und durchziehen.

## LATZHOSEN

(in Marineblau beginnen)

40 Lm anschl und mit 1 Km in die 1. Lm zum Ring schließen. Dabei darauf achten, dass sich die Lm-Kette nicht verdreht. Weiter in Spiral-Rd häkeln.

**1. Rd:** 40 fM, in der letzten M zu Naturweiß wechseln (= 40 M).

**2. Rd:** 40 hStb, in der letzten M zu Marineblau wechseln.

**3. Rd:** Jedes 4. hStb verdoppeln, in der letzten M zu Naturweiß wechseln (= 50 M).

**4. Rd:** 50 hStb, in der letzten M zu Marineblau wechseln.

**5. Rd:** 50 hStb, in der letzten M zu Naturweiß wechseln.

**6.-7. Rd:** Die 4.-5. Rd noch 1x wdh.

**8. Rd:** 50 hStb, in der letzten M zu Marineblau wechseln.

Noch 4 hStb häkeln, die letzte M bildet den neuen Anfang der 9. Rd (Bild 1).

### 1. Hosenbein

(weiter in Marineblau)

**9. Rd:** Jetzt werden die beiden Hosenbeine gehäkelt. Dazu für den Abstand zwischen den Beinen 4 M in der vorderen

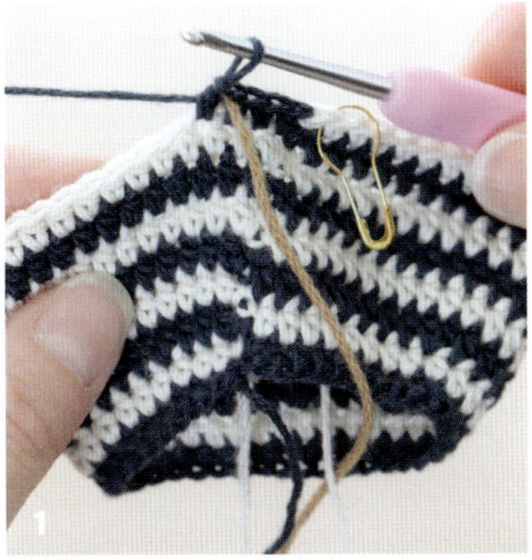


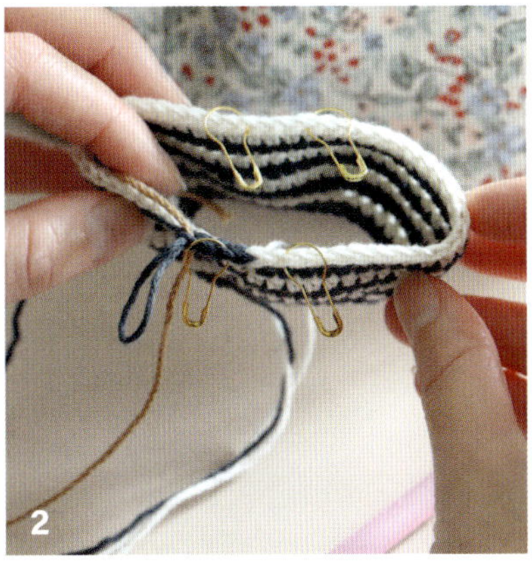


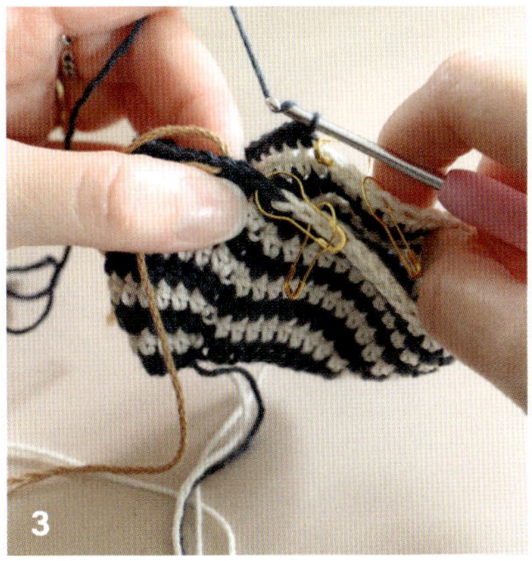


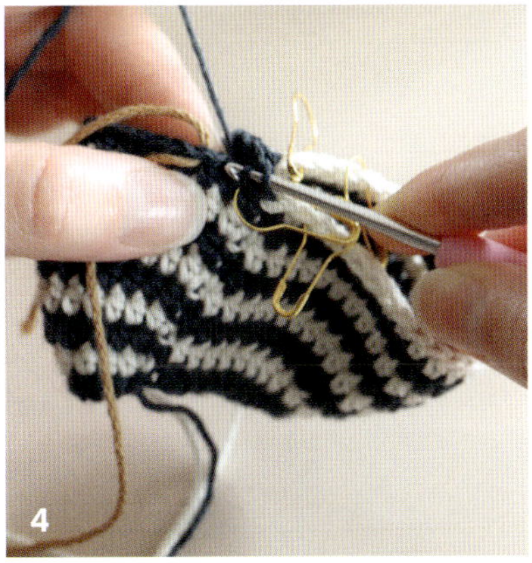


und 4 M in der hinteren Mitte der Hose markieren (Bild 2). Gerne M-Markierer verwenden, um den Überblick über diese 8 M zu behalten. Für jedes Hosenbein sollten 21 M vorhanden sein. Insgesamt 21 hStb häkeln, die Vorder- und Rückseite miteinander verbinden (Bild 3 und 4), in der letzten M zu Naturweiß wechseln (= 21 M).

**10. Rd:** 21 hStb, in der letzten M zu Marineblau wechseln.
**11. Rd:** 21 hStb, in der letzten M zu Naturweiß wechseln.
**12. Rd:** 21 hStb, in der letzten M zu Marineblau wechseln.
**13. Rd:** 21 Km häkeln.
Mit 1 Km in die 1. M enden. Faden abschneiden, durchziehen und vernähen.

**2. Hosenbein**
**9. Rd:** In Marineblau in der 2. M rechts des M-Markierers hinten anschlingen. Diese M bildet den Beginn des 2. Hosenbeins. Dann insgesamt 21 hStb häkeln und Vorder- und Rückseite wie beim 1. Hosenbein verbinden, in der letzten M zu Naturweiß wechseln (21 M).
**10. Rd:** 21 hStb, in der letzten M zu Marineblau wechseln.
**11. Rd:** 21 hStb, in der letzten M zu Naturweiß wechseln.
**12. Rd:** 21 hStb, in der letzten M zu Marineblau wechseln.
**13. Rd:** 21 Km häkeln.
Mit 1 Km in die 1. M enden. Faden abschneiden, durchziehen und vernähen. Garn in Marineblau in eine Wollnd fädeln und das Loch zwischen den Hosenbeinen schließen.

**Latz**
(in Eisblau)
Den Latz in Hin- und Rückr häkeln. Zunächst die 10 mittleren M auf der Vorderseite der Hose markieren. Dann auf der rechten Seite der Arbeit in der 1. Mittel-M in Eisblau anschlingen.
**1.-6. R:** 10 fM, mit 1 Lm wenden (= 10 M).
**7. R:** 10 fM häkeln.
Faden nicht abschneiden.

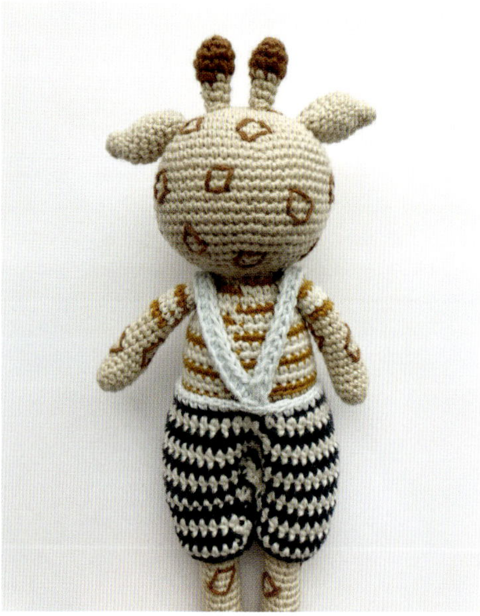

Für den 1. Träger 21 Lm anschl, in der 3. Lm ab Nd beginnen, 19 hStb. An der rechten Seite des Latzes fortfahren, jeweils 1 fM in die 7 Rdm des Latzes häkeln. Für den Bund je 1 fM in alle M entlang der oberen Hosenkante häkeln und an der linken Seite des Latzes fortfahren, jeweils 1 fM in die 7 Rdm des Latzes häkeln. Für den 2. Träger 21 Lm anschl, in der 3. Lm ab Nd beginnen, 19 hStb arb. Weiter entlang der Oberkante des Latzes, 10 Km häkeln. Faden abschneiden, durchziehen und den Faden vernähen.
Die Hose der Giraffe anziehen, die Länge der Träger ggfs. anpassen und hinten an der Hose annähen.

**FERTIGSTELLEN**

Mit Garn in Cognac Flecken auf Kopf, Arme und Beine der Giraffe sticken. Die Schnauze ausstopfen und über die 16.-21. Rd am Gesicht annähen. Die Ohren in der 6. Rd am Kopf annähen. Beide Hörner ausstopfen und über die 2. und 3. Rd am Oberkopf annähen. In der 28. Rd die Arme an den Körper nähen, sodass die Daumen nach vorne zeigen.

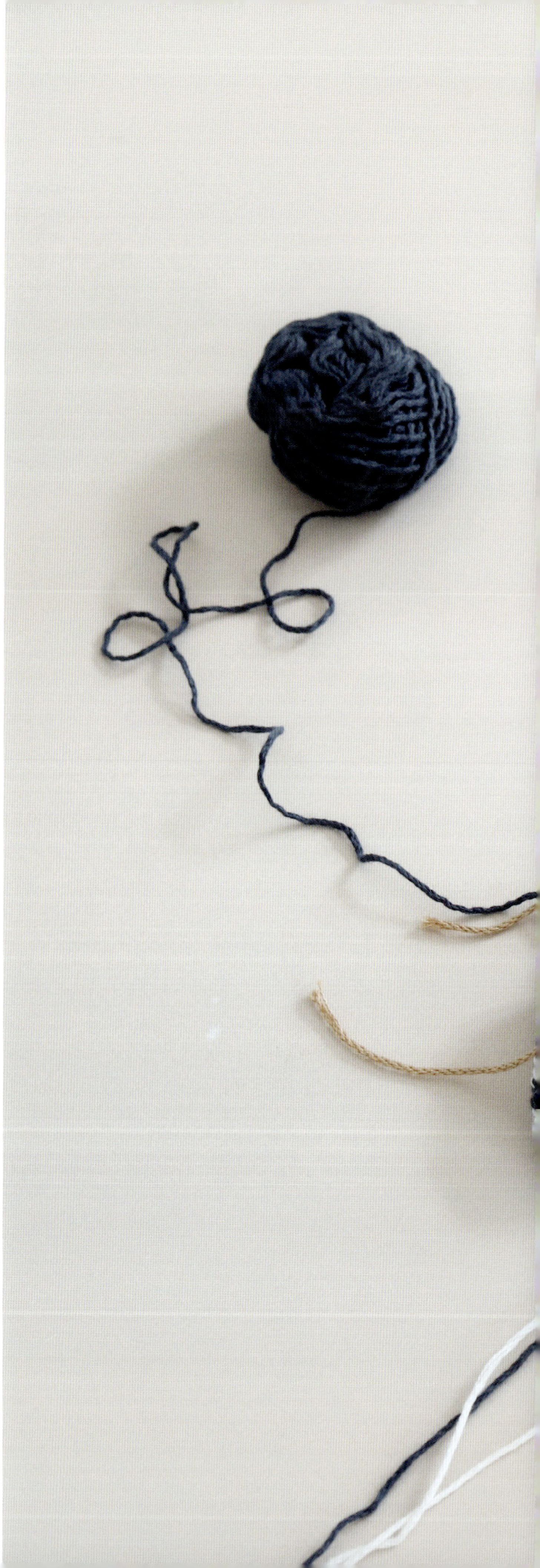

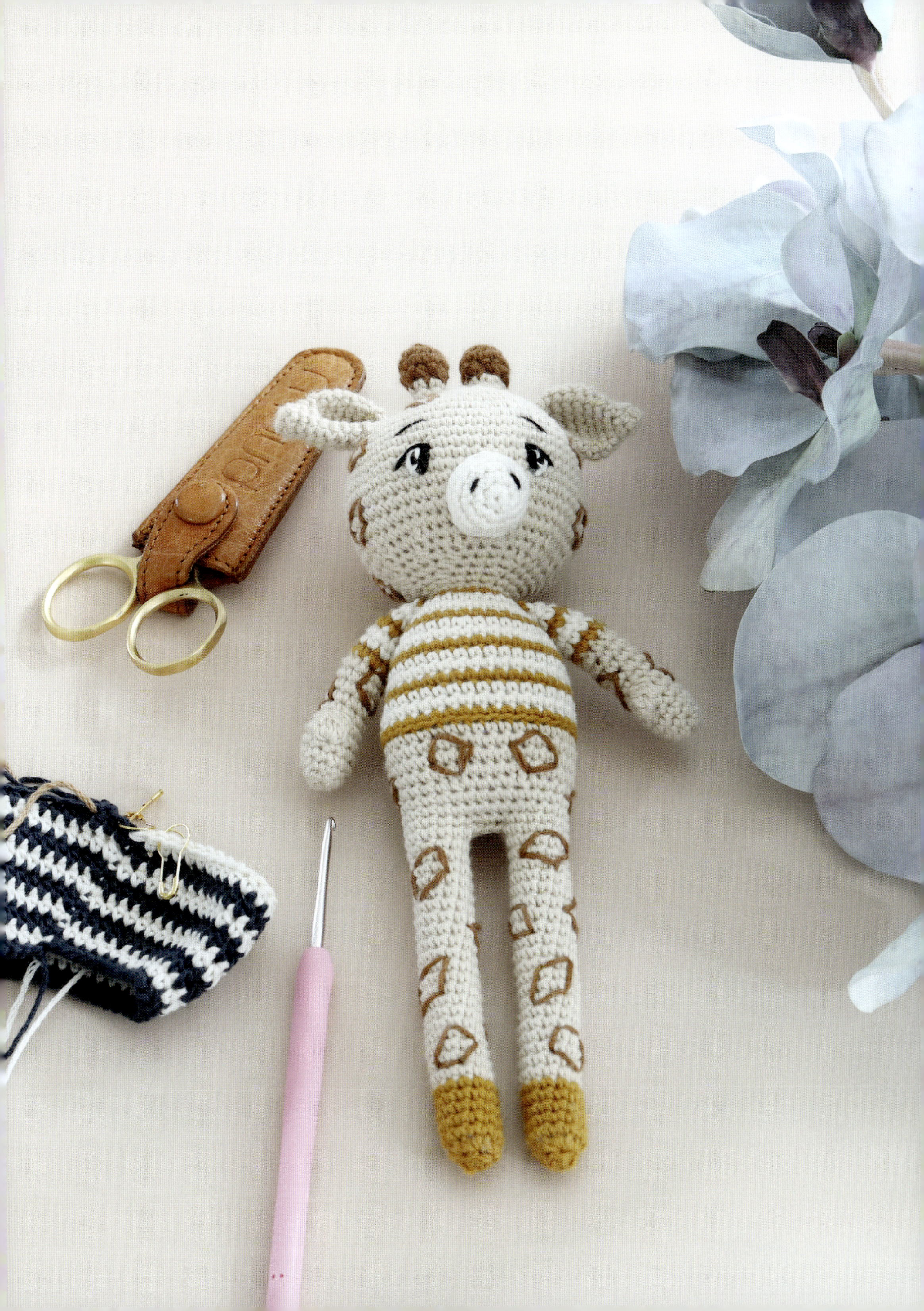

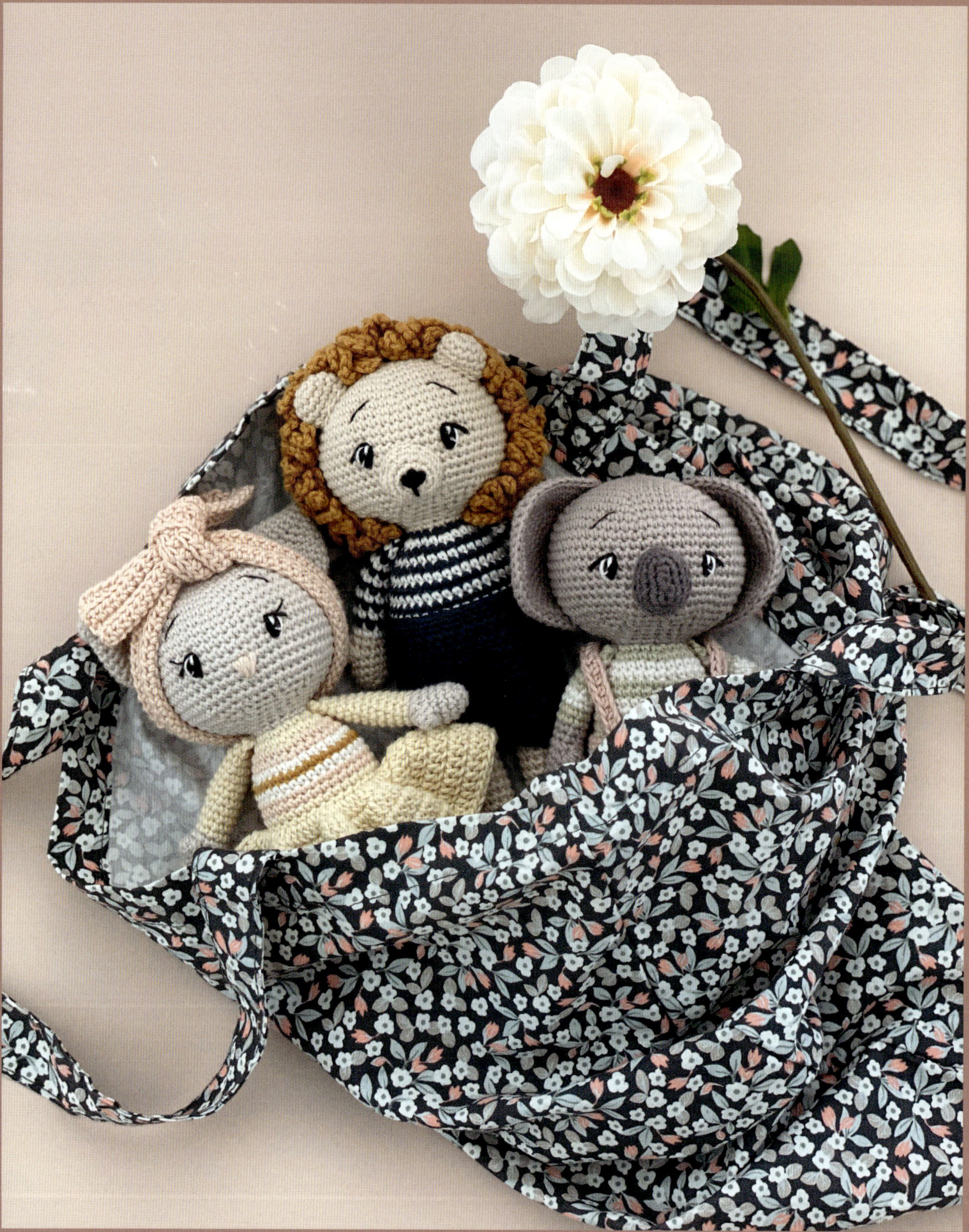

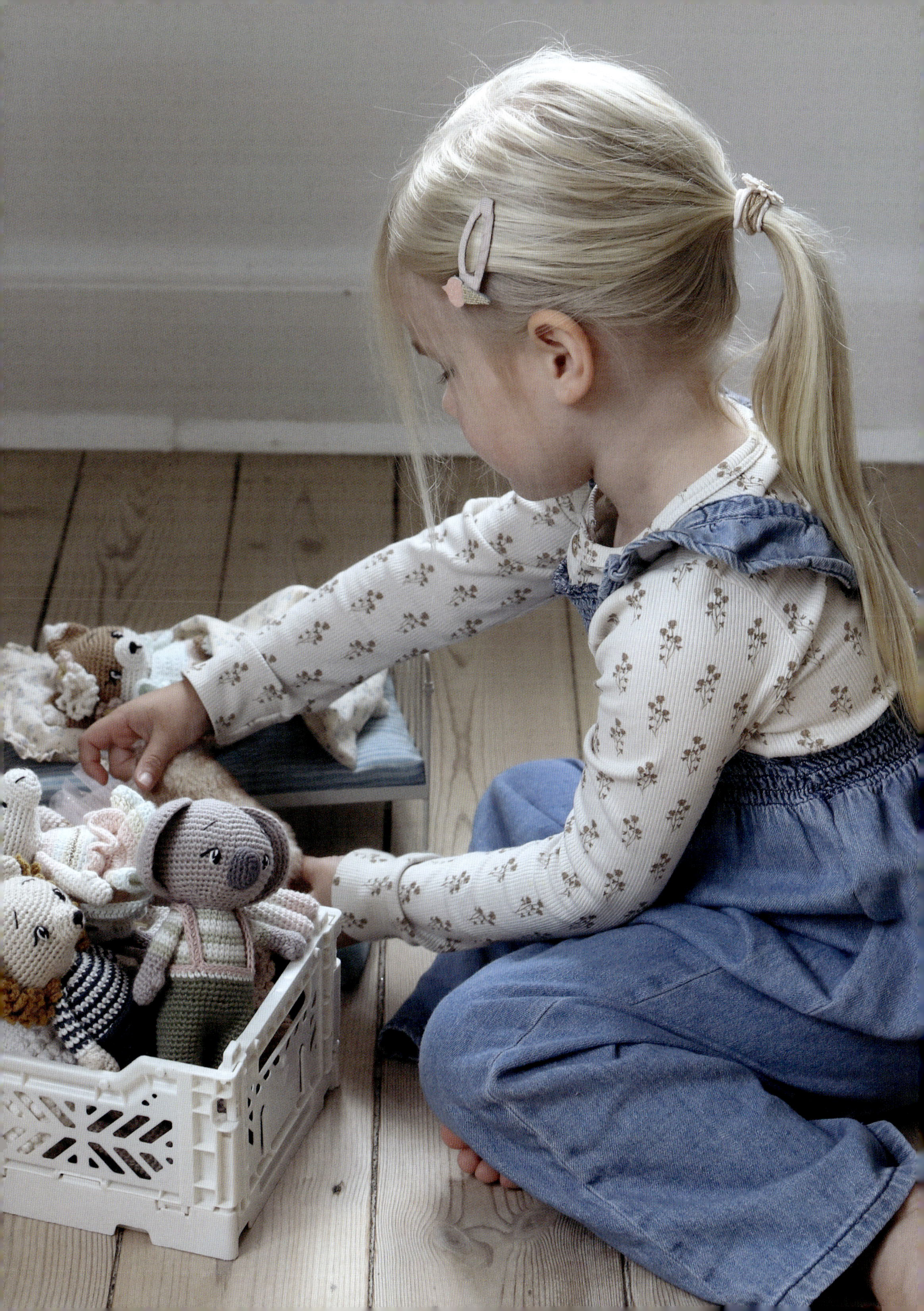

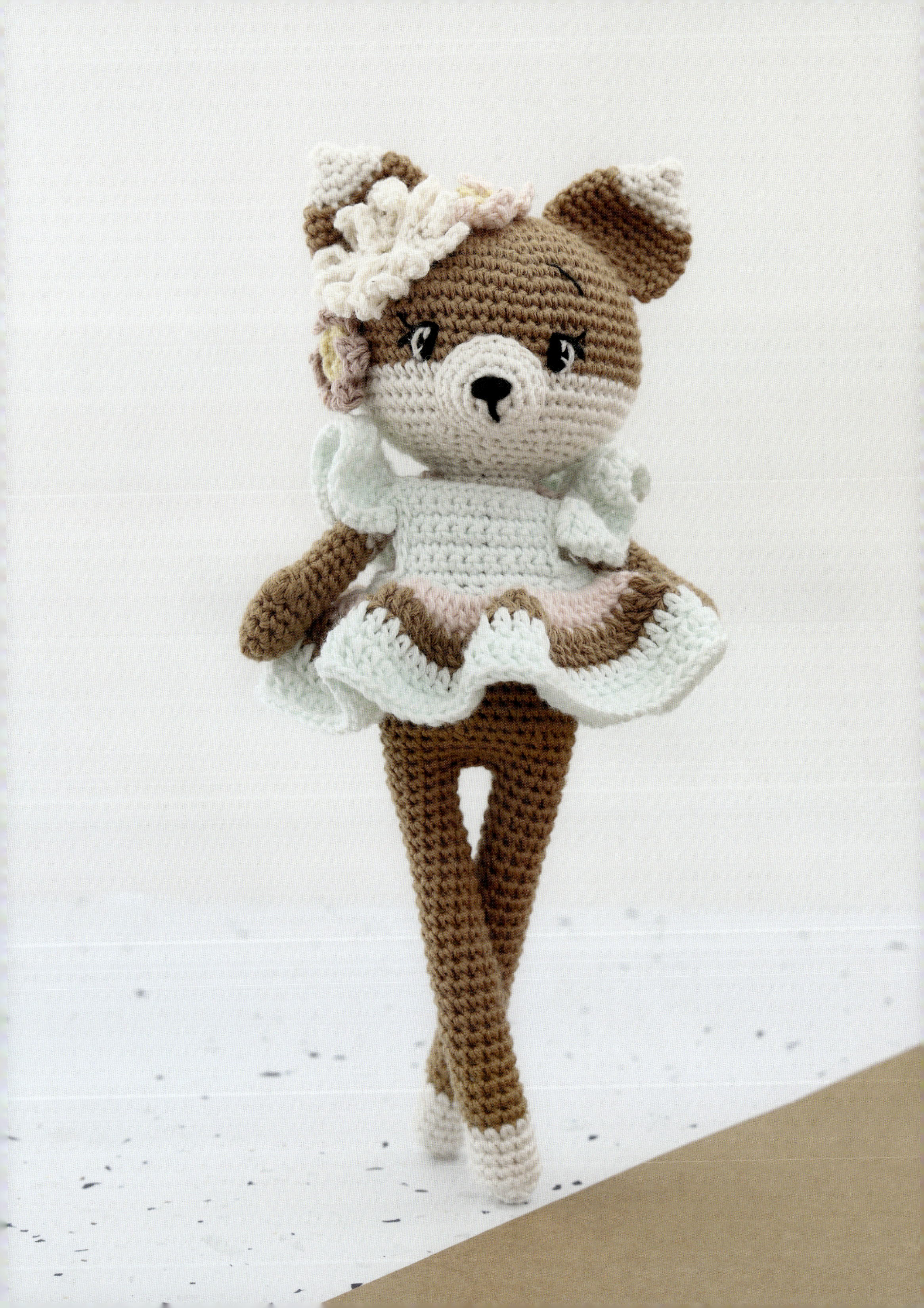

# Dingo
# HOLLIE

## MATERIAL

Krea Deluxe
Organic Cotton
(100 % Baumwolle,
LL 165 m/50 g) in
Croissant (Fb 53),
Naturweiß (Fb 01),
Hellrosa (Fb 11),
Hell-Mintgrün (Fb 31),
Altrosa (Fb 14) und Gelb
(Fb 05), je 50 g, in Schwarz
(Fb 28), Rest
Häkelnadel 2,5 mm
Wollnadel
Sticknadel
Schere
Stecknadeln
Maschenmarkierer
Füllwatte
ggfs. Sicherheitsaugen
(ø 8-9 mm)

## KOPF UND KÖRPER

(in Croissant beginnen)
**1. Rd:** 6 fM in einen Magic-Ring häkeln (= 6 M).
**2. Rd:** Jede fM verdoppeln (= 12 M).
**3. Rd:** Jede 2. fM verdoppeln (= 18 M).
**4. Rd:** Jede 3. fM verdoppeln (= 24 M).
**5. Rd:** Jede 4. fM verdoppeln (= 30 M).
**6. Rd:** Jede 5. fM verdoppeln (= 36 M).
**7. Rd:** Jede 6. fM verdoppeln (= 42 M).
**8. Rd:** Jede 7. fM verdoppeln (= 48 M).
**9. Rd:** Jede 8. fM verdoppeln (= 54 M).
**10. Rd:** Jede 9. fM verdoppeln (= 60 M).
**11.-16. Rd:** 60 fM, in der letzten M der letzten Rd zu Naturweiß wechseln (= 60 M).
**17.-20. Rd:** 60 fM häkeln.
**21. Rd:** Jede 4. und 5. fM zusammen abmaschen (= 48 M).
**22. Rd:** Jede 3. und 4. fM zusammen abmaschen (= 36 M).
**23. Rd:** Jede 5. und 6. fM zusammen abmaschen (= 30 M).
**24. Rd:** Jede 4. und 5. fM zusammen abmaschen (= 24 M).
**25. Rd:** Jede 3. und 4. fM zusammen abmaschen (= 18 M).
**26.-27. Rd:** 18 fM, in der letzten M der letzten Rd zu Hellrosa wechseln. Den Kopf gut ausstopfen und die Augen auf der gegenüberliegenden Seite des Rd-Anfangs aufsticken (Augen aufsticken, S. 15). Wenn du Sicherheitsaugen verwendest, müssen diese zwischen der 15. und 16. Rd mit einem Abstand von 8 M eingesetzt werden.

Hinweis: Häkle noch ein paar fM oder ziehe einige auf, wenn der Fb-Wechsel nicht in der rückwärtigen Mitte des Dingos liegt, nachdem die Augen aufgestickt wurden. Dies ist der neue Rd-Beginn.
**28. Rd:** Jede 3. fM verdoppeln (= 24 M).
**29. Rd:** Jede 4. fM verdoppeln (= 30 M).
**30.-31. Rd:** 30 fM häkeln.
**32. Rd:** Jede 5. fM verdoppeln (= 36 M).
**33.-40. Rd:** 36 fM häkeln, in der letzten M der letzten Rd zu Croissant wechseln.
**41. Rd:** In die hinteren M-Glieder 36 fM häkeln.
**42.-44. Rd:** 36 fM häkeln.
**45. Rd:** Jede 5. und 6. fM zusammen abmaschen (= 30 M).
**46.-48. Rd:** 30 fM häkeln.
Faden nicht abschneiden. Gut ausstopfen.

## BEINE

(weiter in Croissant)
Für die Beine wird die Arbeit geteilt. Dazu für den Abstand zwischen den Beinen 3 M in der vorderen und 3 M in der hinteren Mitte des Körpers markieren, gerne mit M-Markierern, um den Überblick über diese 6 M zu behalten. Ggfs. ein paar fM auftrennen, um Platz für den Raum zwischen den Beinen zu schaffen. Die Beine gut ausstopfen. Für jedes Bein sollten 12 M vorhanden sein (Beine häkeln, S. 19).

### 1. Bein

**49. Rd:** Die Vorder- und Rückseite für das 1. Bein zusammenfügen. Bis zum M-Markierer ein paar fM häkeln und auf der anderen Seite weiterhäkeln, insgesamt 12 fM häkeln (= 12 M).
Hinweis: In der 70. Rd noch ein paar fM mehr häkeln oder auftrennen, damit der Fb-Wechsel in der Mitte der Beinrückseite liegt.
**50.-70. Rd:** 12 fM, in der letzten M der letzten Rd zu Naturweiß wechseln.
**71.-75. Rd:** 12 fM häkeln.
**76. Rd:** Fortlaufend 2 fM zusammen abmaschen (= 6 M).
Faden lang abschneiden, durchziehen, in eine Wollnd fädeln, durch die vorderen M-Glieder der restlichen M ziehen und gut festziehen. Vernähen.

### 2. Bein

**49. Rd:** In Croissant auf der Rückseite anschlingen.
Hier beginnt das 2. Bein. Insgesamt 12 fM häkeln und Vorder- und Rückseite wie beim 1. Bein miteinander verbinden (= 12 M).
Hinweis: In der 70. Rd noch ein paar fM mehr häkeln oder auftrennen, damit der Fb-Wechsel in der Mitte der Beinrückseite liegt.
**50.-70. Rd:** 12 fM, in der letzten M der letzten Rd zu Naturweiß wechseln.
**71.-75. Rd:** 12 fM häkeln.
**76. Rd:** Fortlaufend 2 fM zusammen abmaschen (= 6 M).
Faden lang abschneiden, durchziehen, in eine Wollnd fädeln, durch die vorderen M-Glieder der restlichen M ziehen und gut festziehen. Vernähen.
Zwischen den Beinen zusätzlich ausstopfen. Garn in Croissant in eine Wollnd fädeln und das Loch schließen.

## OHREN

(2x, in Naturweiß beginnen)
**1. Rd:** 5 fM in einen Magic-Ring häkeln (= 5 M).
**2. Rd:** 5 fM häkeln.
**3. Rd:** Jede fM verdoppeln (= 10 M).
**4. Rd:** Jede 2. fM verdoppeln (= 15 M).
**5. Rd:** 15 fM, in der letzten M zu Croissant wechseln.
**6. Rd:** Jede 3. fM verdoppeln (= 20 M).
**7.-10. Rd:** 20 fM häkeln.
Noch 3 fM häkeln, die Ohröffnung flach drücken und 9-10 fM durch beide Lagen häkeln. Faden lang abschneiden und durchziehen.

## SCHNAUZE

(in Naturweiß)
**1. Rd:** 6 fM in einen Magic-Ring häkeln (= 6 M).
**2. Rd:** Jede fM verdoppeln (= 12 M).
**3. Rd:** Jede 2. fM verdoppeln (= 18 M).
**4. Rd:** 18 fM häkeln.
Faden lang abschneiden und durchziehen. Einen unsichtbaren Abschluss (S. 12) arb. Eine Nase in Schwarz aufsticken.

## ARME

(2x, in Croissant beginnen)

Gut ausstopfen, im Oberarmbereich etwas weniger.

**1. Rd:** 6 fM in einen Magic-Ring häkeln (= 6 M).

**2. Rd:** * 1 fM verdoppeln, 1 fM, ab * noch 2x wdh (= 9 M).

**3. Rd:** 1 fM verdoppeln, 4 fM, 1 fM verdoppeln, 3 fM (= 11 M).

**4.-5. Rd:** 11 fM häkeln.

**6. Rd:** 5 fM, 1 Büschelm, 5 fM.

**7. Rd:** 4 fM, * 2 fM zusammen abmaschen, ab * noch 1x wdh, 3 fM (= 9 M).

**8.-12. Rd:** 9 fM, in der letzten M der letzten Rd zu Hellrosa wechseln.

Hinweis: Am rechten Arm noch 2-4 fM mehr häkeln, bevor du zu Hellrosa wechselst. Dies ist der neue Rd-Beginn, damit der Fb-Wechsel auf der Vorderseite des Dingos nicht sichtbar ist.

**13.-18. Rd:** 9 fM häkeln.

Nun die Öffnung des Arms flachdrücken und 4 fM durch beide Lagen häkeln, sodass der Daumen mit den Büschelm auf der Handseite liegt. Faden lang abschneiden und durchziehen.

## KLEID

(in Hell-Mintgrün beginnen)

40 Lm anschl und mit 1 Km in die 1. Lm zu einem Ring schließen. Dabei darauf achten, dass sich die Lm-Kette nicht verdreht.

**1. Rd:** 40 fM, zu Hellrosa wechseln und die Rd mit 1 Km in die 1. M schließen (= 40 M).

Ab jetzt beginnt jede Rd mit 3 Lm (zählt als 1. Stb) und endet mit 1 Km in die 1. M.

**2. Rd:** 3 Lm, 1 Stb in dieselbe M, je 2 Stb in die übrigen 39 M, zu Croissant wechseln und die Rd mit 1 Km in die 1. M schließen (= 80 M).

**3. Rd:** 3 Lm, * 1 Stb verdoppeln, 1 Stb, ab * noch 38x wdh, 1 Stb verdoppeln, zu Hell-Mintgrün wechseln und die Rd mit 1 Km in die 1. M schließen (= 120 M).

**4.-5. Rd:** 3 Lm, 119 Stb, 1 Km in die 1. M.

Faden abschneiden, durchziehen und vernähen.

### Latz

(in Hell-Mintgrün)

Den Latz in Hin- und Rückr häkeln. Zunächst die 10 mittleren M auf der Vorderseite des Rocks markieren. Dann auf der rechten Seite der Arbeit in der 1. Mittel-M in Hell-Mintgrün anschlingen.

**1.-6. R:** 10 fM, mit 1 Lm wenden (= 10 M).

**7. R:** 10 fM häkeln.

Faden nicht abschneiden.

Für den 1. Träger 17 Lm anschl.

**1. R:** In der 3. Lm ab Nd beginnen, je 2 hStb in alle 15 Lm, mit 2 Lm wenden (= 30 M).

**2. R:** Jedes hStb verdoppeln, mit 1 Lm wenden (= 60 M).

**3. R:** 60 fM häkeln.

Dann je 1 fM in die 4 Rdm der Rüschenkante häkeln (Bild 1) und an der rechten Seite des Latzes fortfahren, jeweils 1 fM in die 7 Rdm häkeln. Für den Bund je 1 fM in alle M entlang der oberen Rockkante häkeln und an der linken Seite des Latzes fortfahren, jeweils 1 fM in die 7 Rdm häkeln.

Den 2. Träger wie den 1. Träger häkeln. Dann je 1 fM in die 4 Rdm der Rüschenkante häkeln.

Bevor du mit 1 Km in die 1. M an der Seite des Latzes endest, bitte darauf achten, dass die Rüschen voneinander abgewandt sind. Dazu den linken Träger so drehen, dass die Rüschen nach außen zeigen.

Faden abschneiden, durchziehen und vernähen. Das Kleid dem Dingo anziehen, die Länge der Träger ggfs. anpassen und hinten am Kleid annähen.

## BLUME 1

(in Gelb beginnen)

**1. Rd:** 6 fM in einen Magic-Ring häkeln, zu Naturweiß wechseln, die Rd mit 1 Km in die 1. M schließen (= 6 M).

**2. Rd:** 10 Lm, 1 Km in die M, wo die Lm-Kette beginnt, 10 Lm, 1 Km in die M, wo die Lm-Kette beginnt, * 1 Km in die nächste M, 10 Lm, 1 Km in die M, wo die Lm-Kette beginnt, 10 Lm, 1 Km in die M, wo die Lm-Kette beginnt, ab * noch 4x wdh (= 12 Blütenblätter).

Faden lang abschneiden und durchziehen.

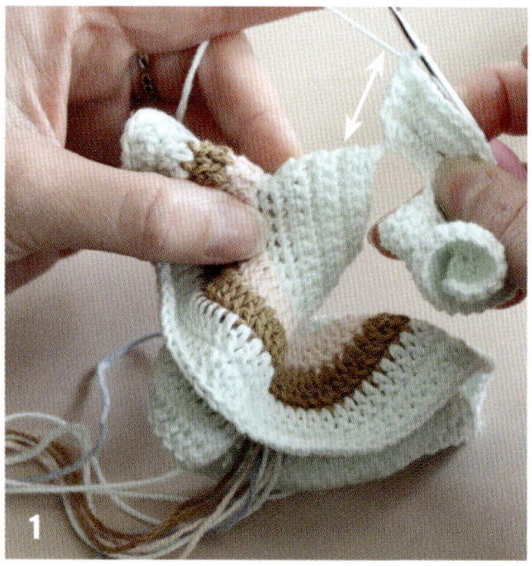



## BLUME 2

(2x: 1x in Gelb-Hellrosa, 1x in Gelb-Altrosa, in Gelb beginnen)

**1. Rd:** 6 fM in einen Magic-Ring häkeln (= 6 M).

**2. Rd:** * 1 Km in das vordere M-Glied der nächsten M, 2 Lm, 1 Km durch dasselbe vordere M-Glied, ab * noch 5x wdh.

Faden abschneiden, durchziehen und vernähen.

Für die Blütenblätter in Hellrosa/Altrosa im hinteren M-Glied in der 1. Rd anschlingen.

**3. Rd:** * 4 Lm, in der 2. Lm ab Nd beginnen, 1 Km, 1 hStb, 1 fM, 1 Km in das hintere M-Glied der nächsten M der vorherigen Rd, ab * noch 5x wdh (= 6 Blütenblätter).

Faden lang abschneiden und durchziehen.

## FERTIGSTELLEN

Die Schnauze ausstopfen und über die 15.-21. Rd am Gesicht annähen. Die Ohren in der 4.-11. Rd am Kopf annähen. In der 28. Rd die Arme an den Körper nähen, sodass die Daumen nach vorne zeigen. Die drei Blumen an das rechte Ohr des Dingos nähen, dabei die große, weiße Blume in der Mitte der beiden kleineren Blumen platzieren. Ich habe die Blume in Altrosa unten und die Blume in Hellrosa oben platziert.

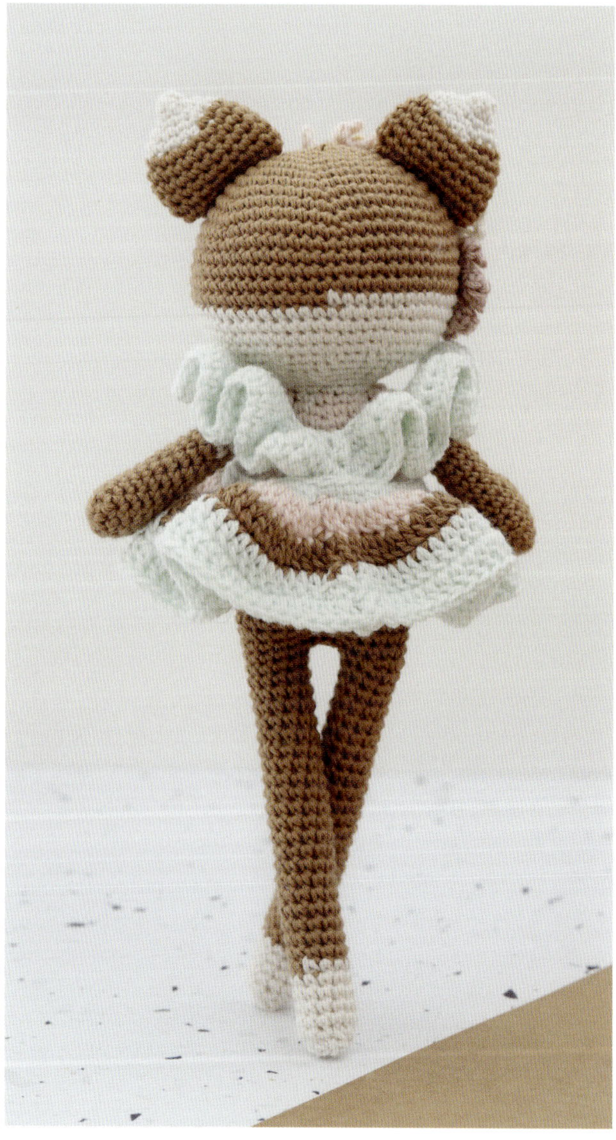

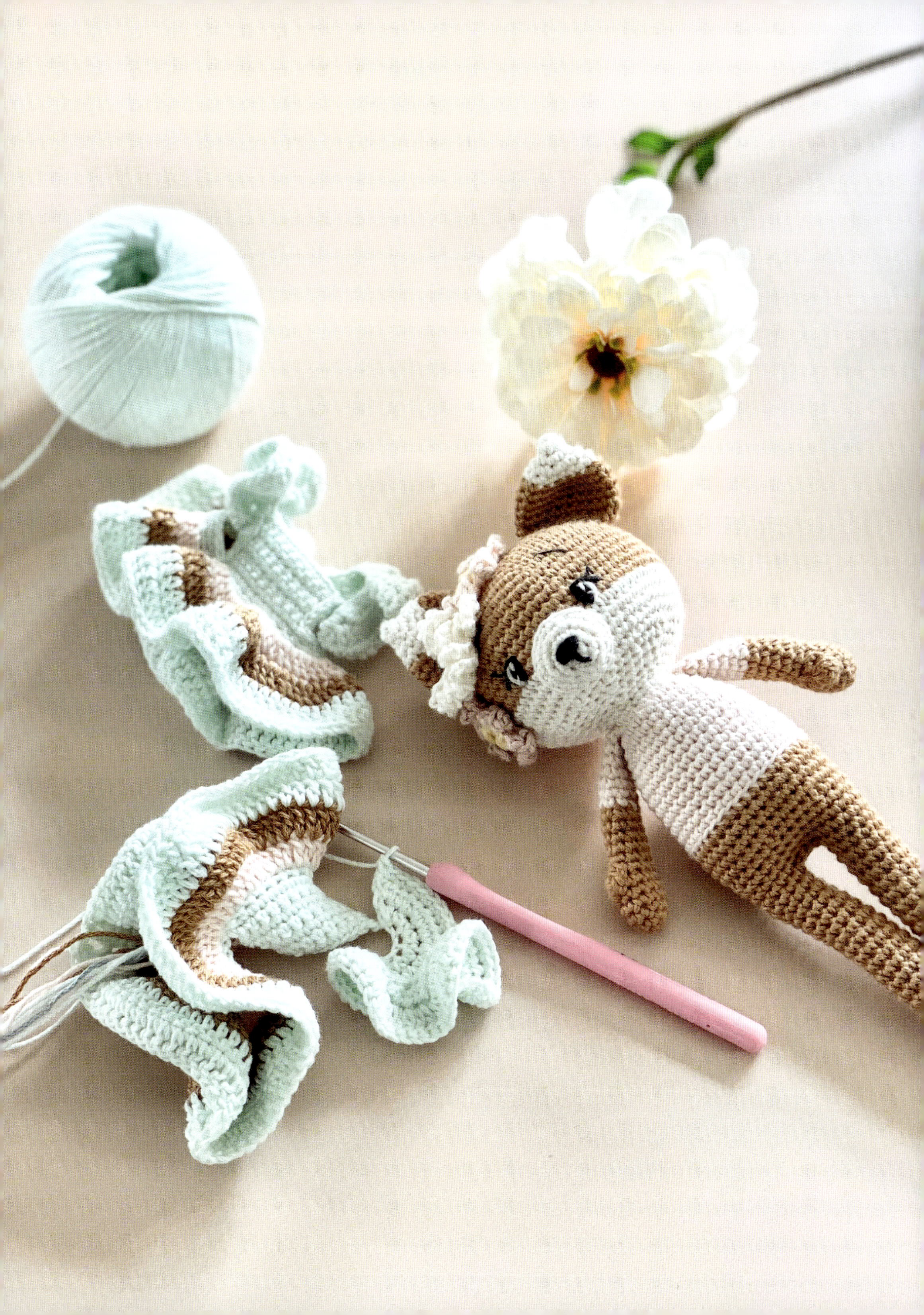

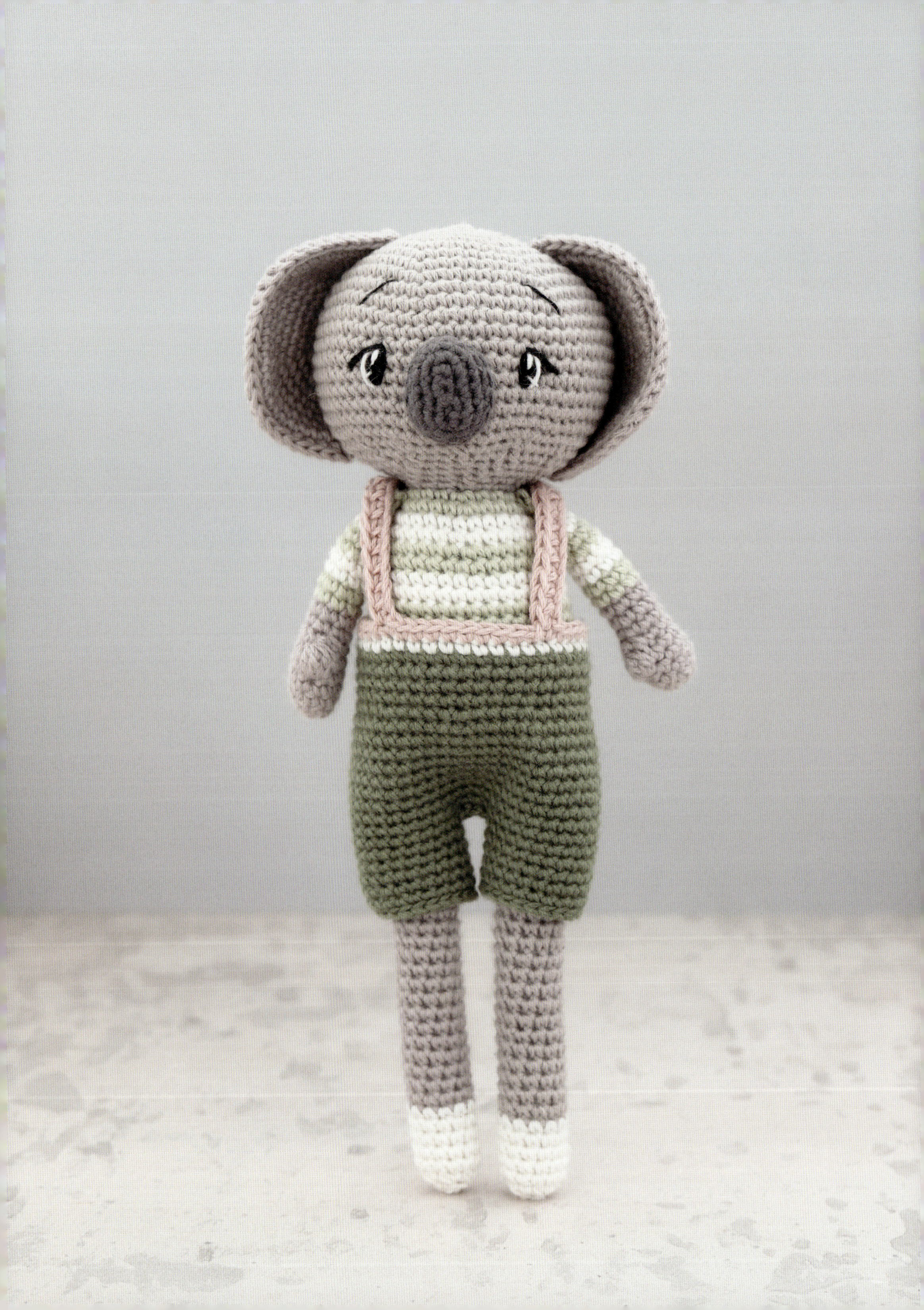

# Koala
# CARL

## MATERIAL

Krea Deluxe
Organic Cotton
(100 % Baumwolle,
LL 165 m/50 g) in Grau-Lila (Fb 19), Naturweiß (Fb 01), Moosgrün (Fb 42), Hellgrün (Fb 40), Rosa (Fb 12) und Dunkelgrau (Fb 50), je 50 g, in Schwarz (Fb 28), Rest
Häkelnadel 2,5 mm
Wollnadel
Sticknadel
Schere
Stecknadeln
Maschenmarkierer
Füllwatte
ggfs. Sicherheitsaugen (ø 8-9 mm)

## KOPF UND KÖRPER

(in Grau-Lila beginnen)

**1. Rd:** 6 fM in einen Magic-Ring häkeln (= 6 M).
**2. Rd:** Jede fM verdoppeln (= 12 M).
**3. Rd:** Jede 2. fM verdoppeln (= 18 M).
**4. Rd:** Jede 3. fM verdoppeln (= 24 M).
**5. Rd:** Jede 4. fM verdoppeln (= 30 M).
**6. Rd:** Jede 5. fM verdoppeln (= 36 M).
**7. Rd:** Jede 6. fM verdoppeln (= 42 M).
**8. Rd:** Jede 7. fM verdoppeln (= 48 M).
**9. Rd:** Jede 8. fM verdoppeln (= 54 M).
**10. Rd:** Jede 9. fM verdoppeln (= 60 M).
**11.-20. Rd:** 60 fM häkeln.
**21. Rd:** Jede 4. und 5. fM zusammen abmaschen (= 48 M).
**22. Rd:** Jede 3. und 4. fM zusammen abmaschen (= 36 M).
**23. Rd:** Jede 5. und 6. fM zusammen abmaschen (= 30 M).
**24. Rd:** Jede 4. und 5. fM zusammen abmaschen (= 24 M).
**25. Rd:** Jede 3. und 4. fM zusammen abmaschen (= 18 M).
**26.-27. Rd:** 18 fM, in der letzten M der letzten Rd zu Hellgrün wechseln.

Den Kopf gut ausstopfen und die Augen auf der gegenüberliegenden Seite des Rd-Anfangs aufsticken (Augen aufsticken, S. 15). Wenn du Sicherheitsaugen verwendest, müssen diese zwischen der 15. und 16. Rd mit einem Abstand von 8 M eingesetzt werden.

Hinweis: Häkle noch ein paar fM oder ziehe einige auf, wenn der Fb-Wechsel nicht in der rückwärtigen Mitte des Koalas liegt, nachdem die Augen aufgestickt wurden. Dies ist der neue Rd-Beginn.
**28. Rd:** Jede 3. fM verdoppeln (= 24 M).
**29. Rd:** Jede 4. fM verdoppeln, in der letzten M zu Naturweiß wechseln (= 30 M).
**30.-31. Rd:** 30 fM, in der letzten M der letzten Rd zu Hellgrün wechseln.
**32. Rd:** Jede 5. fM verdoppeln (= 36 M).
**33. Rd:** 36 fM, in der letzten M zu Naturweiß wechseln.
**34.-35. Rd:** 36 fM, in der letzten M der letzten Rd zu Hellgrün wechseln.
**36.-37. Rd:** 36 fM, in der letzten M der letzten Rd zu Naturweiß wechseln.
**38.-39. Rd:** 36 fM, in der letzten M der letzten Rd zu Hellgrün wechseln.
**40. Rd:** 36 fM, in der letzten M zu Grau-Lila wechseln.
**41. Rd:** In die hinteren M-Glieder 36 fM häkeln.
**42.-44. Rd:** 36 fM häkeln.
**45. Rd:** Jede 5. und 6. fM zusammen abmaschen (= 30 M).
**46.-48. Rd:** 30 fM häkeln.
Faden nicht abschneiden. Gut ausstopfen.

## BEINE

(weiter in Grau-Lila)
Für die Beine wird die Arbeit geteilt. Dazu für den Abstand zwischen den Beinen 3 M in der vorderen und 3 M in der hinteren Mitte des Körpers markieren, gerne mit M-Markierern, um den Überblick über diese 6 M zu behalten. Ggfs. ein paar fM auftrennen, um Platz für den Raum zwischen den Beinen zu schaffen. Die Beine gut ausstopfen. Für jedes Bein sollten 12 M vorhanden sein (Beine häkeln, S. 19).

**1. Bein**
**49. Rd:** Die Vorder- und Rückseite für das 1. Bein zusammenfügen. Bis zum M-Markierer ein paar fM häkeln und auf der anderen Seite weiterhäkeln, insgesamt 12 fM häkeln (= 12 M).
Hinweis: In der 70. Rd noch ein paar fM mehr häkeln oder auftrennen, damit der Fb-Wechsel in der Mitte der Beinrückseite liegt.
**50.-70. Rd:** 12 fM, in der letzten M zu Naturweiß wechseln.
**71.-75. Rd:** 12 fM häkeln.
**76. Rd:** Fortlaufend 2 fM zusammen abmaschen (= 6 M).
Faden lang abschneiden, durchziehen, in eine Wollnd fädeln, durch die vorderen M-Glieder der restlichen M ziehen und gut festziehen. Vernähen.

**2. Bein**
**49. Rd:** In Grau-Lila auf der Rückseite anschlingen. Hier beginnt das 2. Bein. Insgesamt 12 fM häkeln und Vorder- und Rückseite wie beim 1. Bein miteinander verbinden (= 12 M).
Hinweis: In der 70. Rd noch ein paar fM mehr häkeln oder auftrennen, damit der Fb-Wechsel in der Mitte der Beinrückseite liegt.
**50.-70. Rd:** 12 fM, in der letzten M der letzten Rd zu Naturweiß wechseln.
**71.-75. Rd:** 12 fM häkeln.
**76. Rd:** Fortlaufend 2 fM zusammen abmaschen (= 6 M).
Faden lang abschneiden, durchziehen, in eine Wollnd fädeln, durch die vorderen M-Glieder der restlichen M ziehen und gut festziehen. Vernähen.
Zwischen den Beinen zusätzlich ausstopfen. Garn in Grau-Lila in eine Wollnd fädeln und das Loch schließen.

## OHREN

(2x, in Grau-Lila)
**1. Rd:** 6 fM in einen Magic-Ring häkeln (= 6 M).
**2. Rd:** Jede fM verdoppeln (= 12 M).
**3. Rd:** Jede 2. fM verdoppeln (= 18 M).
**4. Rd:** Jede 3. fM verdoppeln (= 24 M).
**5. Rd:** Jede 4. fM verdoppeln (= 30 M).
**6. Rd:** Jede 5. fM verdoppeln (= 36 M).
**7. Rd:** Jede 6. fM verdoppeln (= 42 M).
**8. Rd:** Jede 7. fM verdoppeln (= 48 M).
**9. Rd:** Jede 8. fM verdoppeln (= 54 M).
**10. Rd:** 54 fM häkeln.
Die Ohröffnung flach drücken und 26 fM durch beide Lagen häkeln. Faden lang abschneiden und durchziehen.

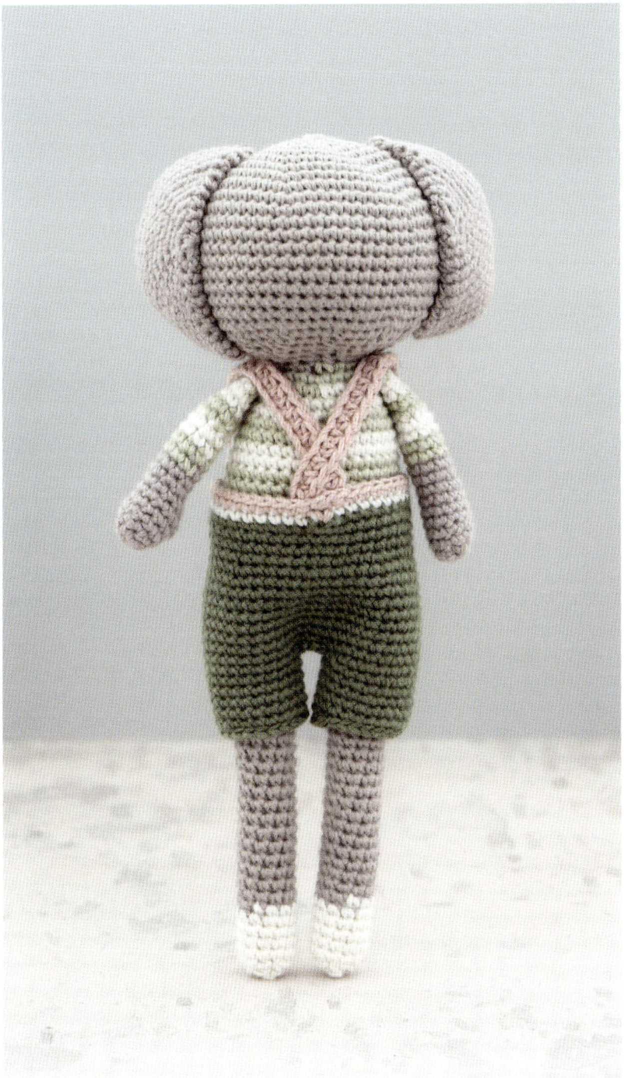

## SCHNAUZE

(in Dunkelgrau)
5 Lm anschl. Es wird auf beiden Seiten der Lm-Kette gehäkelt.
**1. Rd:** In der 2. Lm ab Nd beginnen, 3 fM, 3 fM in die letzte Lm, an der anderen Seite der Lm-Kette fortfahren, 2 fM, 1 fM verdoppeln (= 10 M).
**2. Rd:** 1 fM verdoppeln, 2 fM, 3 fM verdoppeln, 2 fM, 2 fM verdoppeln (= 16 M).
**3.-4. Rd:** 16 fM häkeln.
Faden lang abschneiden und durchziehen. Einen unsichtbaren Abschluss (S. 12) arb.

## ARME

(2x, in Grau-Lila beginnen)
Gut ausstopfen, im Oberarmbereich etwas weniger.
**1. Rd:** 6 fM in einen Magic-Ring häkeln (= 6 M).
**2. Rd:** * 1 fM verdoppeln, 1 fM, ab * noch 2x wdh (= 9 M).
**3. Rd:** 1 fM verdoppeln, 4 fM, 1 fM verdoppeln, 3 fM (= 11 M).
**4.-5. Rd:** 11 fM häkeln.
**6. Rd:** 5 fM, 1 Büschelm, 5 fM.
**7. Rd:** 4 fM, * 2 fM zusammen abmaschen, ab * noch 1x wdh, 3 fM (= 9 M).
**8.-9. Rd:** 9 fM, in der letzten M der letzten Rd zu Hellgrün wechseln.
Hinweis: Am rechten Arm noch 2-4 fM mehr häkeln, bevor du zu Hellgrün wechselst. Dies ist der neue Rd-Beginn, damit der Fb-Wechsel auf der Vorderseite des Koalas nicht sichtbar ist.
**10.-11. Rd:** 9 fM, in der letzten M der letzten Rd zu Naturweiß wechseln.
**12.-13. Rd:** 9 fM, in der letzten M der letzten Rd zu Hellgrün wechseln.
**14.-15. Rd:** 9 fM, in der letzten M der letzten Rd zu Naturweiß wechseln.
**16.-17. Rd:** 9 fM, in der letzten M der letzten Rd zu Hellgrün wechseln.
**18. Rd:** 9 fM häkeln.
Nun die Öffnung des Arms flachdrücken und 4 fM durch beide Lagen häkeln, sodass der Daumen mit den Büschelm auf der Handseite liegt. Faden lang abschneiden und durchziehen.

## HOSEN

(in Moosgrün beginnen)
40 Lm anschl und mit 1 Km in die 1. Lm zum Ring schließen. Dabei darauf achten, dass sich die Lm-Kette nicht verdreht. Weiter in Spiral-Rd häkeln.
**1. Rd:** 40 fM häkeln (= 40 M).
**2.-4. Rd:** 40 fM häkeln.
**5. Rd:** Jede 5. fM verdoppeln (= 48 M).
**6.-14. Rd:** 48 fM häkeln.
Faden nicht abschneiden.

**1. Hosenbein**
(weiter in Moosgrün)
**15. Rd:** Jetzt werden die beiden Hosenbeine gehäkelt. Dazu für den Abstand zwischen den Beinen 3 M in der vorderen und 3 M in der hinteren Mitte der Hose markieren, gerne mit M-Markierern, um den Überblick über diese 6 M zu behalten. Für jedes Hosenbein sollten 21 M vorhanden sein. Insgesamt 21 fM häkeln, die Vorder- und Rückseite miteinander verbinden (= 21 M).
**16.-22. Rd:** 21 fM häkeln.
**23. Rd:** 21 Km häkeln.
Mit 1 Km in die 1. M enden. Faden abschneiden, durchziehen und vernähen.

**2. Hosenbein**
**9. Rd:** In Moosgrün auf der Rückseite anschlingen. Hier beginnt das 2. Hosenbein. Dann 21 fM häkeln und Vorder- und Rückseite wie beim 1. Hosenbein verbinden (= 21 M).
**16.-22. Rd:** 21 fM häkeln.
**23. Rd:** 21 Km häkeln.
Mit 1 Km in die 1. M enden. Faden abschneiden, durchziehen und vernähen. Garn in Moosgrün in eine Wollnd fädeln und das Loch zwischen den Hosenbeinen schließen.

**Hosenbund und Träger**
(in Naturweiß beginnen)
In Naturweiß in der 1. M der 1. Rd in der rückwärtigen Mitte der Hose anschlingen.
**1. Rd:** 40 fM häkeln, in der letzten M zu Rosa wechseln (= 40 M).
**2. Rd:** 15 fM (ggfs. ein paar fM mehr oder weniger häkeln, sodass die Träger an beiden Seiten gleich platziert werden können), 25 Lm, in der 3. Lm ab Nd beginnen, 23 hStb, 1 Km in die M, wo die Lm-Kette beginnt, 10 fM, 25 Lm, in der 3. Lm ab Nd beginnen, 23 hStb, 1 Km in die M, wo die Lm-Kette beginnt, 15 fM. Mit 1 Km in die 1. M enden. Faden abschneiden, durchziehen und vernähen.
Die Hose dem Koala anziehen, die Länge der Träger ggfs. anpassen und hinten an der Hose annähen.

## FERTIGSTELLEN
Die Schnauze ausstopfen und über die 14.-29. Rd am Gesicht annähen. Die Ohren in der 6.-22. Rd am Kopf annähen. Wichtig: Die Ohren sollen einen leichten Bogen bilden, dazu die Ohren entlang der hinteren Ohrenkante annähen. In der 28. Rd die Arme an den Körper nähen, sodass die Daumen nach vorne zeigen.

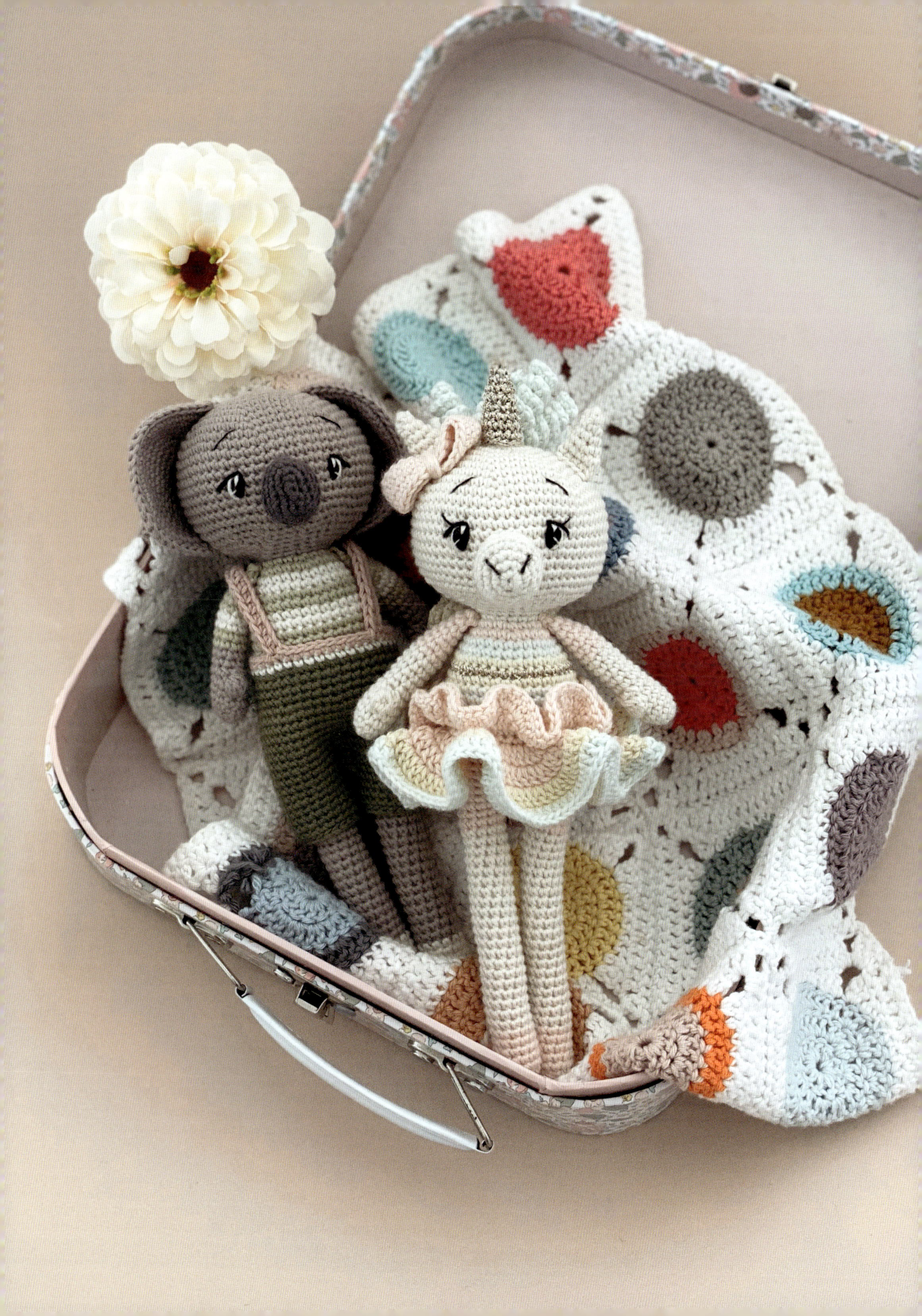

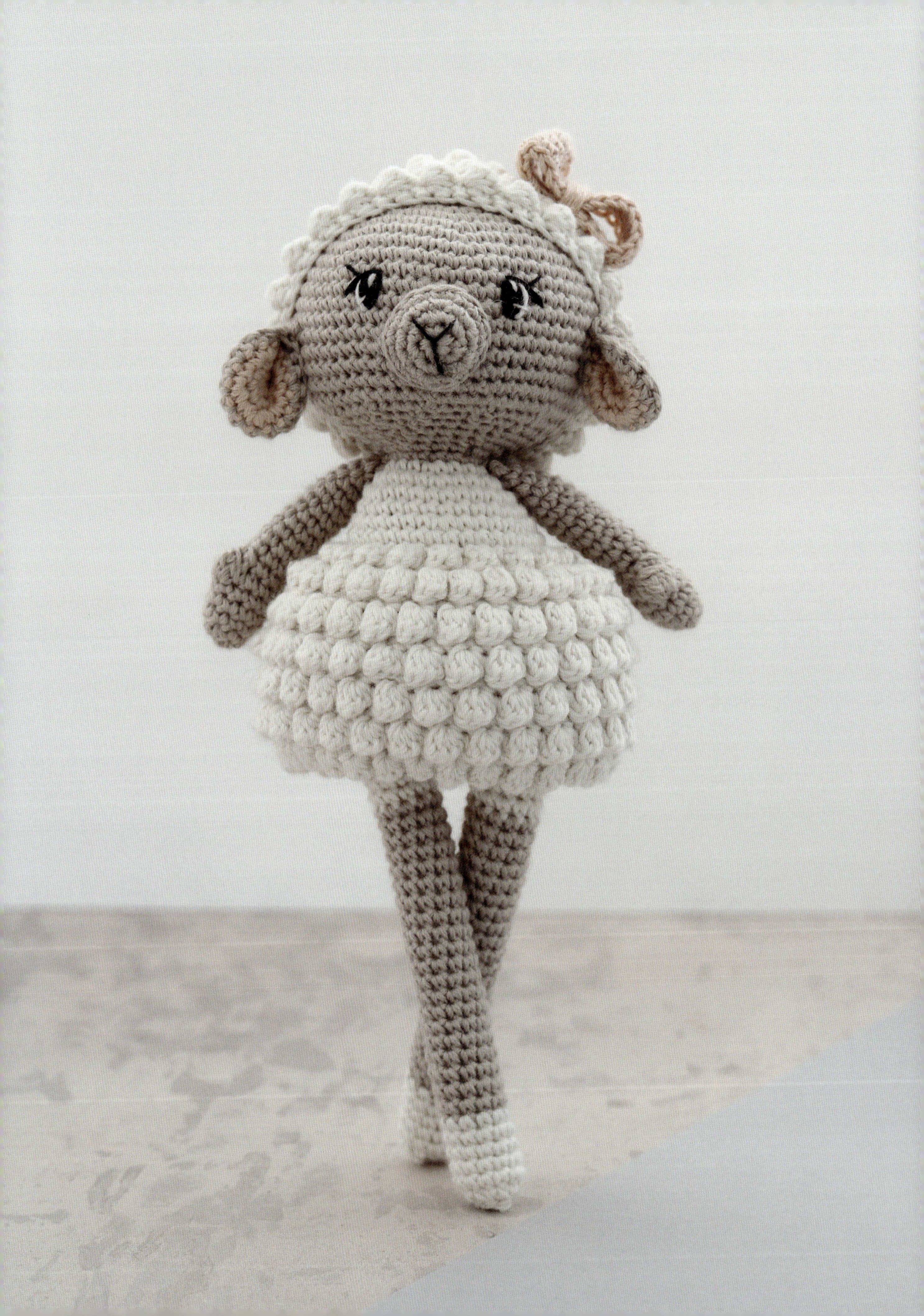

# Schaf
# EMMA

## MATERIAL

Krea Deluxe
Organic Cotton
(100 % Baumwolle,
LL 165 m/50 g) in
Zartbraun (Fb 08),
Naturweiß (Fb 01) und
Puder (Fb 07), je 50 g,
in Schwarz (Fb 28), Rest
Häkelnadel 2,5 mm
Wollnadel
Sticknadel
Schere
Stecknadeln
Maschenmarkierer
Füllwatte
ggfs. Sicherheitsaugen
(ø 8-9 mm)

## KOPF UND KÖRPER

(in Zartbraun beginnen)

**1. Rd:** 6 fM in einen Magic-Ring häkeln (= 6 M).
**2. Rd:** Jede fM verdoppeln (= 12 M).
**3. Rd:** Jede 2. fM verdoppeln (= 18 M).
**4. Rd:** Jede 3. fM verdoppeln (= 24 M).
**5. Rd:** Jede 4. fM verdoppeln (= 30 M).
**6. Rd:** Jede 5. fM verdoppeln (= 36 M).
**7. Rd:** Jede 6. fM verdoppeln (= 42 M).
**8. Rd:** Jede 7. fM verdoppeln (= 48 M).
**9. Rd:** Jede 8. fM verdoppeln (= 54 M).
**10. Rd:** Jede 9. fM verdoppeln (= 60 M).
**11.-20. Rd:** 60 fM häkeln.
**21. Rd:** Jede 4. und 5. fM zusammen abmaschen (= 48 M).
**22. Rd:** Jede 3. und 4. fM zusammen abmaschen (= 36 M).
**23. Rd:** Jede 5. und 6. fM zusammen abmaschen (= 30 M).
**24. Rd:** Jede 4. und 5. fM zusammen abmaschen (= 24 M).
**25. Rd:** Jede 3. und 4. fM zusammen abmaschen (= 18 M).
**26.-27. Rd:** 18 fM, in der letzten M der letzten Rd zu Naturweiß wechseln.

Den Kopf gut ausstopfen und die Augen auf der gegenüberliegenden Seite des Rd-Anfangs aufsticken (Augen aufsticken, S. 15). Wenn du Sicherheitsaugen verwendest, müssen diese zwischen der 15. und 16. Rd mit einem Abstand von 8 M eingesetzt werden.

Hinweis: Häkle noch ein paar fM oder ziehe einige auf, wenn der Fb-Wechsel nicht in der rückwärtigen Mitte des Schafes liegt, nachdem die Augen aufgestickt wurden. Dies ist der neue Rd-Beginn.

**28. Rd:** Jede 3. fM verdoppeln (= 24 M).

**29. Rd:** Jede 4. fM verdoppeln (= 30 M).

**30.-31. Rd:** 30 fM häkeln.

**32. Rd:** Jede 5. fM verdoppeln (= 36 M).

**33.-34. Rd:** 36 fM häkeln.

**35. Rd:** In die hinteren M-Glieder 36 fM häkeln.

**36.-44. Rd:** 36 fM häkeln.

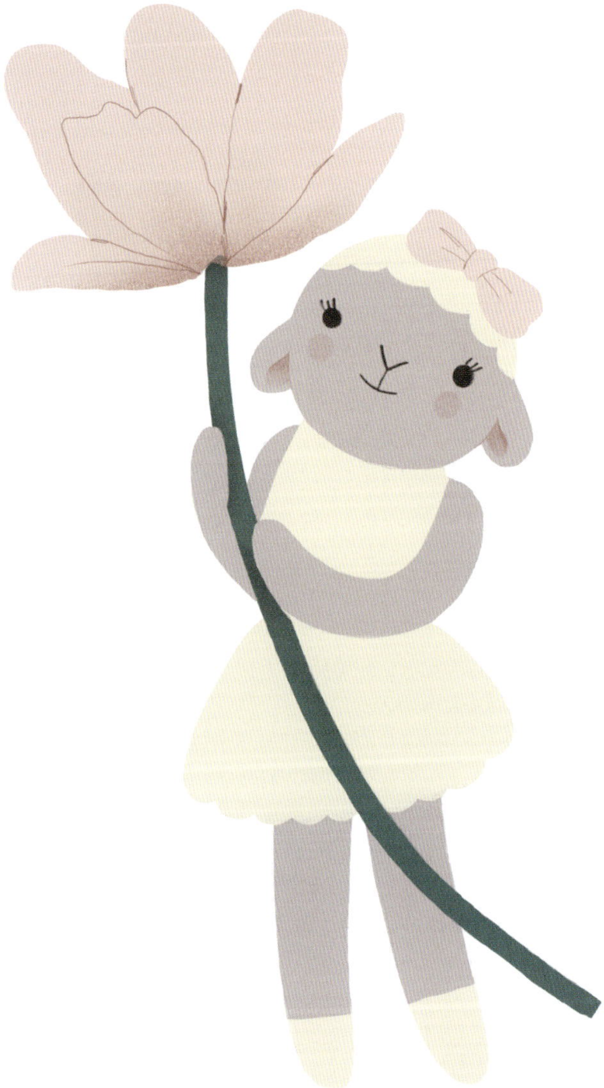

**45. Rd:** Jede 5. und 6. fM zusammen abmaschen (= 30 M).

**46.-48. Rd:** 30 fM häkeln.

Faden nicht abschneiden. Gut ausstopfen.

## BEINE

(weiter in Naturweiß)

Für die Beine wird die Arbeit geteilt. Dazu für den Abstand zwischen den Beinen 3 M in der vorderen und 3 M in der hinteren Mitte des Körpers markieren, gerne mit M-Markierern, um den Überblick über diese 6 M zu behalten. Ggfs. ein paar fM auftrennen, um Platz für den Raum zwischen den Beinen zu schaffen. Die Beine gut ausstopfen. Für jedes Bein sollten 12 M vorhanden sein (Beine häkeln, S. 19).

### 1. Bein

**49. Rd:** Die Vorder- und Rückseite für das 1. Bein zusammenfügen. Bis zum M-Markierer ein paar fM häkeln und auf der anderen Seite weiterhäkeln, insgesamt 12 fM häkeln (= 12 M).

Hinweis: In der 50. und 70. Rd noch ein paar fM mehr häkeln oder auftrennen, damit der Fb-Wechsel in der Mitte der Beinrückseite liegt.

**50. Rd:** 12 fM, in der letzten M der letzten Rd zu Zartbraun wechseln.

**51.-70. Rd:** 12 fM häkeln, in der letzten M der letzten Rd zu Naturweiß wechseln.

**71.-75. Rd:** 12 fM häkeln.

**76. Rd:** Fortlaufend 2 fM zusammen abmaschen (= 6 M).

Faden lang abschneiden, durchziehen, in eine Wollnd fädeln, durch die vorderen M-Glieder der restlichen M ziehen und gut festziehen. Vernähen.

### 2. Bein

**49. Rd:** In Naturweiß auf der Rückseite anschlingen. Hier beginnt das 2. Bein. Insgesamt 12 fM häkeln und Vorder- und Rückseite wie beim 1. Bein miteinander verbinden (= 12 M).

Hinweis: In der 50. und 70. Rd noch ein paar fM mehr häkeln oder auftrennen, damit der Fb-Wechsel in der Mitte der Beinrückseite liegt.

**50. Rd:** 12 fM, in der letzten M der letzten Rd zu Zartbraun wechseln.

**51.-70. Rd:** 12 fM häkeln, in der letzten M der letzten Rd zu Naturweiß wechseln.
**71.-75. Rd:** 12 fM häkeln.
**76. Rd:** Fortlaufend 2 fM zusammen abmaschen (= 6 M).
Faden lang abschneiden, durchziehen, in eine Wollnd fädeln, durch die vorderen M-Glieder der restlichen M ziehen und gut festziehen. Vernähen.
Zwischen den Beinen zusätzlich ausstopfen. Garn in Naturweiß in eine Wollnd fädeln und das Loch schließen.

## OHREN

(2x)

**Innenohr**

(in Puder)
**1. Rd:** 6 fM in einen Magic-Ring häkeln (= 6 M).
**2. Rd:** Jede fM verdoppeln (= 12 M).
**3. Rd:** Jede 2. fM verdoppeln (= 18 M).
Mit 1 Km in die 1. M enden. Faden abschneiden, durchziehen und vernähen.

**Außenohr**

(in Zartbraun)
**1. Rd:** 6 fM in einen Magic-Ring häkeln (= 6 M).
**2. Rd:** Jede fM verdoppeln (= 12 M).
**3. Rd:** Jede 2. fM verdoppeln (= 18 M).
Faden nicht abschneiden. Das Innenohr links auf links auf das Außenohr legen und rundherum 18 fM durch beide Lagen häkeln. Das Ohr unten falten und 2 fM durch beide Lagen häkeln. Faden lang abschneiden und durchziehen.

## SCHNAUZE

(in Zartbraun)
**1. Rd:** 6 fM in einen Magic-Ring häkeln (= 6 M).
**2. Rd:** Jede fM verdoppeln (= 12 M).
**3. Rd:** Jede 2. fM verdoppeln (= 18 M).
**4. Rd:** 18 fM häkeln.
Faden lang abschneiden und durchziehen. Einen unsichtbaren Abschluss (S. 12) arb. Eine Nase in Schwarz aufsticken, dabei das Garn so teilen, dass es nur aus einem einzigen Faden besteht.

## ARME

(2x, in Zartbraun)
Gut ausstopfen, im Oberarmbereich etwas weniger.
**1. Rd:** 6 fM in einen Magic-Ring häkeln (= 6 M).
**2. Rd:** * 1 fM verdoppeln, 1 fM, ab * noch 2x wdh (= 9 M).
**3. Rd:** 1 fM verdoppeln, 4 fM, 1 fM verdoppeln, 3 fM (= 11 M).
**4.-5. Rd:** 11 fM häkeln.
**6. Rd:** 5 fM, 1 Büschelm, 5 fM.
**7. Rd:** 4 fM, * 2 fM zusammen abmaschen, ab * noch 1x wdh, 3 fM (= 9 M).
**8.-18. Rd:** 9 fM häkeln.
Nun die Öffnung des Arms flachdrücken und 4 fM durch beide Lagen häkeln, sodass der Daumen mit den Büschelm auf der Handseite liegt. Faden lang abschneiden und durchziehen.

## KLEID

(in Naturweiß)
In der 35. Rd des Körpers im vorderen M-Glied in Naturweiß anschlingen. Den Körper wenden, sodass die Beine zu dir zeigen.
Hinweis: Jetzt wird das Kleid so angefertigt, dass die linke Seite nach außen zeigt (Bild 1 und 2).
**1. Rd:** 1 Lm, 1 fM in die M, an der das Garn angeschlungen wurde, * 1 Büschelm, 1 fM, ab * noch 16x wdh, 1 Büschelm, 1 fM in die 1. M der Rd (= 36 M).
**2. Rd:** Jede 2. fM verdoppeln (= 54 M).
**3. Rd:** * 1 Büschelm, 1 fM, ab * noch 26x wdh.
**4. Rd:** 54 fM häkeln.
**5.-12. Rd:** Die 3.-4. Rd noch 4x wdh.
**13. Rd:** Die 3. Rd noch 1x wdh.
**14. Rd:** Jede 2. und 3. fM zusammen abmaschen (= 36).
Mit 1 Km in die 1. M enden. Faden abschneiden, durchziehen und vernähen.

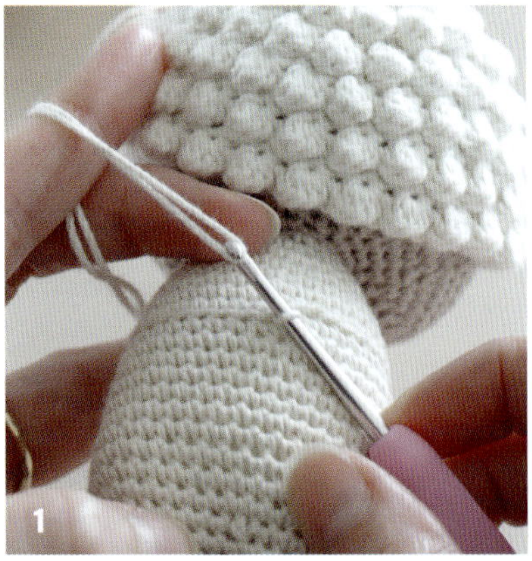
1

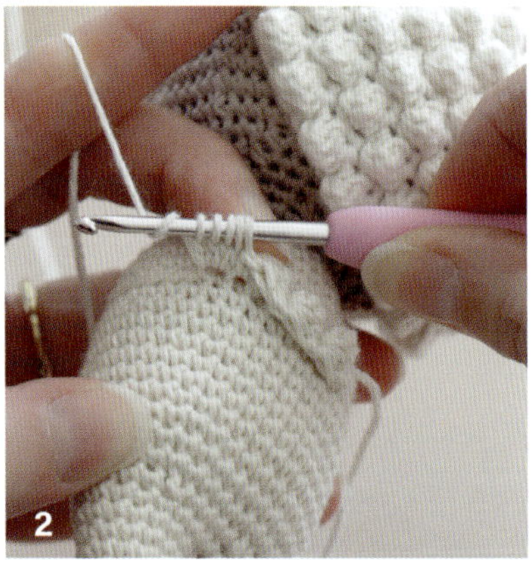
2

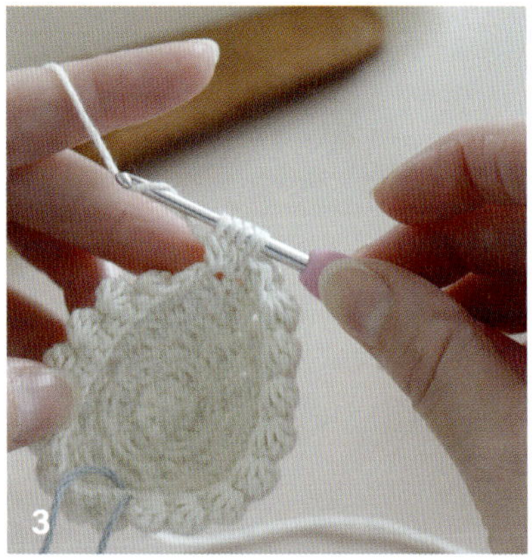
3

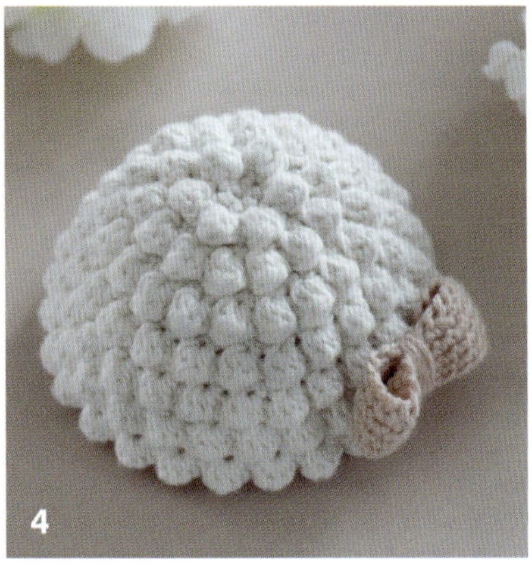
4

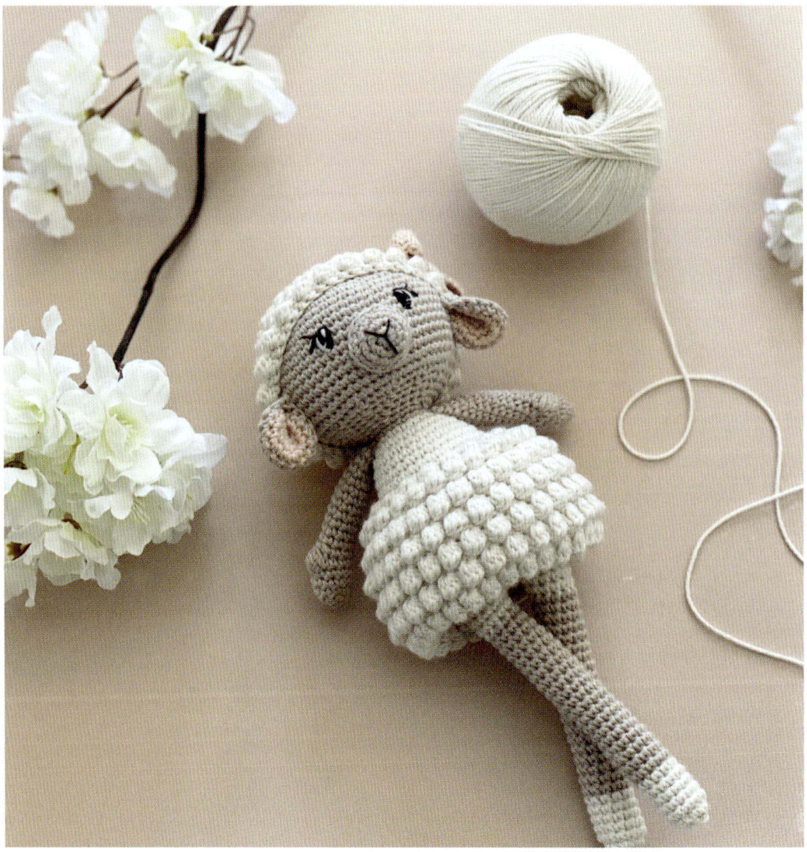

## MÜTZE

(in Naturweiß)

Hinweis: Die Mütze so häkeln, dass die linke Seite außen liegt, genauso wie beim Kleid (Bild 3 und 4).

**1. Rd:** 6 fM in einen Magic-Ring häkeln (= 6 M).

**2. Rd:** Jede fM verdoppeln (= 12 M).

**3. Rd:** * 1 Büschelm, 1 fM, ab * noch 5x wdh.

**4. Rd:** Jede fM verdoppeln (= 24 M).

**5. Rd:** * 1 Büschelm, 1 fM, ab * noch 11x wdh.

**6. Rd:** Jede 2. fM verdoppeln (= 36 M).

**7. Rd:** * 1 Büschelm, 1 fM, ab * noch 17x wdh.

**8. Rd:** Jede 6. fM verdoppeln (= 42 M).

**9. Rd:** * 1 Büschelm, 1 fM, ab * noch 20x wdh.

**10. Rd:** Jede 7. fM verdoppeln (= 48 M).

**11. Rd:** * 1 Büschelm, 1 fM, ab * noch 23x wdh

**12. Rd:** 48 fM häkeln.

**13.-16. Rd:** Die 11.-12. Rd noch 2x wdh.

Mit 1 Km in die 1. M enden. Faden lang abschneiden und durchziehen. Je nach deiner Häkelstärke ggfs. die 15. und 16. Rd wdh, wenn die Mütze etwas größer sein soll.

## SCHLEIFE

(in Puder)

24 Lm anschl und mit 1 Km in die 1. Lm zum Ring schließen. Dabei darauf achten, dass sich die Lm-Kette nicht verdreht. Weiter in Spiral-Rd häkeln.

**1. Rd:** 24 fM häkeln (= 24 M).

**2.-4. Rd:** 24 fM häkeln.

Mit 1 Km in die 1. M enden. Faden lang abschneiden und durchziehen, einige Male um die Schleifenmitte wickeln, vorsichtig festziehen und verknoten.

## FERTIGSTELLEN

Die Schnauze ausstopfen und über die 15.-21. Rd am Gesicht annähen. Die Schleife links auf die Mütze nähen. Die Mütze ggfs. über die 6.-26. Rd annähen, sodass sie bis zum Nacken reicht. Die Ohren in der 6. Rd am Kopf annähen. In der 28. Rd die Arme an den Körper nähen, sodass die Daumen nach vorne zeigen.

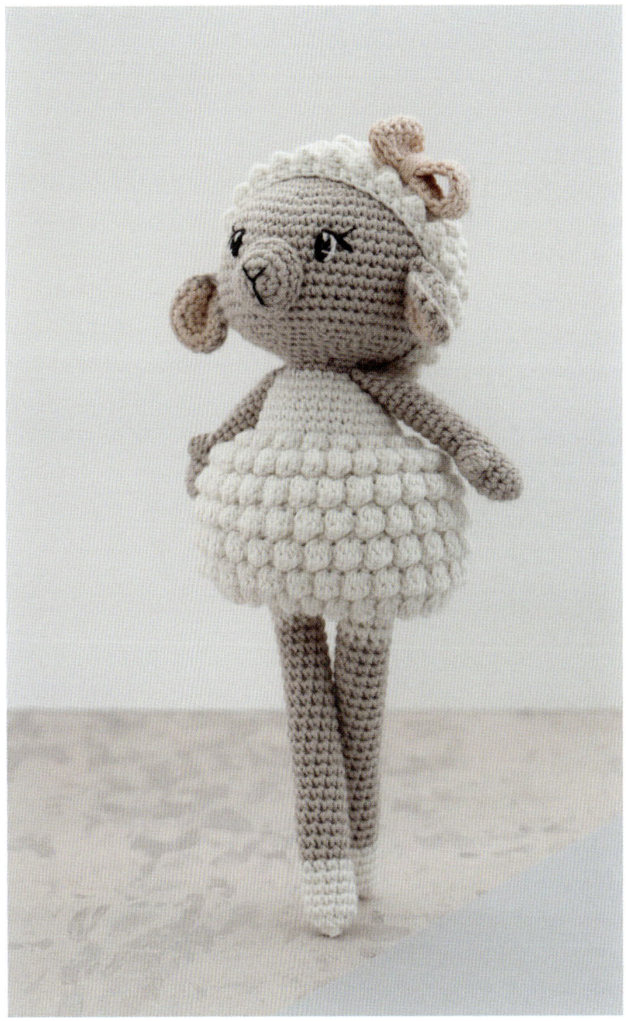

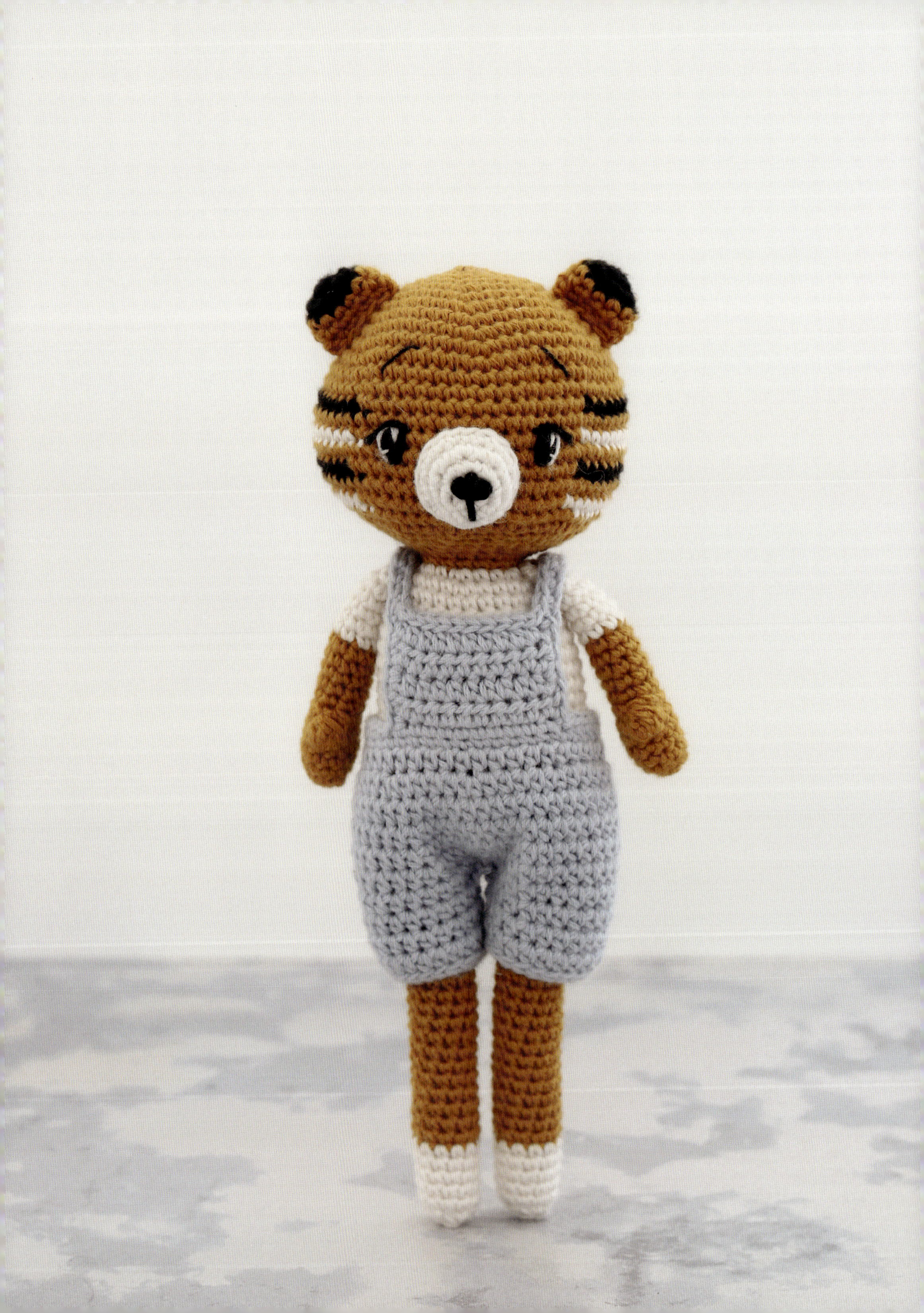

# Tiger THEODOR

## MATERIAL

Krea Deluxe Organic Cotton (100 % Baumwolle, LL 165 m/50 g) in Senfgelb (Fb 09), Naturweiß (Fb 01), Hellblau (Fb 22) und Schwarz (Fb 28), je 50 g
Häkelnadel 2,5 mm
Wollnadel
Sticknadel
Schere
Stecknadeln
Maschenmarkierer
Füllwatte
ggfs. Sicherheitsaugen (ø 8-9 mm)

## KOPF UND KÖRPER

(in Senfgelb beginnen)

**1. Rd:** 6 fM in einen Magic-Ring häkeln (= 6 M).
**2. Rd:** Jede fM verdoppeln (= 12 M).
**3. Rd:** Jede 2. fM verdoppeln (= 18 M).
**4. Rd:** Jede 3. fM verdoppeln (= 24 M).
**5. Rd:** Jede 4. fM verdoppeln (= 30 M).
**6. Rd:** Jede 5. fM verdoppeln (= 36 M).
**7. Rd:** Jede 6. fM verdoppeln (= 42 M).
**8. Rd:** Jede 7. fM verdoppeln (= 48 M).
**9. Rd:** Jede 8. fM verdoppeln (= 54 M).
**10. Rd:** Jede 9. fM verdoppeln (= 60 M).
**11.-12. Rd:** 60 fM häkeln.
**13. Rd:** 8 fM – in der letzten M zu Schwarz wechseln, 14 fM – in der letzten M zu Senfgelb wechseln, 16 fM – in der letzten M zu Schwarz wechseln, 14 fM – in der letzten M zu Senfgelb wechseln, 8 fM.
**14. Rd:** 60 fM häkeln.
**15. Rd:** 8 fM – in der letzten M zu Naturweiß wechseln, 14 fM – in der letzten M zu Senfgelb wechseln, 16 fM – in der letzten M zu Naturweiß wechseln, 14 fM – in der letzten M zu Senfgelb wechseln, 8 fM.
**16. Rd:** 60 fM häkeln.

**17.-20. Rd:** Die 13.-16. Rd noch 1x wdh.
**21. Rd:** Jede 4. und 5. fM zusammen abmaschen (= 48 M).
**22. Rd:** Jede 3. und 4. fM zusammen abmaschen (= 36 M).
**23. Rd:** Jede 5. und 6. fM zusammen abmaschen (= 30 M).
**24. Rd:** Jede 4. und 5. fM zusammen abmaschen (= 24 M).
**25. Rd:** Jede 3. und 4. fM zusammen abmaschen (= 18 M).
**26.-27. Rd:** 18 fM, in der letzten M der letzten Rd zu Naturweiß wechseln.
Den Kopf gut ausstopfen und die Augen auf der gegenüberliegenden Seite des Rd-Anfangs aufsticken (Augen aufsticken, S. 15). Wenn du Sicherheitsaugen verwendest, müssen diese zwischen der 15. und 16. Rd mit einem Abstand von 8 M eingesetzt werden.
Hinweis: Häkle noch ein paar fM oder ziehe einige auf, wenn der Fb-Wechsel nicht in der rückwärtigen Mitte des Tigers liegt, nachdem die Augen aufgestickt wurden. Dies ist der neue Rd-Beginn.
**28. Rd:** Jede 3. fM verdoppeln (= 24 M).
**29. Rd:** Jede 4. fM verdoppeln (= 30 M).
**30.-31. Rd:** 30 fM häkeln.
**32. Rd:** Jede 5. fM verdoppeln (= 36 M).
**33.-40. Rd:** 36 fM häkeln, in der letzten M der letzten Rd zu Senfgelb wechseln.
**41. Rd:** In die hinteren M-Glieder 36 fM häkeln.
**42.-44. Rd:** 36 fM häkeln.
**45. Rd:** Jede 5. und 6. fM zusammen abmaschen (= 30 M).
**46.-48. Rd:** 30 fM häkeln.
Faden nicht abschneiden. Gut ausstopfen.

## BEINE

(weiter in Senfgelb)
Für die Beine wird die Arbeit geteilt. Dazu für den Abstand zwischen den Beinen 3 M in der vorderen und 3 M in der hinteren Mitte des Körpers markieren, gerne mit M-Markierern, um den Überblick über diese 6 M zu behalten. Ggfs. ein paar fM auftrennen, um Platz für den Raum zwischen den Beinen zu schaffen. Die Beine gut ausstopfen. Für jedes Bein sollten 12 M vorhanden sein (Beine häkeln, S. 19).

**1. Bein**
**49. Rd:** Die Vorder- und Rückseite für das 1. Bein zusammenfügen. Bis zum M-Markierer ein paar fM häkeln und auf der anderen Seite weiterhäkeln, insgesamt 12 fM häkeln (= 12 M).
Hinweis: In der 70. Rd noch ein paar fM mehr häkeln oder auftrennen, damit der Fb-Wechsel in der Mitte der Beinrückseite liegt.
**50.-70. Rd:** 12 fM, in der letzten M der letzten Rd zu Naturweiß wechseln.
**71.-75. Rd:** 12 fM häkeln.
**76. Rd:** Fortlaufend 2 fM zusammen abmaschen (= 6 M).
Faden lang abschneiden, durchziehen, in eine Wollnd fädeln, durch die vorderen M-Glieder der restlichen M ziehen und gut festziehen. Vernähen.

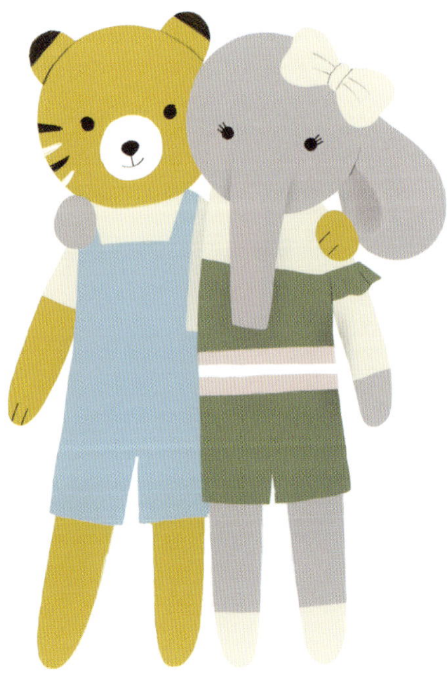

**2. Bein**

**49. Rd:** In Senfgelb auf der Rückseite anschlingen.
Hier beginnt das 2. Bein. Insgesamt 12 fM häkeln und Vorder- und Rückseite wie beim 1. Bein miteinander verbinden (= 12 M).
Hinweis: In der 70. Rd noch ein paar fM mehr häkeln oder auftrennen, damit der Fb-Wechsel in der Mitte der Beinrückseite liegt.
**50.-70. Rd:** 12 fM, in der letzten M der letzten Rd zu Naturweiß wechseln.
**71.-75. Rd:** 12 fM häkeln.
**76. Rd:** Fortlaufend 2 fM zusammen abmaschen (= 6 M).
Faden lang abschneiden, durchziehen, in eine Wollnd fädeln, durch die vorderen M-Glieder der restlichen M ziehen und gut festziehen. Vernähen.
Zwischen den Beinen zusätzlich ausstopfen. Garn in Senfgelb in eine Wollnd fädeln und das Loch schließen.

## OHREN

(2x, in Schwarz beginnen)
**1. Rd:** 6 fM in einen Magic-Ring häkeln (= 6 M).
**2. Rd:** Jede fM verdoppeln, in der letzten M zu Senfgelb wechseln (= 12 M).
**3.-5. Rd:** 12 fM häkeln.
Mit 1 Km in die 1. M enden. Faden lang abschneiden und durchziehen.

## SCHNAUZE

(in Naturweiß)
**1. Rd:** 6 fM in einen Magic-Ring häkeln (= 6 M).
**2. Rd:** Jede fM verdoppeln (= 12 M).
**3. Rd:** Jede 2. fM verdoppeln (= 18 M).
**4. Rd:** 18 fM häkeln.
Faden lang abschneiden und durchziehen. Einen unsichtbaren Abschluss (S. 12) arb. Eine Nase in Schwarz aufsticken.

## ARME

(2x, in Senfgelb beginnen)
Gut ausstopfen, im Oberarmbereich etwas weniger.
**1. Rd:** 6 fM in einen Magic-Ring häkeln (= 6 M).
**2. Rd:** * 1 fM verdoppeln, 1 fM, ab * noch 2x wdh (= 9 M).
**3. Rd:** 1 fM verdoppeln, 4 fM, 1 fM verdoppeln, 3 fM (= 11 M).
**4.-5. Rd:** 11 fM häkeln.
**6. Rd:** 5 fM, 1 Büschelm, 5 fM.
**7. Rd:** 4 fM, * 2 fM zusammen abmaschen, ab * noch 1x wdh, 3 fM (= 9 M).
**8.-12. Rd:** 9 fM, in der letzten M der letzten Rd zu Naturweiß wechseln.
Hinweis: Am rechten Arm noch 2-4 fM häkeln, bevor du zu Naturweiß wechselst. Dies ist der neue Rd-Beginn, damit der Fb-Wechsel auf der Vorderseite nicht sichtbar ist.
**13.-18. Rd:** 9 fM häkeln.
Nun die Öffnung des Arms flachdrücken und 4 fM durch beide Lagen häkeln, sodass der Daumen mit den Büschelm auf der Handseite liegt. Faden lang abschneiden und durchziehen.

## LATZHOSEN

(in Hellblau)
40 Lm anschl und mit 1 Km in die 1. Lm zum Ring schließen. Dabei darauf achten, dass sich die Lm-Kette nicht verdreht. Weiter in Spiral-Rd häkeln.
**1. Rd:** 40 fM häkeln (= 40 M).
**2. Rd:** 40 hStb häkeln.
**3. Rd:** Jedes 4. hStb verdoppeln (= 50 M).
**4.-8. Rd:** 50 hStb häkeln.
Faden nicht abschneiden.

**1. Hosenbein**

(weiter in Hellblau)
**9. Rd:** Für den Abstand zwischen den Beinen 4 M in der vorderen und 4 M in der hinteren Mitte der Hose markieren, gerne mit M-Markieren, um den Überblick über diese 8 M zu behalten. Für jedes Hosenbein sollten 21 M vorhanden sein. Insgesamt 21 hStb häkeln, die Vorder- und Rückseite miteinander verbinden (= 21 M).

**10.-11. Rd:** 21 hStb häkeln
**12. Rd:** 21 Km häkeln.
Mit 1 Km in die 1. M enden. Faden abschneiden, durchziehen und vernähen.

**2. Hosenbein**
**9. Rd:** In Hellblau auf der Rückseite anschlingen. Hier beginnt das 2. Hosenbein. Dann 21 hStb häkeln und Vorder- und Rückseite wie beim 1. Hosenbein verbinden (= 21 M).
**10.-11. Rd:** 21 hStb häkeln
**12. Rd:** 21 Km häkeln.
Mit 1 Km in die 1. M enden. Faden abschneiden, durchziehen und vernähen. Garn in Hellblau in eine Wollnd fädeln und das Loch zwischen den Hosenbeinen schließen.

**Latz**
(in Hellblau)
Den Latz in Hin- und Rückr häkeln. Zunächst die 10 mittleren M auf der Vorderseite der Hose markieren. Dann auf der rechten Seite der Arbeit in der 1. Mittel-M in Hellblau anschlingen.
**1. R:** 10 fM, mit 2 Lm wenden (= 10 M).
**2.-4. R:** 10 hStb, mit 2 Lm wenden.
**5. R:** 10 hStb häkeln.
Faden nicht abschneiden.
Für den 1. Träger 20 Lm anschl, in der 2. Lm ab der Nd beginnen, 19 fM häkeln. An der rechten Seite des Latzes fortfahren, jeweils 1 fM in die 5 Rdm des Latzes häkeln. Für den Bund je 1 fM in alle M entlang der oberen Hosenkante häkeln und an der linken Seite des Latzes fortfahren, jeweils 1 fM in die 5 Rdm des Latzes häkeln. Für den 2. Träger 20 Lm anschl, in der 2. Lm ab Nd beginnen, 19 fM häkeln. Weiter entlang der Oberkante des Latzes 10 Km. Faden abschneiden, durchziehen und vernähen.
Die Hose dem Tiger anziehen, die Länge der Träger ggfs. anpassen und hinten an der Hose annähen.

## FERTIGSTELLEN
Die Schnauze ausstopfen und über die 15.-20. Rd am Gesicht annähen. Die Ohren über die 6.-10. Rd am Kopf annähen. In der 28. Rd die Arme an den Körper nähen, sodass die Daumen nach vorne zeigen.

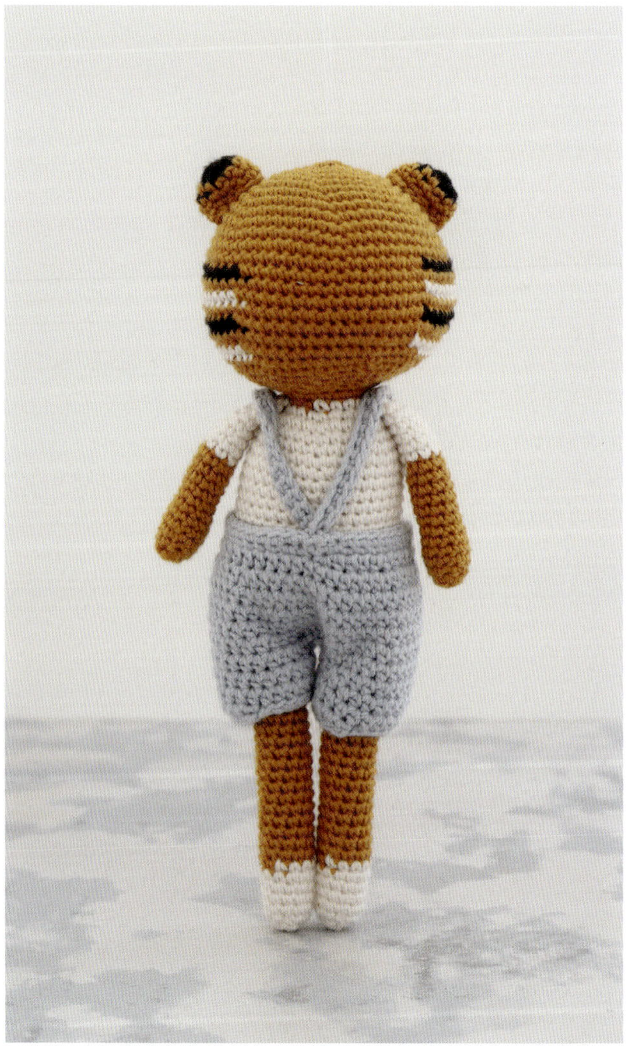

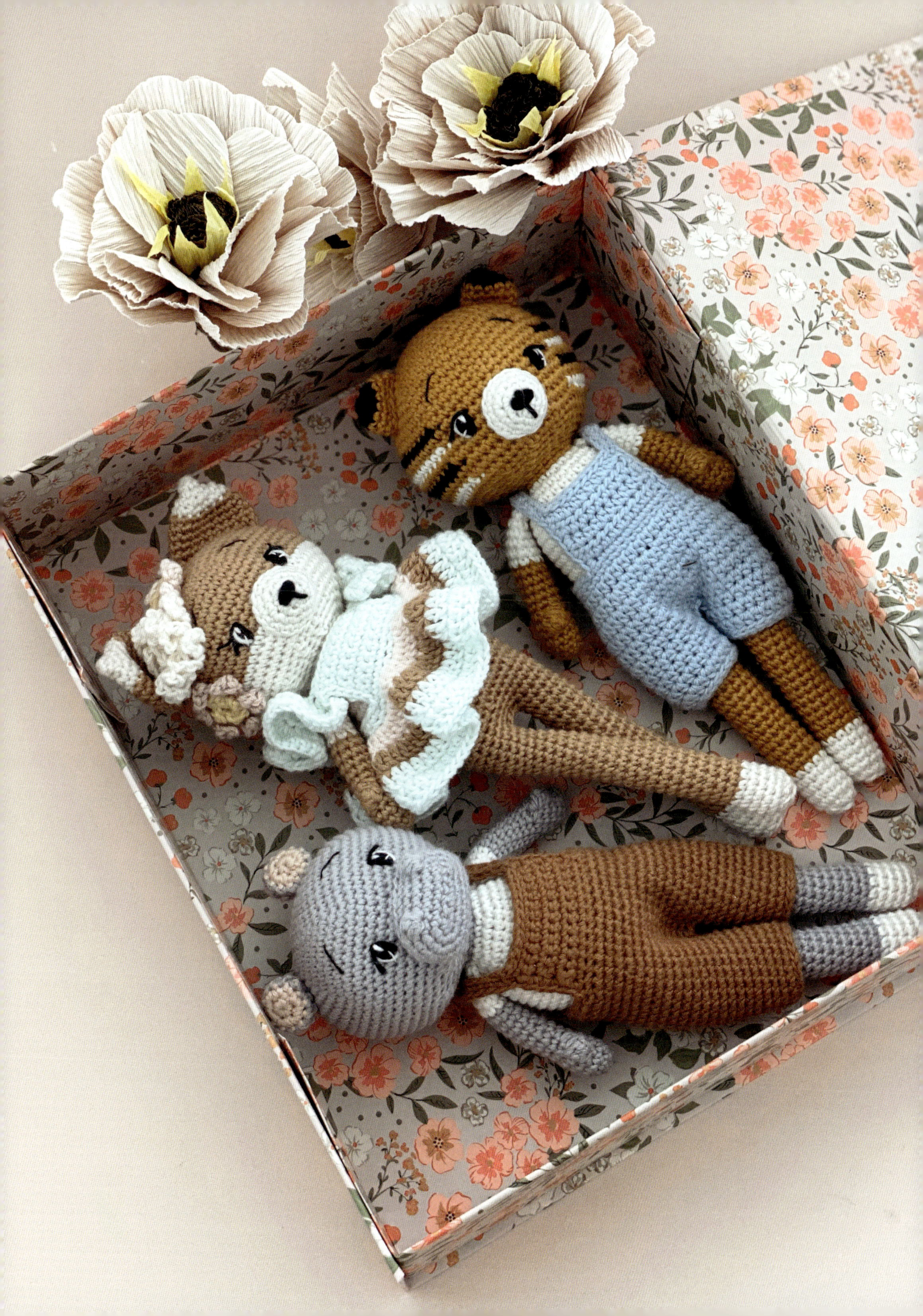

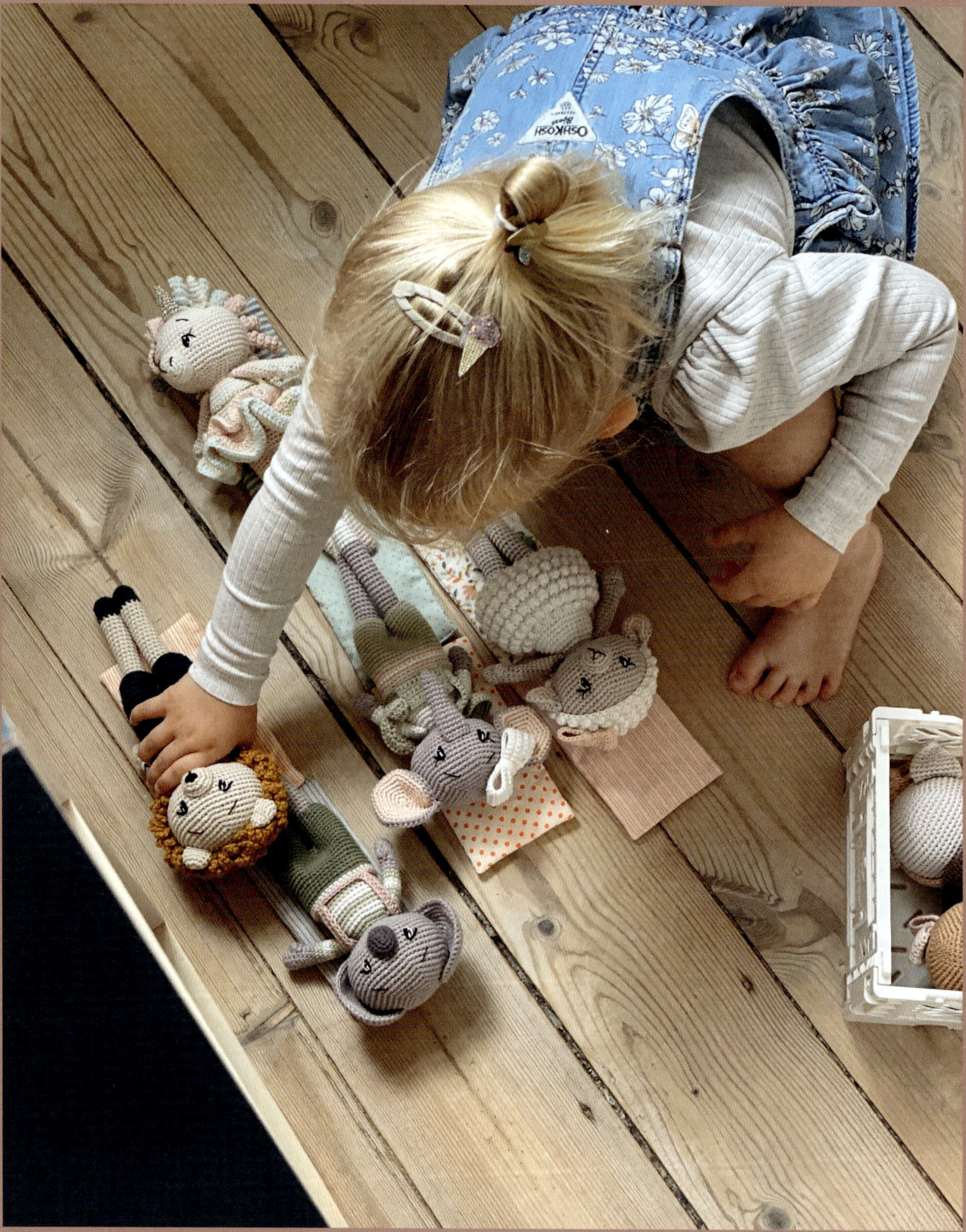

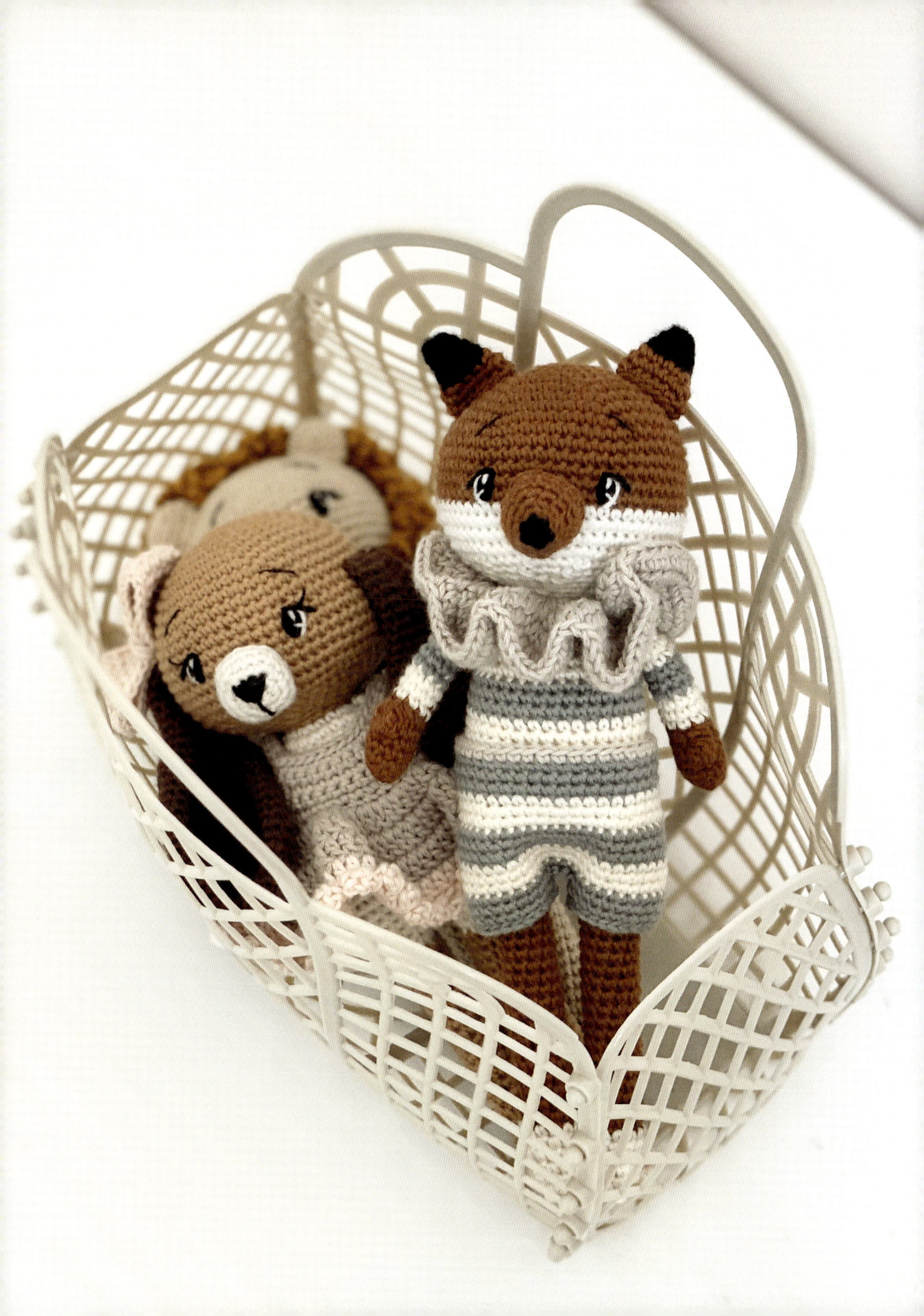

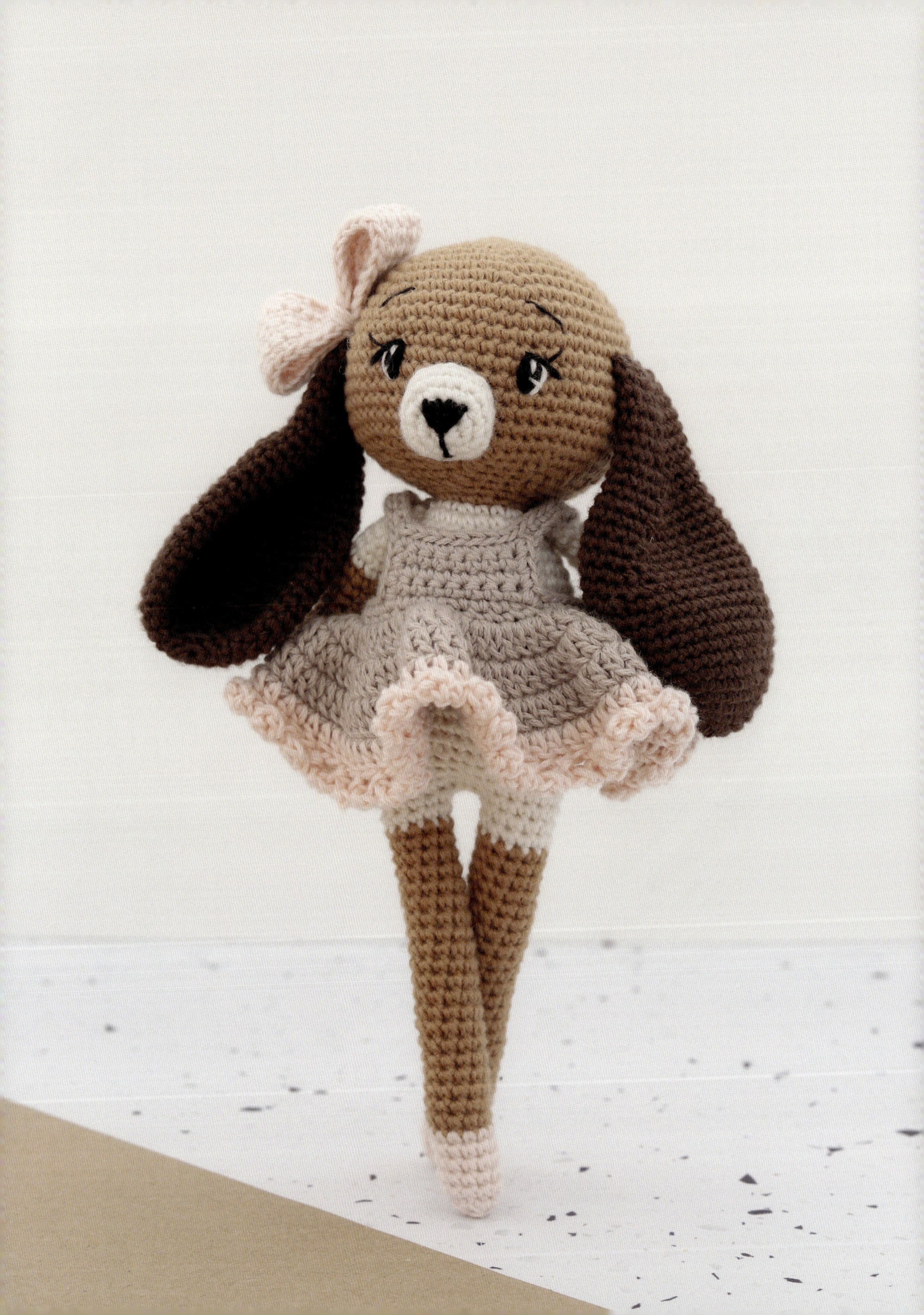

## Hund

# MOLLY

### MATERIAL

Krea Deluxe
Organic Cotton (100 % Baumwolle, LL 165 m/50 g) in Croissant (Fb 53), Naturweiß (Fb 01), Dunkelbraun (Fb 29), Hellrosa (Fb 11) und Beige (Fb 18), je 50 g, in Schwarz (Fb 28), Rest
Häkelnadel 2,5 mm
Wollnadel
Sticknadel
Schere
Stecknadeln
Maschenmarkierer
Füllwatte
ggfs. Sicherheitsaugen (ø 8-9 mm)

### KOPF UND KÖRPER

(in Croissant beginnen)
**1. Rd:** 6 fM in einen Magic-Ring häkeln (= 6 M).
**2. Rd:** Jede fM verdoppeln (= 12 M).
**3. Rd:** Jede 2. fM verdoppeln (= 18 M).
**4. Rd:** Jede 3. fM verdoppeln (= 24 M).
**5. Rd:** Jede 4. fM verdoppeln (= 30 M).
**6. Rd:** Jede 5. fM verdoppeln (= 36 M).
**7. Rd:** Jede 6. fM verdoppeln (= 42 M).
**8. Rd:** Jede 7. fM verdoppeln (= 48 M).
**9. Rd:** Jede 8. fM verdoppeln (= 54 M).
**10. Rd:** Jede 9. fM verdoppeln (= 60 M).
**11.-20. Rd:** 60 fM häkeln.
**21. Rd:** Jede 4. und 5. fM zusammen abmaschen (= 48 M).
**22. Rd:** Jede 3. und 4. fM zusammen abmaschen (= 36 M).
**23. Rd:** Jede 5. und 6. fM zusammen abmaschen (= 30 M).
**24. Rd:** Jede 4. und 5. fM zusammen abmaschen (= 24 M).
**25. Rd:** Jede 3. und 4. fM zusammen abmaschen (= 18 M).
**26.-27. Rd:** 18 fM, in der letzten M der letzten Rd zu Naturweiß wechseln.
Den Kopf gut ausstopfen und die Augen auf der gegenüberliegenden Seite des Rd-Anfangs aufsticken (Augen aufsticken, S. 15). Wenn du Sicherheitsaugen verwendest, müssen diese zwischen der 15. und 16. Rd mit einem Abstand von 8 M eingesetzt werden.

Hinweis: Häkle noch ein paar fM oder ziehe einige auf, wenn der Fb-Wechsel nicht in der rückwärtigen Mitte des Hundes liegt, nachdem die Augen aufgestickt wurden. Dies ist der neue Rd-Beginn.
**28. Rd:** Jede 3. fM verdoppeln (= 24 M).
**29. Rd:** Jede 4. fM verdoppeln (= 30 M).
**30.-31. Rd:** 30 fM häkeln.
**32. Rd:** Jede 5. fM verdoppeln (= 36 M).
**33.-44. Rd:** 36 fM häkeln.
**45. Rd:** Jede 5. und 6. fM zusammen abmaschen (= 30 M).
**46.-48. Rd:** 30 fM häkeln.
Faden nicht abschneiden. Gut ausstopfen.

## BEINE

(weiter in Naturweiß)
Für die Beine wird die Arbeit geteilt. Dazu für den Abstand zwischen den Beinen 3 M in der vorderen und 3 M in der hinteren Mitte des Körpers markieren, gerne mit M-Markierern, um den Überblick über diese 6 M zu behalten. Ggfs. ein paar fM auftrennen, um Platz für den Raum zwischen den Beinen zu schaffen. Die Beine gut ausstopfen. Für jedes Bein sollten 12 M vorhanden sein (Beine häkeln, S. 19).

**1. Bein**
**49. Rd:** Die Vorder- und Rückseite für das 1. Bein zusammenfügen. Bis zum M-Markierer ein paar fM häkeln und auf der anderen Seite weiterhäkeln, insgesamt 12 fM häkeln (= 12 M).
Hinweis: In der 50. und 70. Rd noch ein paar fM mehr häkeln oder auftrennen, damit der Fb-Wechsel in der Mitte der Beinrückseite liegt.
**50. Rd:** 12 fM, in der letzten M zu Croissant wechseln.
**51.-70. Rd:** 12 fM, in der letzten M der letzten Rd zu Hellrosa wechseln.
**71.-75. Rd:** 12 fM häkeln.
**76. Rd:** Fortlaufend 2 fM zusammen abmaschen (= 6 M).
Faden lang abschneiden, durchziehen, in eine Wollnd fädeln, durch die vorderen M-Glieder der restlichen M ziehen und gut festziehen. Vernähen.

**2. Bein**
**49. Rd:** In Naturweiß auf der Rückseite anschlingen. Hier beginnt das 2. Bein. Insgesamt 12 fM häkeln und Vorder- und Rückseite wie beim 1. Bein miteinander verbinden (= 12 M).
Hinweis: In der 50. und 70. Rd noch ein paar fM mehr häkeln oder auftrennen, damit der Fb-Wechsel in der Mitte der Beinrückseite liegt.
**50. Rd:** 12 fM, in der letzten M zu Croissant wechseln.
**51.-70. Rd:** 12 fM, in der letzten M der letzten Rd zu Hellrosa wechseln.
**71.-75. Rd:** 12 fM häkeln.
**76. Rd:** Fortlaufend 2 fM zusammen abmaschen (= 6 M).
Faden lang abschneiden, durchziehen, in eine Wollnd fädeln, durch die vorderen M-Glieder der restlichen M ziehen und gut festziehen. Vernähen.
Zwischen den Beinen zusätzlich ausstopfen. Garn in Naturweiß in eine Wollnd fädeln und das Loch schließen.

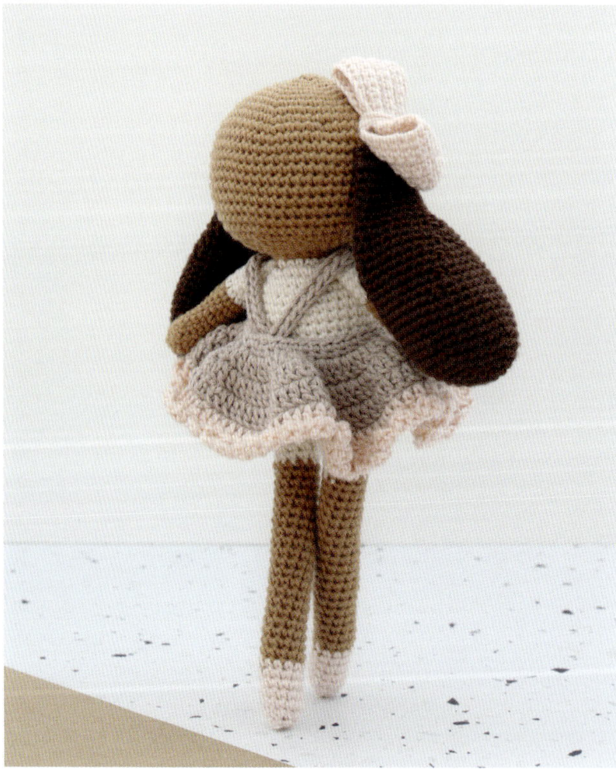

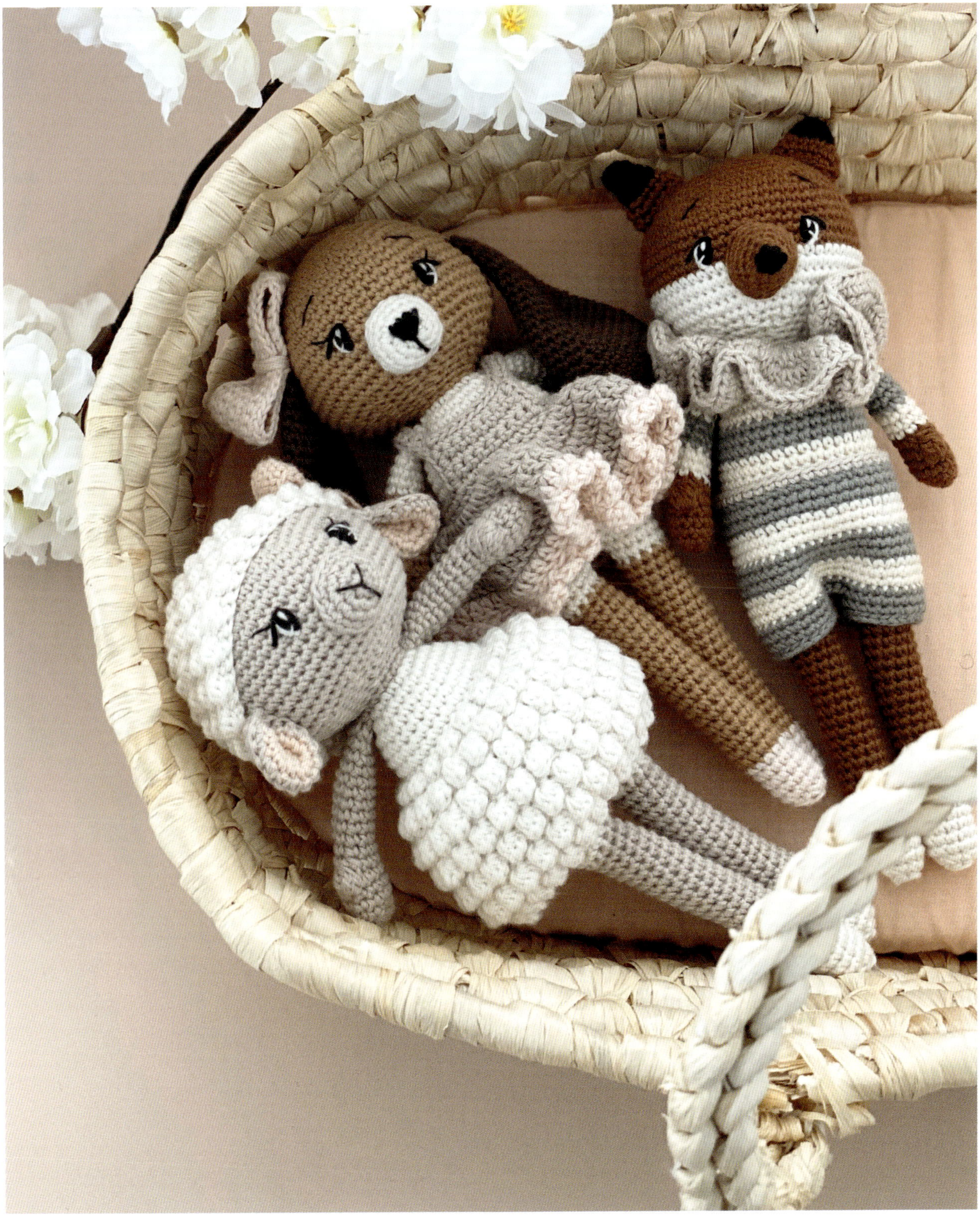

## OHREN

(2x, in Dunkelbraun)

**1. Rd:** 6 fM in einen Magic-Ring häkeln (= 6 M).
**2. Rd:** Jede fM verdoppeln (= 12 M).
**3. Rd:** Jede 2. fM verdoppeln (= 18 M).
**4. Rd:** Jede 3. fM verdoppeln (= 24 M).
**5. Rd:** Jede 4. fM verdoppeln (= 30 M).
**6. Rd:** Jede 5. fM verdoppeln (= 36 M).
**7.-12. Rd:** 36 fM häkeln.
**13. Rd:** Jede 11. und 12. fM zusammen abmaschen (= 33 M).
**14. Rd:** 33 fM häkeln.
**15. Rd:** Jede 10. und 11. fM zusammen abmaschen (= 30 M).
**16. Rd:** 30 fM häkeln.
**17. Rd:** Jede 9. und 10. fM zusammen abmaschen (= 27 M).
**18. Rd:** 27 fM häkeln.
**19. Rd:** Jede 8. und 9. fM zusammen abmaschen (= 24 M).
**20. Rd:** 24 fM häkeln.
**21. Rd:** Jede 7. und 8. fM zusammen abmaschen (= 21 M).
**22. Rd:** Jede 6. und 7. fM zusammen abmaschen (= 18 M).
**23. Rd:** Jede 8. und 9. fM zusammen abmaschen (= 16 M).
**24. Rd:** 16 fM häkeln.
**25. Rd:** 2 fM zusammen abmaschen, 14 fM (= 15 M).
**26. Rd:** 15 fM häkeln.
**27. Rd:** 2 fM zusammen abmaschen, 13 fM (= 14 M).
**28. Rd:** 14 fM häkeln.
**29. Rd:** 2 fM zusammen abmaschen, 12 fM (= 13 M).
Nun noch 4 fM häkeln, die Ohröffnung flach drücken und 6 fM durch beide Lagen häkeln.
Faden lang abschneiden und durchziehen.

## SCHNAUZE

(in Naturweiß)

**1. Rd:** 6 fM in einen Magic-Ring häkeln (= 6 M).
**2. Rd:** Jede fM verdoppeln (= 12 M).
**3. Rd:** Jede 2. fM verdoppeln (= 18 M).
**4.-5. Rd:** 18 fM häkeln.

Faden lang abschneiden und durchziehen. Einen unsichtbaren Abschluss (S. 12) arb. Eine Nase in Schwarz aufsticken, dabei das Garn gerne so teilen, dass es nur aus einem einzigen Faden besteht.

## ARME

(2x, in Croissant beginnen)

Gut ausstopfen, im Oberarmbereich etwas weniger.
**1. Rd:** 6 fM in einen Magic-Ring häkeln (= 6 M).
**2. Rd:** * 1 fM verdoppeln, 1 fM, ab * noch 2x wdh (= 9 M).
**3. Rd:** 1 fM verdoppeln, 4 fM, 1 fM verdoppeln, 3 fM (= 11 M).
**4.-5. Rd:** 11 fM häkeln.
**6. Rd:** 5 fM, 1 Büschelm, 5 fM.
**7. Rd:** 4 fM, * 2 fM zusammen abmaschen, ab * noch 1x wdh, 3 fM (= 9 M).
**8.-12. Rd:** 9 fM, in der letzten M der letzten Rd zu Naturweiß wechseln.
Hinweis: Am rechten Arm noch 2-4 fM mehr häkeln, bevor du zu Naturweiß wechselst. Dies ist der neue Rd-Beginn, damit der Fb-Wechsel auf der Vorderseite des Hundes nicht sichtbar ist.
**13.-18. Rd:** 9 fM häkeln.
Nun die Öffnung des Arms flachdrücken und 4 fM durch beide Lagen häkeln, sodass der Daumen mit den Büschelm auf der Handseite liegt. Faden lang abschneiden und durchziehen.

## KLEID

(in Beige beginnen)

36 Lm anschl und mit 1 Km in die 1. Lm zum Ring schließen. Dabei darauf achten, dass sich die Lm-Kette nicht verdreht.
**1. Rd:** 36 fM, 1 Km in die 1. M (= 36 M).
Ab jetzt beginnt jede Rd mit 3 Lm (zählt als 1. Stb) und endet mit 1 Km in die 1. M.
**2. Rd:** 3 Lm, 1 Stb in dieselbe M, je 2 Stb in die übrigen 35 M, 1 Km in die 1. M (= 72 M).
**3. Rd:** 3 Lm, * 1 Stb verdoppeln, 1 Stb, ab * noch 34x wdh, 1 Stb verdoppeln, 1 Km in die 1. M (= 108 M).

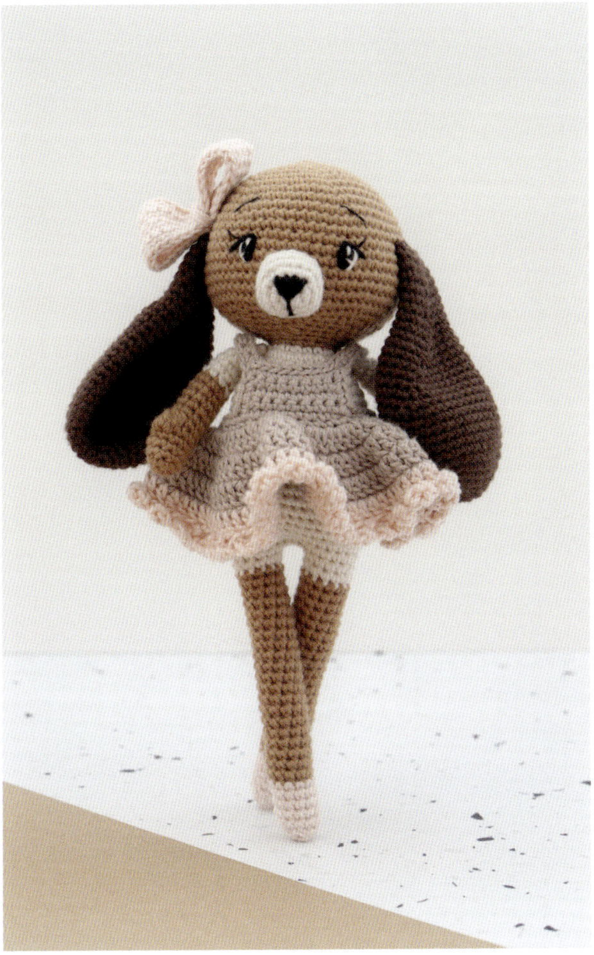

**4. Rd:** 3 Lm, 107 Stb, zu Hellrosa wechseln und mit 1 Km in die 1. M enden.

**5. Rd:** 3 Lm, 107 Stb, 1 Km in die 1. M.ok

**6. Rd:** Für die Rüschen * 3 Lm, 1 Stb in die 1. Lm, 1 M überspringen, 1 Km in die nächste M, ab * fortlaufend wdh bis zum Rd-Ende.

Mit 1 Km in die 1. M enden. Faden abschneiden, durchziehen und vernähen.

**Latz**

(in Beige)

Den Latz in Hin- und Rückr häkeln. Zunächst die 8 mittleren M auf der Vorderseite des Rocks markieren. Dann auf der rechten Seite der Arbeit in der 1. Mittel-M in Beige anschlingen.

**1.-4 R:** 8 fM, mit 1 Lm wenden (= 8 M).

**5. R:** 8 fM häkeln.

Faden nicht abschneiden.

Für den 1. Träger 17 Lm anschl. In der 2. Lm ab Nd beginnen, 16 fM häkeln. An der rechten Seite des Latzes fortfahren, jeweils 1 fM in die 5 Rdm des Latzes häkeln. Für den Bund je 1 fM in alle M entlang der oberen Rockkante häkeln und an der linken Seite des Latzes fortfahren, jeweils 1 fM in die 5 Rdm des Latzes häkeln. Für den 2. Träger 17 Lm anschl, in der 2. Lm ab Nd beginnen, 16 fM häkeln. An der oberen Latzkante fortfahren, 8 Km häkeln. Faden abschneiden, durchziehen und vernähen. Das Kleid dem Hund anziehen, bevor die Träger angenäht werden. Die Länge der Träger ggfs. anpassen und hinten am Kleid annähen.

## SCHLEIFE

(in Hellrosa)

34 Lm anschl. In Hin- und Rückr häkeln.

**1. R:** In der 2. Lm ab Nd beginnen, 33 fM, mit 1 Lm wenden (= 33 M).

**2.-6. R:** 33 fM, mit 1 Lm wenden.

**7. R:** 33 fM häkeln.

Faden lang abschneiden und durchziehen. Die kurzen Seiten zusammennähen. Das Fadenende einige Male um die Mitte wickeln, vorsichtig festziehen und verknoten.

## FERTIGSTELLEN

Die Schnauze ausstopfen und über die 16.-21. Rd am Gesicht annähen. Die Ohren zwischen der 13.-14. Rd am Kopf annähen. Die Schleife über dem rechten Ohr annähen. In der 28. Rd die Arme an den Körper nähen, sodass die Daumen nach vorne zeigen.

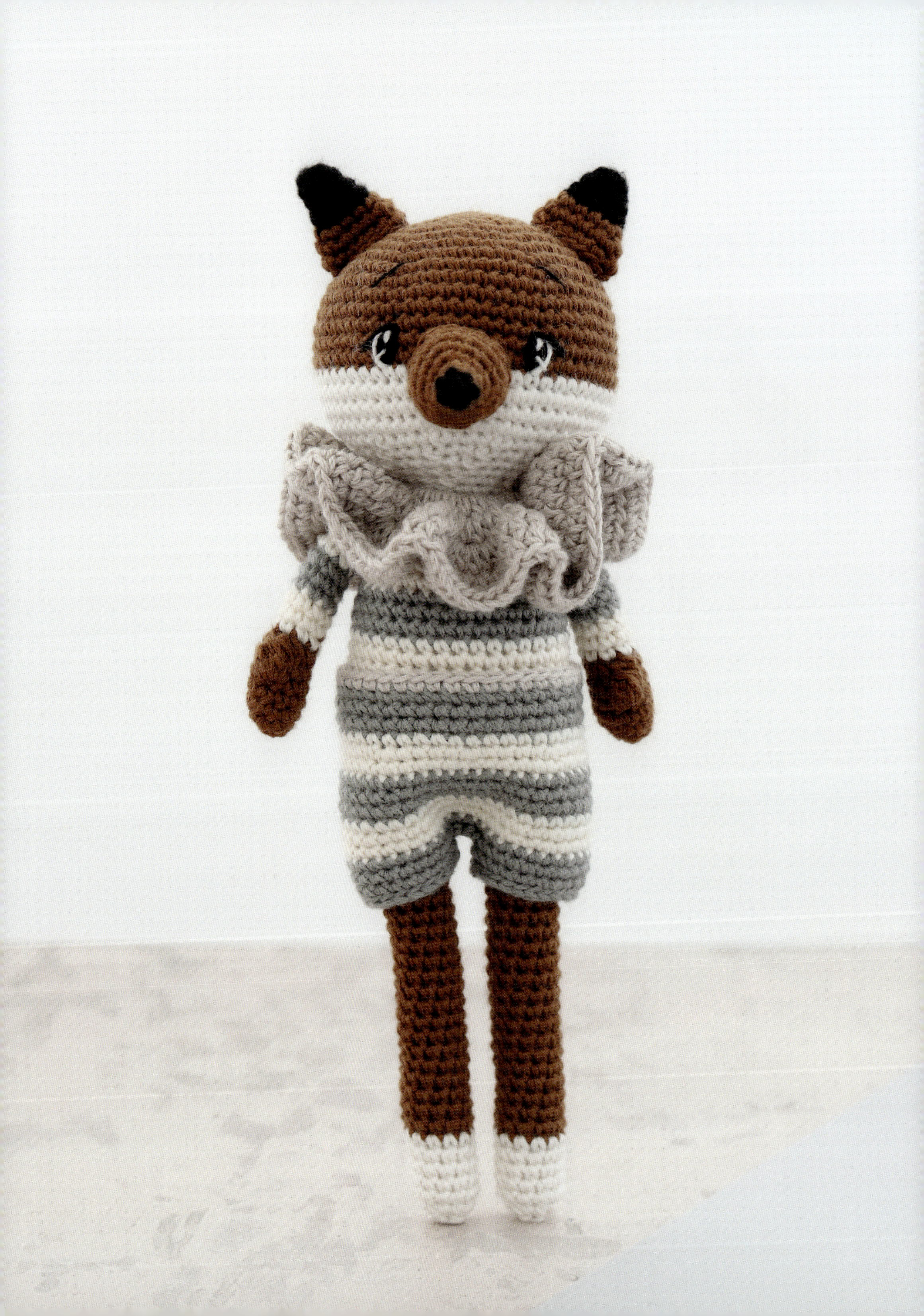

# Fuchs
# MIKKEL

## MATERIAL

Krea Deluxe
Organic Cotton
(100 % Baumwolle,
LL 165 m/50 g) in
Cognac (Fb 52),
Naturweiß (Fb 01),
Schwarz (Fb 28),
Creme (Fb 02),
Eukalyptus (Fb 41) und
Hellgrau (Fb 17), je 50 g
Häkelnadel 2,5 mm
Wollnadel
Sticknadel
Schere
Stecknadeln
Maschenmarkierer
Füllwatte
ggfs. Sicherheitsaugen
(ø 8-9 mm)

## KRAGEN

(in Hellgrau)
18 Lm anschl und mit 1 Km in die 1. Lm zum Ring schließen. Dabei darauf achten, dass sich die Lm-Kette nicht verdreht.
Jede Rd beginnt mit 2 Lm (zählt als 1. hStb) und endet mit 1 Km in die 1. M.
**1. Rd:** 2 Lm, 29 hStb in den Ring häkeln, 1 Km in die 1. M (= 30 M) (Bild 1-3).
**2. Rd:** 2 Lm, 1 hStb in dieselbe M, 29 hStb verdoppeln, 1 Km in die 1. M (= 60 M).
**3. Rd:** 2 Lm, 1 hStb in dieselbe M, 59 hStb verdoppeln, 1 Km in die 1. M (= 120 M).
**4.-5. Rd:** 2 Lm, 119 hStb, 1 Km in die 1. M.
Faden abschneiden, durchziehen und vernähen.

## KOPF UND KÖRPER

(in Cognac beginnen)
**1. Rd:** 6 fM in einen Magic-Ring häkeln (= 6 M).
**2. Rd:** Jede fM verdoppeln (= 12 M).
**3. Rd:** Jede 2. fM verdoppeln (= 18 M).
**4. Rd:** Jede 3. fM verdoppeln (= 24 M).
**5. Rd:** Jede 4. fM verdoppeln (= 30 M).
**6. Rd:** Jede 5. fM verdoppeln (= 36 M).
**7. Rd:** Jede 6. fM verdoppeln (= 42 M).
**8. Rd:** Jede 7. fM verdoppeln (= 48 M).
**9. Rd:** Jede 8. fM verdoppeln (= 54 M).

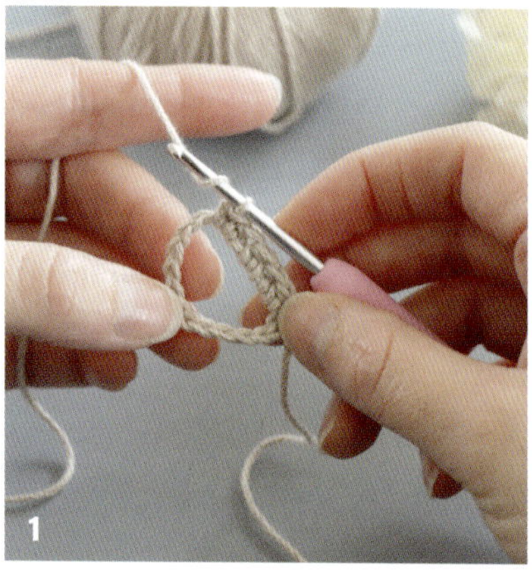


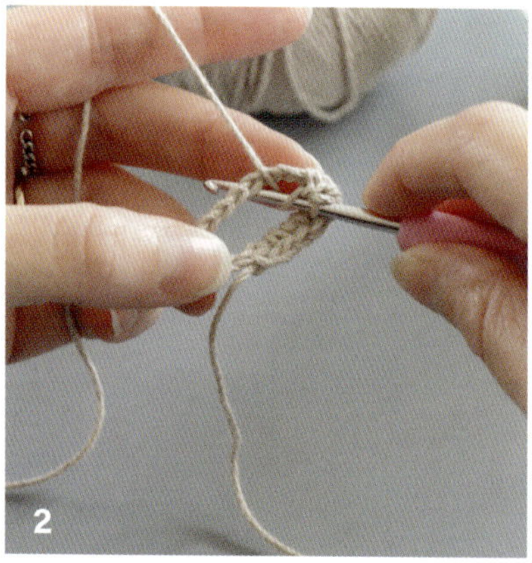


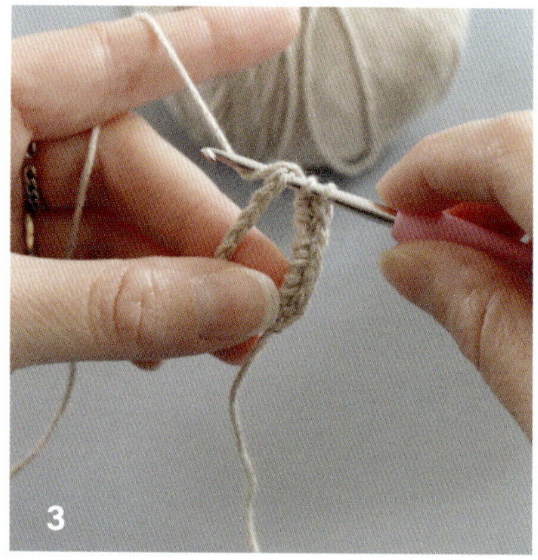


**10. Rd:** Jede 9. fM verdoppeln (= 60 M).
**11.-16. Rd:** 60 fM, in der letzten M der letzten Rd zu Naturweiß wechseln.
**17.-20. Rd:** 60 fM häkeln.
**21. Rd:** Jede 4. und 5. fM zusammen abmaschen (= 48 M).
**22. Rd:** Jede 3. und 4. fM zusammen abmaschen (= 36 M).
**23. Rd:** Jede 5. und 6. fM zusammen abmaschen (= 30 M).
**24. Rd:** Jede 4. und 5. fM zusammen abmaschen (= 24 M).
**25. Rd:** Jede 3. und 4. fM zusammen abmaschen (= 18 M).
**26.-27. Rd:** 18 fM, in der letzten M der letzten Rd zu Eukalyptus wechseln.
Den Kopf gut ausstopfen und die Augen auf der gegenüberliegenden Seite des Rd-Anfangs aufsticken (Augen aufsticken, S. 15). Wenn du Sicherheitsaugen verwendest, müssen diese zwischen der 15. und 16. Rd mit einem Abstand von 8 M eingesetzt werden.
Hinweis: Häkle noch ein paar fM oder ziehe einige auf, wenn der Fb-Wechsel nicht in der rückwärtigen Mitte des Fuchses liegt, nachdem die Augen aufgestickt wurden. Dies ist der neue Rd-Beginn.
**28. Rd:** Jede 3. fM verdoppeln (= 24 M).
**29. Rd:** Jede 4. fM verdoppeln (= 30 M).
**30. Rd:** 30 fM, in der letzten M zu Creme wechseln.
**31. Rd:** 30 fM häkeln.
**32. Rd:** Jede 5. fM verdoppeln (= 36 M).
**33. Rd:** 36 fM, in der letzten M zu Eukalyptus wechseln.
Hinweis: Vor dem Fb-Wechsel zu Eukalyptus den Kragen von unten mit der rechten Seite nach oben auf den Hals schieben.
**34.-36. Rd:** 36 fM, in der letzten M der letzten Rd zu Creme wechseln.
**37.-39. Rd:** 36 fM, in der letzten M der letzten Rd zu Eukalyptus wechseln.
**40. Rd:** 36 fM, in der letzten M zu Cognac wechseln.
**41. Rd:** In die hinteren M-Glieder 36 fM häkeln.
**42.-44. Rd:** 36 fM häkeln.
**45. Rd:** Jede 5. und 6. fM zusammen abmaschen (= 30 M).
**46.-48. Rd:** 30 fM häkeln.
Faden nicht abschneiden. Gut ausstopfen.

## BEINE

(weiter in Cognac)
Für die Beine wird die Arbeit geteilt. Dazu für den Abstand zwischen den Beinen 3 M in der vorderen und 3 M in der hinteren Mitte des Körpers markieren, gerne mit M-Markierern, um den Überblick über diese 6 M zu behalten. Ggfs. ein paar fM auftrennen, um Platz für den Raum zwischen den Beinen zu schaffen. Die Beine gut ausstopfen. Für jedes Bein sollten 12 M vorhanden sein (Beine häkeln, S. 19).

**1. Bein**

**49. Rd:** Die Vorder- und Rückseite für das 1. Bein zusammenfügen. Bis zum M-Markierer ein paar fM häkeln und auf der anderen Seite weiterhäkeln, insgesamt 12 fM häkeln (= 12 M).

Hinweis: In der 70. Rd noch ein paar fM mehr häkeln oder auftrennen, damit der Fb-Wechsel in der Mitte der Beinrückseite liegt.

**50.-70. Rd:** 12 fM, in der letzten M der letzten Rd zu Naturweiß wechseln.

**71.-75. Rd:** 12 fM häkeln.

**76. Rd:** Fortlaufend 2 fM zusammen abmaschen (= 6 M). Faden lang abschneiden, durchziehen, in eine Wollnd fädeln, durch die vorderen M-Glieder der restlichen M ziehen und gut festziehen. Vernähen.

**2. Bein**

**49. Rd:** In Cognac auf der Rückseite anschlingen. Hier beginnt das 2. Bein. Insgesamt 12 fM häkeln und Vorder- und Rückseite wie beim 1. Bein miteinander verbinden (= 12 M).

Hinweis: In der 70. Rd noch ein paar fM mehr häkeln oder auftrennen, damit der Fb-Wechsel in der Mitte der Beinrückseite liegt.

**50.-70. Rd:** 12 fM, in der letzten M der letzten Rd zu Naturweiß wechseln.

**71.-75. Rd:** 12 fM häkeln.

**76. Rd:** Fortlaufend 2 fM zusammen abmaschen (= 6 M). Faden lang abschneiden, durchziehen, in eine Wollnd fädeln, durch die vorderen M-Glieder der restlichen M ziehen und gut festziehen. Vernähen. Zwischen den Beinen zusätzlich ausstopfen. Garn in Cognac in eine Wollnd fädeln und das Loch schließen.

## OHREN

(2x, in Schwarz beginnen)

**1. Rd:** 6 fM in einen Magic-Ring häkeln (= 6 M).

**2. Rd:** 6 fM häkeln.

**3. Rd:** Jede 2. fM verdoppeln (= 9 M).

**4. Rd:** 9 fM, in der letzten M zu Cognac wechseln.

**5. Rd:** Jede 3. fM verdoppeln (= 12 M).

**6. Rd:** Jede 4. fM verdoppeln (= 15 M).

**7. Rd:** 15 fM häkeln.

Mit 1 Km in die 1. M enden. Faden lang abschneiden und durchziehen.

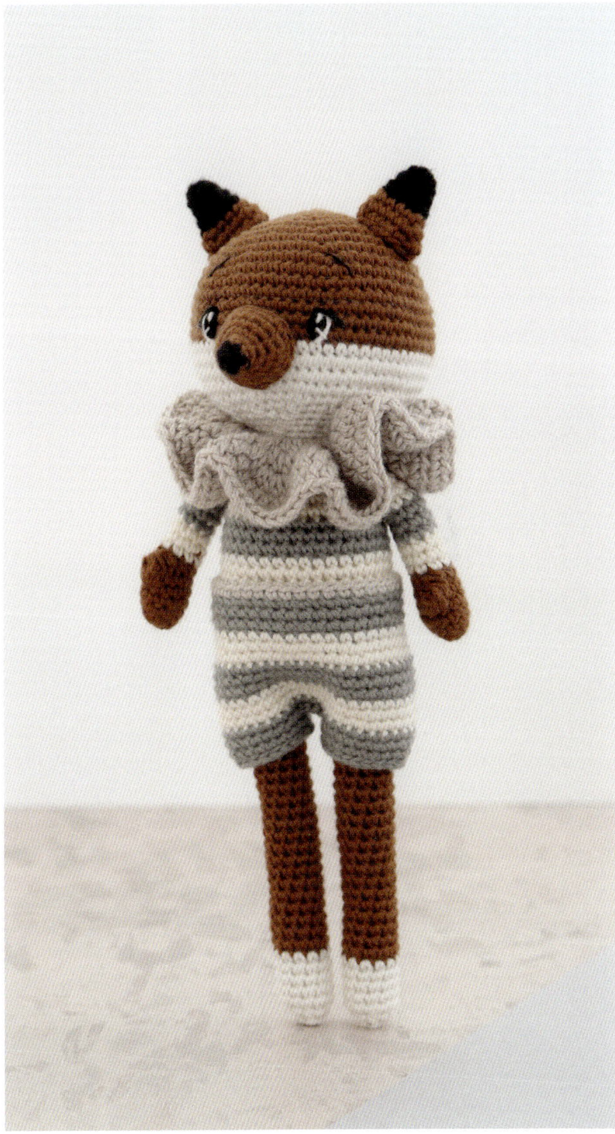

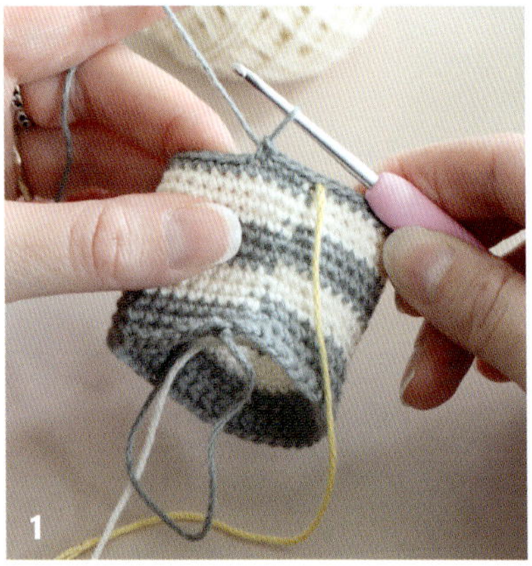

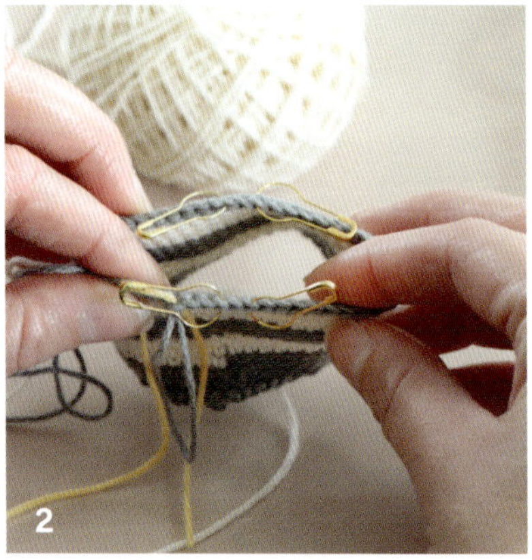

## SCHNAUZE

(in Schwarz beginnen)

**1. Rd:** 6 fM in einen Magic-Ring häkeln, in der letzten M zu Cognac wechseln (= 6 M).

**2. Rd:** 6 fM häkeln.

**3. Rd:** Jede 2. fM verdoppeln (= 9 M).

**4. Rd:** Jede 3. fM verdoppeln (= 12 M).

**5. Rd:** Jede 4. fM verdoppeln (= 15 M).

**6. Rd:** Jede 5. fM verdoppeln (= 18 M).

**7. Rd:** 18 fM häkeln.

Faden lang abschneiden und durchziehen. Einen unsichtbaren Abschluss (S. 12) arb.

## ARME

(2x, in Cognac beginnen)

Gut ausstopfen, im Oberarmbereich etwas weniger.

**1. Rd:** 6 fM in einen Magic-Ring häkeln (= 6 M).

**2. Rd:** * 1 fM verdoppeln, 1 fM, ab * noch 2x wdh (= 9 M).

**3. Rd:** 1 fM verdoppeln, 4 fM, 1 fM verdoppeln, 3 fM (= 11 M).

**4.-5. Rd:** 11 fM häkeln.

**6. Rd:** 5 fM, 1 Büschelm, 5 fM.

**7. Rd:** 4 fM, * 2 fM zusammen abmaschen, ab * noch 1x wdh, 3 fM, in der letzten M zu Creme wechseln (= 9 M).

Hinweis: Am rechten Arm noch 2-4 fM mehr häkeln, bevor du zu Creme wechselst. Dies ist der neue Rd-Beginn, damit der Fb-Wechsel auf der Vorderseite des Fuchses nicht sichtbar ist.

**8.-10. Rd:** 9 fM, in der letzten M der letzten Rd zu Eukalyptus wechseln.

**11.-13. Rd:** 9 fM, in der letzten M der letzten Rd zu Creme wechseln.

**14.-16. Rd:** 9 fM, in der letzten M der letzten Rd zu Eukalyptus wechseln.

**17.-18. Rd:** 9 fM häkeln.

Nun die Öffnung des Arms flachdrücken und 4 fM durch beide Lagen häkeln, sodass der Daumen mit den Büschelm auf der Handseite liegt. Faden lang abschneiden und durchziehen.

## HOSE

(in Eukalyptus beginnen)

40 Lm anschl und mit 1 Km in die 1. Lm zum Ring schließen. Dabei darauf achten, dass sich die Lm-Kette nicht verdreht. Weiter in Spiral-Rd häkeln.

**1. Rd:** 40 fM häkeln (= 40 M).

**2.-3. Rd:** 40 fM häkeln, in der letzten M der letzten Rd zu Creme wechseln.

**4. Rd:** 40 fM häkeln.
**5. Rd:** Jede 5. fM verdoppeln (= 48 M).
**6. Rd:** 48 fM, in der letzten M der letzten Rd zu Eukalyptus wechseln.
**7.-9. Rd:** 48 fM, in der letzten M der letzten Rd zu Creme wechseln.
**10.-12. Rd:** 48 fM, in der letzten M der letzten Rd zu Eukalyptus wechseln.
**13. Rd:** 48 fM häkeln.
Noch 4 fM häkeln, bevor die Hosenbeine gehäkelt werden (Bild 1).
Faden nicht abschneiden.

**1. Hosenbein**
(weiter in Eukalyptus)
**14. Rd:** Jetzt werden die beiden Hosenbeine gehäkelt. Dazu für den Abstand zwischen den Beinen 3 M in der vorderen und 3 M in der hinteren Mitte der Hose markieren (Bild 2). Gerne M-Markierer verwenden, um den Überblick über diese 6 M zu behalten. Für jedes Hosenbein sollten 21 M vorhanden sein. Insgesamt 21 fM häkeln und die Vorder- und Rückseite miteinander verbinden (= 21 M).
**15. Rd:** 21 fM häkeln.
**16. Rd:** 21 Km häkeln.
Mit 1 Km in die 1. M enden. Faden abschneiden, durchziehen und vernähen.

**2. Hosenbein**
**14. Rd:** In Eukalyptus hinten anschlingen. Hier beginnt das 2. Hosenbein. Insgesamt 21 fM häkeln und die Vorder- und Rückseite wie beim 1. Hosenbein miteinander verbinden (= 21 M).
**15. Rd:** 21 fM häkeln.
**16. Rd:** 21 Km häkeln.
Mit 1 Km in die 1. M enden. Faden abschneiden, durchziehen und vernähen.

**Hosenbund**
(in Hellgrau)
In der 1. M der 1. Rd der Hose hinten anschlingen.
40 fM häkeln (= 40 M).
Mit 1 Km in die 1. M enden. Faden abschneiden, durchziehen und vernähen.
Garn in Eukalyptus in eine Wollnd fädeln und das Loch zwischen den Hosenbeinen schließen. Die Hose dem Fuchs anziehen.

## FERTIGSTELLEN

Die Schnauze ausstopfen und über die 15.-20. Rd am Gesicht annähen. Die Ohren über die 5.-9. Rd am Kopf annähen. In der 28. Rd die Arme an den Körper nähen, sodass die Daumen nach vorne zeigen.

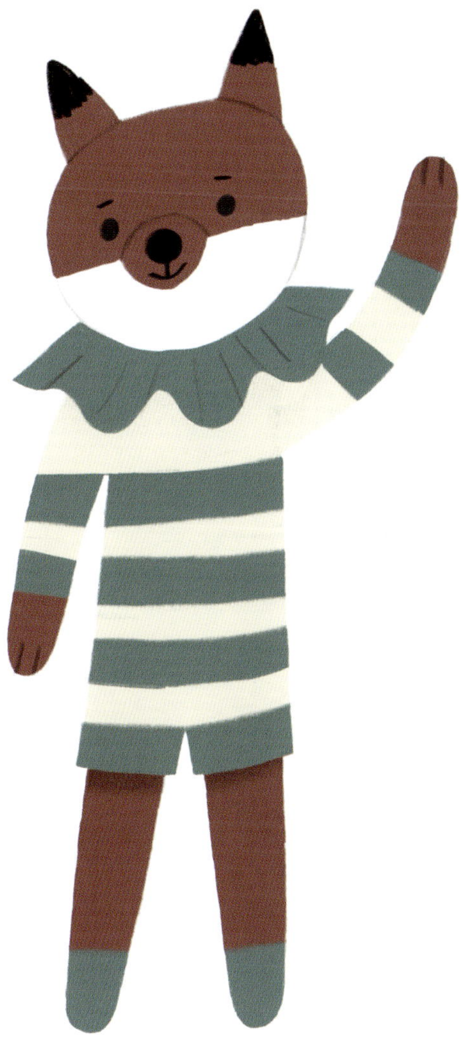

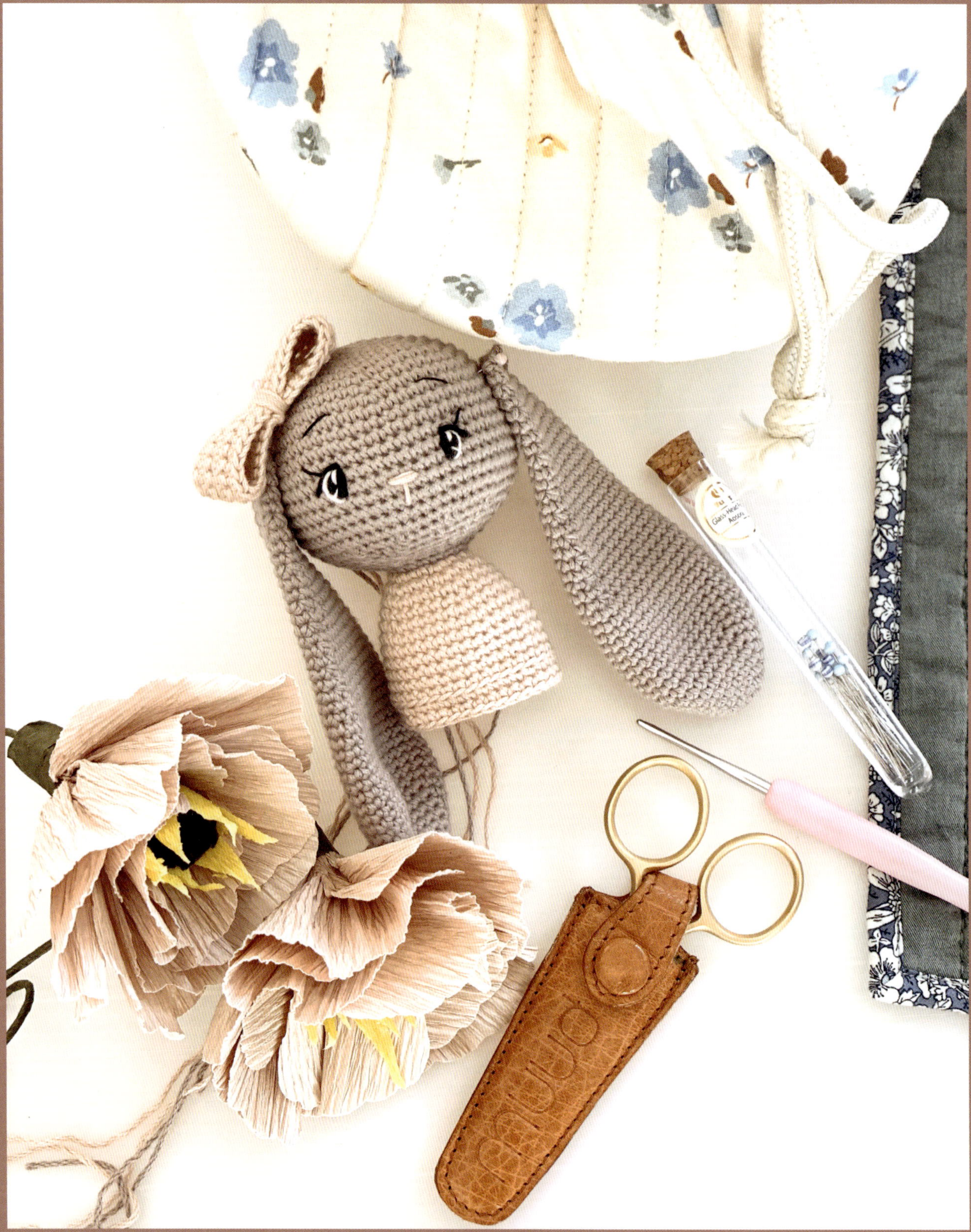

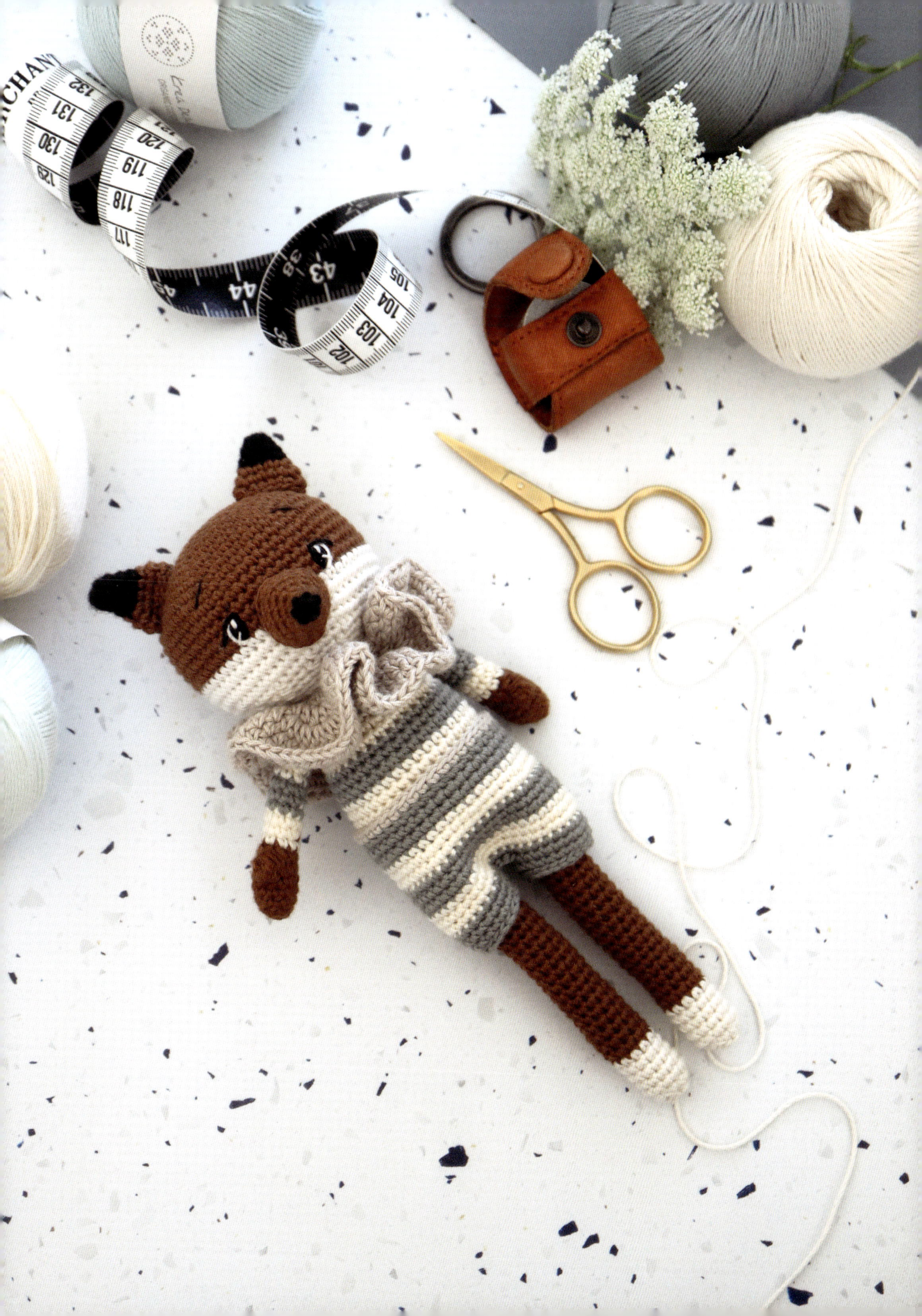

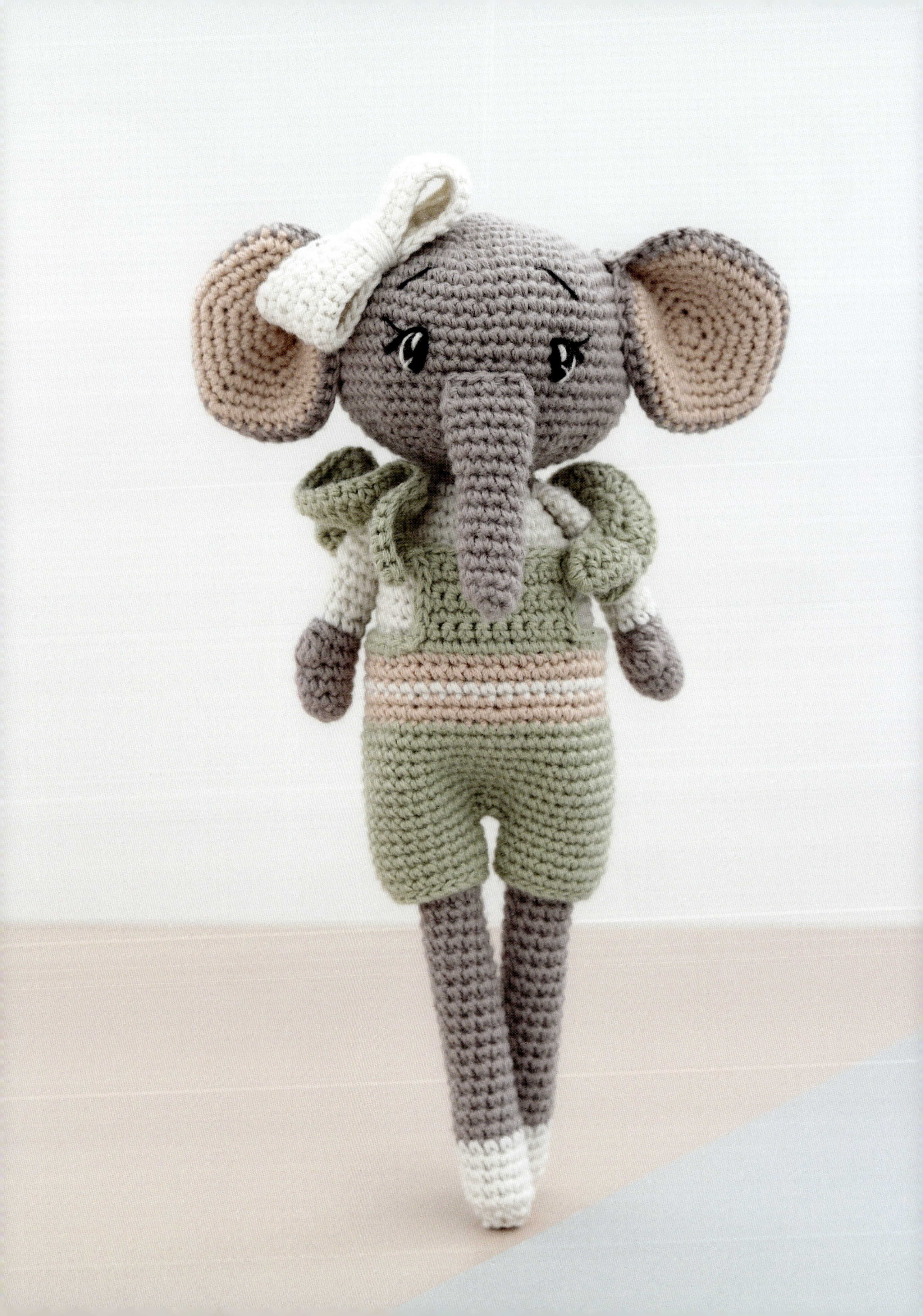

# Elefant ELLIE

**MATERIAL**

Krea Deluxe
Organic Cotton
(100 % Baumwolle,
LL 165 m/50 g) in
Grau-Lila (Fb 19),
Naturweiß (Fb 01),
Puder (Fb 07) und
Hellgrün (Fb 40), je 50 g,
in Schwarz (Fb 28), Rest
Häkelnadel 2,5 mm
Wollnadel
Sticknadel
Schere
Stecknadeln
Maschenmarkierer
Füllwatte
ggfs. Sicherheitsaugen
(ø 8-9 mm)

**KOPF UND KÖRPER**

(in Grau-Lila beginnen)

**1. Rd:** 6 fM in einen Magic-Ring häkeln (= 6 M).
**2. Rd:** Jede fM verdoppeln (= 12 M).
**3. Rd:** Jede 2. fM verdoppeln (= 18 M).
**4. Rd:** Jede 3. fM verdoppeln (= 24 M).
**5. Rd:** Jede 4. fM verdoppeln (= 30 M).
**6. Rd:** Jede 5. fM verdoppeln (= 36 M).
**7. Rd:** Jede 6. fM verdoppeln (= 42 M).
**8. Rd:** Jede 7. fM verdoppeln (= 48 M).
**9. Rd:** Jede 8. fM verdoppeln (= 54 M).
**10. Rd:** Jede 9. fM verdoppeln (= 60 M).
**11.-20. Rd:** 60 fM häkeln.
**21. Rd:** Jede 4. und 5. fM zusammen abmaschen (= 48 M).
**22. Rd:** Jede 3. und 4. fM zusammen abmaschen (= 36 M).
**23. Rd:** Jede 5. und 6. fM zusammen abmaschen (= 30 M).
**24. Rd:** Jede 4. und 5. fM zusammen abmaschen (= 24 M).
**25. Rd:** Jede 3. und 4. fM zusammen abmaschen (= 18 M).
**26.-27. Rd:** 18 fM, in der letzten M der letzten Rd zu Naturweiß wechseln.

Den Kopf gut ausstopfen und die Augen auf der gegenüberliegenden Seite des Rd-Anfangs aufsticken (Augen aufsticken, S. 15). Wenn du Sicherheitsaugen verwendest, müssen diese zwischen der 15. und 16. Rd mit einem Abstand von 8 M eingesetzt werden.

Hinweis: Häkle noch ein paar fM oder ziehe einige auf, wenn der Fb-Wechsel nicht in der rückwärtigen Mitte des Elefanten liegt, nachdem die Augen aufgestickt wurden. Dies ist der neue Rd-Beginn.
**28. Rd:** Jede 3. fM verdoppeln (= 24 M).
**29. Rd:** Jede 4. fM verdoppeln (= 30 M).
**30.-31. Rd:** 30 fM häkeln.
**32. Rd:** Jede 5. fM verdoppeln (= 36 M).
**33.-44. Rd:** 36 fM häkeln.
**45. Rd:** Jede 5. und 6. fM zusammen abmaschen (= 30 M).
**46.-48. Rd:** 30 fM häkeln.
Faden nicht abschneiden. Gut ausstopfen.

## BEINE

(weiter in Naturweiß)
Für die Beine wird die Arbeit geteilt. Dazu für den Abstand zwischen den Beinen 3 M in der vorderen und 3 M in der hinteren Mitte des Körpers markieren, gerne mit M-Markierern, um den Überblick über diese 6 M zu behalten. Ggfs. ein paar fM auftrennen, um Platz für den Raum zwischen den Beinen zu schaffen. Die Beine gut ausstopfen. Für jedes Bein sollten 12 M vorhanden sein (Beine häkeln, S. 19).

**1. Bein**
**49. Rd:** Die Vorder- und Rückseite für das 1. Bein zusammenfügen. Bis zum M-Markierer ein paar fM häkeln und auf der anderen Seite weiterhäkeln, insgesamt 12 fM häkeln (= 12 M).
Hinweis: In der 50. und 70. Rd noch ein paar fM mehr häkeln oder auftrennen, damit der Fb-Wechsel in der Mitte der Beinrückseite liegt.
**50. Rd:** 12 fM, in der letzten M der letzten Rd zu Grau-Lila wechseln.
**51.-70. Rd:** 12 fM häkeln, in der letzten M der letzten Rd zu Naturweiß wechseln.
**71.-75. Rd:** 12 fM häkeln.
**76. Rd:** Fortlaufend 2 fM zusammen abmaschen (= 6 M). Faden lang abschneiden, durchziehen, in eine Wollnd fädeln, durch die vorderen M-Glieder der restlichen M ziehen und gut festziehen. Vernähen.

**2. Bein**
**49. Rd:** In Naturweiß auf der Rückseite anschlingen. Hier beginnt das 2. Bein. Insgesamt 12 fM häkeln und Vorder- und Rückseite wie beim 1. Bein miteinander verbinden (= 12 M).
Hinweis: In der 50. und 70. Rd noch ein paar fM mehr häkeln oder auftrennen, damit der Fb-Wechsel in der Mitte der Beinrückseite liegt.
**50. Rd:** 12 fM, in der letzten M der letzten Rd zu Grau-Lila wechseln.

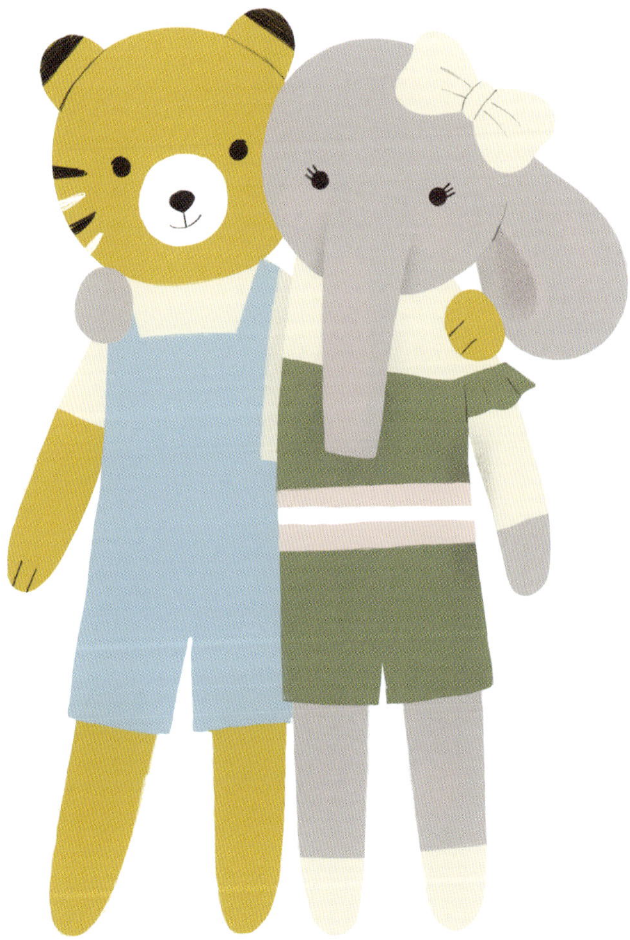

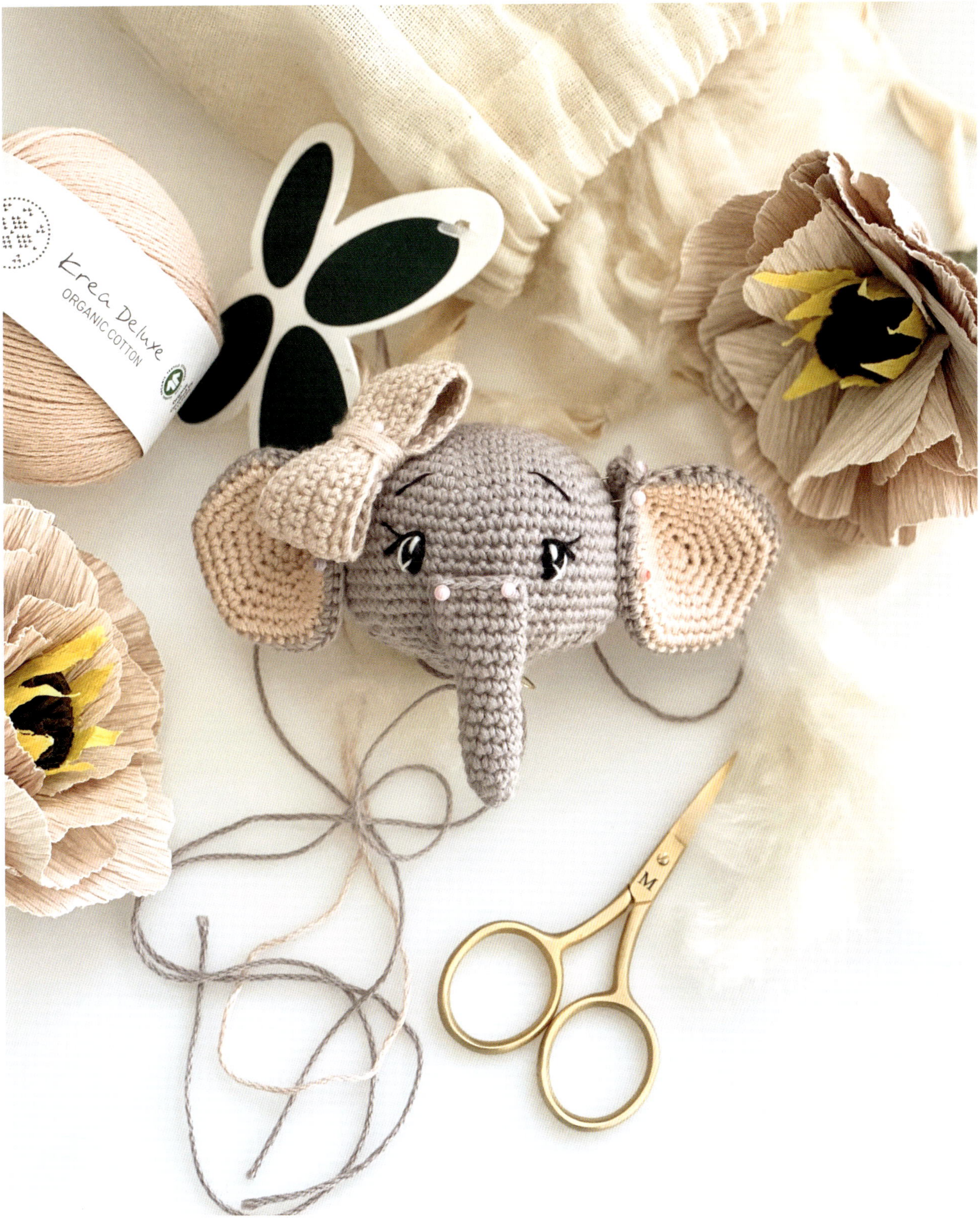
Krea Deluxe
ORGANIC COTTON

**51.-70. Rd:** 12 fM häkeln, in der letzten M der letzten Rd zu Naturweiß wechseln.
**71.-75. Rd:** 12 fM häkeln.
**76. Rd:** Fortlaufend 2 fM zusammen abmaschen (= 6 M).
Faden lang abschneiden, durchziehen, in eine Wollnd fädeln, durch die vorderen M-Glieder der restlichen M ziehen und gut festziehen. Vernähen.
Zwischen den Beinen zusätzlich ausstopfen. Garn in Naturweiß in eine Wollnd fädeln und das Loch schließen.

## OHREN

(2x)

**Innenohr**

(in Puder)
**1. Rd:** 6 fM in einen Magic-Ring häkeln (= 6 M).
**2. Rd:** Jede fM verdoppeln (= 12 M).
**3. Rd:** Jede 2. fM verdoppeln (= 18 M).
**4. Rd:** Jede 3. fM verdoppeln (= 24 M).
**5. Rd:** Jede 4. fM verdoppeln (= 30 M).
**6. Rd:** Jede 5. fM verdoppeln (= 36 M).
**7. Rd:** Jede 6. fM verdoppeln (= 42 M).
Mit 1 Km in die 1. M enden. Faden abschneiden, durchziehen und vernähen.

**Außenohr**

(in Grau-Lila)
**1. Rd:** 6 fM in einen Magic-Ring häkeln (= 6 M).
**2. Rd:** Jede fM verdoppeln (= 12 M).
**3. Rd:** Jede 2. fM verdoppeln (= 18 M).
**4. Rd:** Jede 3. fM verdoppeln (= 24 M).
**5. Rd:** Jede 4. fM verdoppeln (= 30 M).
**6. Rd:** Jede 5. fM verdoppeln (= 36 M).
**7. Rd:** Jede 6. fM verdoppeln (= 42 M).
Faden nicht abschneiden. Das Innenohr links auf links auf das Außenohr legen und rundherum 42 fM durch beide Lagen häkeln. Das Ohr unten falten und 3 fM durch beide Lagen häkeln. Faden lang abschneiden und durchziehen.

## RÜSSEL

(in Grau-Lila)
**1. Rd:** 6 fM in einen Magic-Ring häkeln (= 6 M).
**2. Rd:** Jede 3. fM verdoppeln (= 8 M).
**3. Rd:** 8 fM häkeln.
**4. Rd:** Jede 4. fM verdoppeln (= 10 M).
**5.-9. Rd:** 10 fM häkeln.
**10. Rd:** Jede 5. fM verdoppeln (= 12 M).
**11.-15. Rd:** 12 fM häkeln.
Mit 1 Km in die 1. M enden. Den Rüssel etwas ausstopfen, jedoch nicht im oberen Bereich. Faden lang abschneiden und durchziehen. Das Fadenende in eine Wollnd fädeln und die Rüsselöffnung mit 5-6 Stichen schließen.

## ARME

(2x, in Grau-Lila beginnen)
Gut ausstopfen, im Oberarmbereich etwas weniger.
**1. Rd:** 6 fM in einen Magic-Ring häkeln (= 6 M).
**2. Rd:** * 1 fM verdoppeln, 1 fM, ab * noch 2x wdh (= 9 M).
**3. Rd:** 1 fM verdoppeln, 4 fM, 1 fM verdoppeln, 3 fM (= 11 M).
**4.-5. Rd:** 11 fM häkeln.
**6. Rd:** 5 fM, 1 Büschelm, 5 fM.
**7. Rd:** 4 fM, * 2 fM zusammen abmaschen, ab * noch 1x wdh, 3 fM, in der letzten M zu Naturweiß wechseln (= 9 M).
Hinweis: Am rechten Arm noch 2-4 fM mehr häkeln, bevor du zu Naturweiß wechselst. Dies ist der neue Rd-Beginn, damit der Fb-Wechsel auf der Vorderseite des Elefanten nicht sichtbar ist.
**8.-18. Rd:** 9 fM häkeln.
Nun die Öffnung des Arms flachdrücken und 4 fM durch beide Lagen häkeln, sodass der Daumen mit den Büschelm auf der Handseite liegt. Faden lang abschneiden und durchziehen.

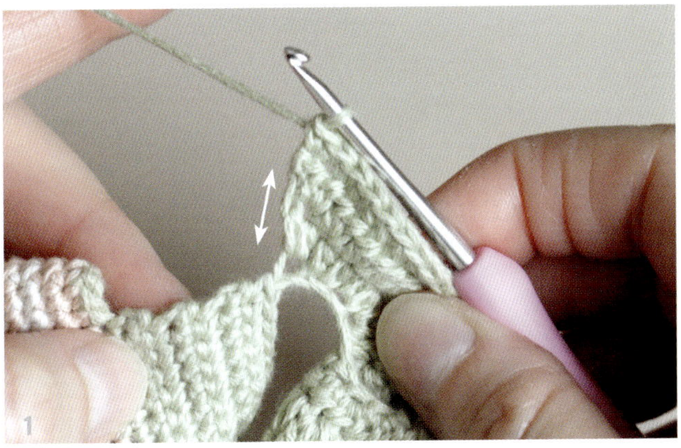

## LATZHOSE

(in Hellgrün beginnen)
40 Lm anschl, zu Puder wechseln und mit 1 Km in die 1. Lm zum Ring schließen. Dabei darauf achten, dass sich die Lm-Kette nicht verdreht. Weiter in Spiral-Rd häkeln.

**1. Rd:** 40 fM (= 40 M).
**2. Rd:** 40 fM, in der letzten M zu Naturweiß wechseln.
**3. Rd:** 40 fM, in der letzten M zu Puder wechseln.
**4. Rd:** 40 fM häkeln.
**5. Rd:** Jede 5. fM verdoppeln, in der letzten M zu Hellgrün wechseln (= 48 M).
**6.-14. Rd:** 48 fM häkeln.
Faden nicht abschneiden.

**1. Hosenbein**
(weiter in Hellgrün)
**15. Rd:** Jetzt werden die beiden Hosenbeine gehäkelt. Dazu für den Abstand zwischen den Beinen 3 M in der vorderen und 3 M in der hinteren Mitte der Hose markieren. Gerne M-Markierer verwenden, um den Überblick über diese 6 M zu behalten. Für jedes Hosenbein sollten 21 M vorhanden sein. Insgesamt 21 fM häkeln und die Vorder- und Rückseite miteinander verbinden (= 21 M).
**16.-18. Rd:** 21 fM häkeln.
**19. Rd:** 21 Km häkeln.
Mit 1 Km in die 1. M enden. Faden abschneiden, durchziehen und vernähen.

**2. Hosenbein**
**15. Rd:** In Hellgrün hinten anschlingen. Hier beginnt das 2. Hosenbein. Insgesamt 21 fM häkeln und die Vorder- und Rückseite wie beim 1. Hosenbein miteinander verbinden (= 21 M).
**16.-18. Rd:** 21 fM häkeln.
**19. Rd:** 21 Km häkeln.
Mit 1 Km in die 1. M enden. Faden abschneiden, durchziehen und vernähen. Garn in Hellgrün in eine Wollnd fädeln und das Loch zwischen den Hosenbeinen schließen.

**Latz**
(in Hellgrün)
Den Latz in Hin- und Rückr häkeln. Zunächst die 10 mittleren M auf der Vorderseite der Hose markieren. Dann auf der rechten Seite der Arbeit in der 1. Mittel-M in Hellgrün anschlingen.
**1.-6. R:** 10 fM, mit 1 Lm wenden (= 10 M).
**7. R:** 10 fM häkeln.
Faden nicht abschneiden.
Für den 1. Träger 17 Lm anschl.
**1. R:** In der 3. Lm ab Nd beginnen, je 2 hStb in alle 15 Lm, mit 2 Lm wenden (= 30 M).
**2. Rd:** 30 hStb verdoppeln, mit 1 Lm wenden (= 60 M).
**3. R:** 60 fM häkeln.
Dann 4 fM in die Rdm der Rüschenkante häkeln (Bild 1) und an der rechten Seite des Latzes fortfahren, jeweils 1 Km in die 7 Rdm des Latzes häkeln.
Für den Bund je 1 fM in alle M entlang der oberen Hosenkante häkeln und an der linken Seite des Latzes fortfahren, jeweils 1 Km in die 7 Rdm des Latzes häkeln.
Für den 2. Träger 17 Lm anschl und wie den 1. Träger häkeln. Dann 4 fM in die Rdm der Rüschenkante häkeln.
Bevor du mit 1 Km in die 1. M an der Seite des Latzes endest, bitte darauf achten, dass die Rüschen voneinander abgewandt sind. Dazu den linken Träger so drehen, dass die Rüschen nach außen zeigen.
Faden abschneiden, durchziehen und vernähen. Die Latzhose dem Elefanten anziehen, bevor die Träger angenäht werden. Die Länge der Träger ggfs. anpassen und hinten am Hosenanzug annähen.

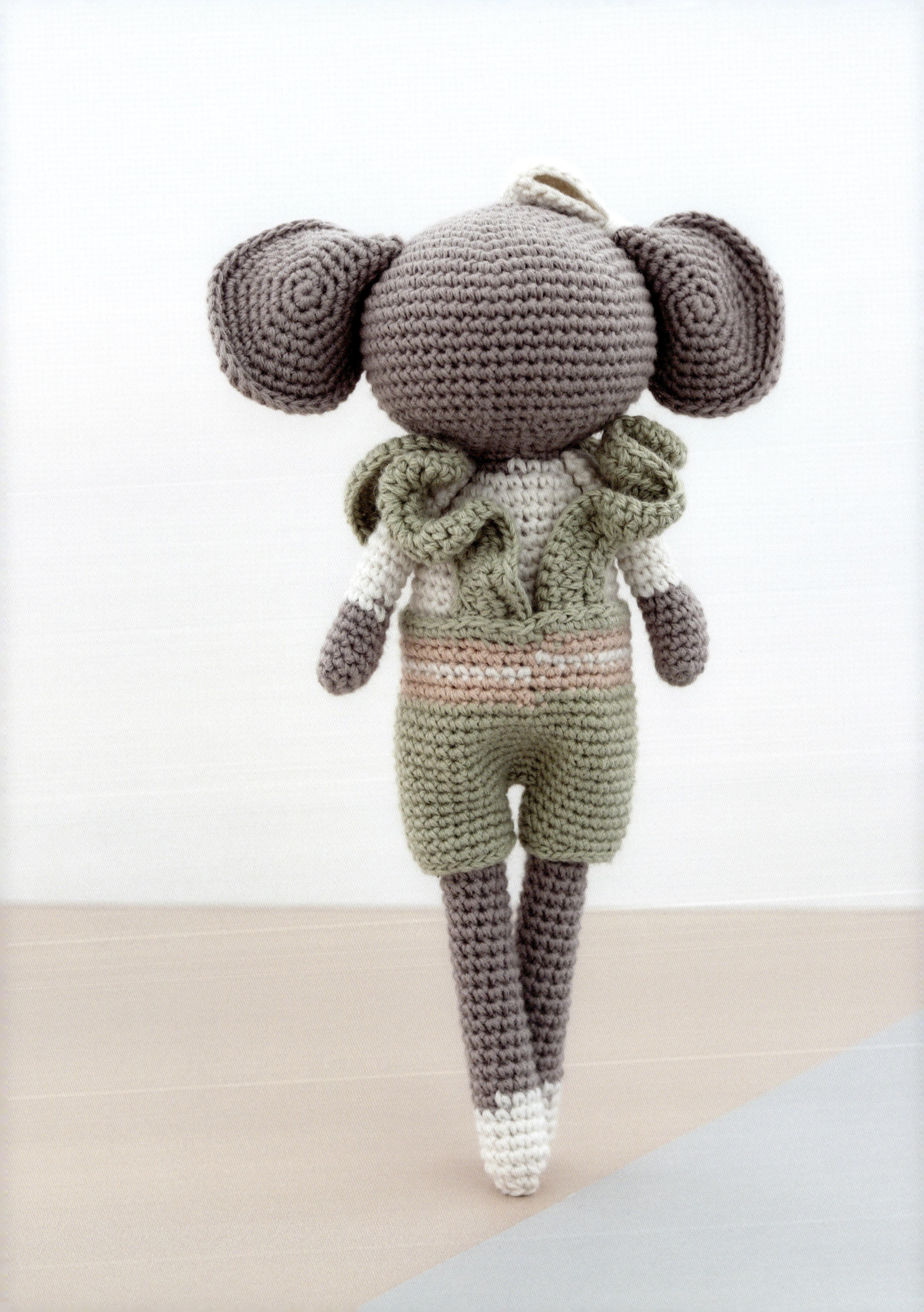

## SCHLEIFE

(in Naturweiß)

34 Lm anschl. In Hin- und Rückr häkeln.

**1. R:** In der 2. Lm ab Nd beginnen, 33 fM, mit 1 Lm wenden (= 33 M).

**2-6. R:** 33 fM, mit 1 Lm wenden.

**7. R:** 33 fM häkeln.

Faden lang abschneiden und durchziehen. Die kurzen Seiten zusammennähen. Das Fadenende einige Male um die Mitte wickeln, vorsichtig festziehen und verknoten.

## FERTIGSTELLEN

Den Rüssel zwischen der 16. und 17. Rd auf das Gesicht nähen, sodass er auf einer Linie mit dem unteren Teil der Augen liegt. Die Ohren in der 9. Rd am Kopf annähen, dabei an der gefalteten Kante und entlang einer Seite des Ohrs nähen. In der 28. Rd die Arme an den Körper nähen, sodass die Daumen nach vorne zeigen. Die Schleife über dem rechten Ohr annähen.

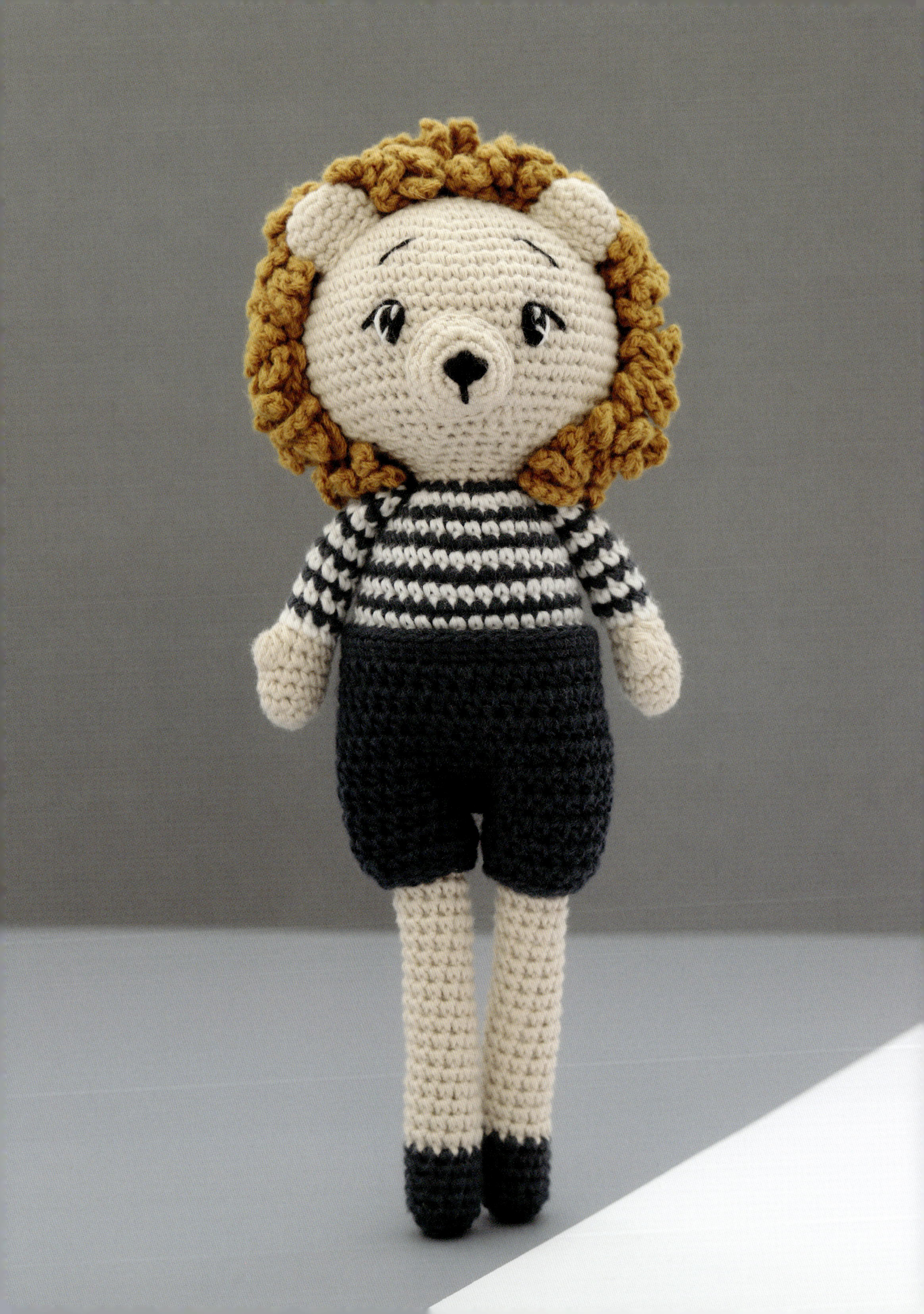

# Löwe
# LOUIS

### MATERIAL

Krea Deluxe
Organic Cotton
(100 % Baumwolle,
LL 165 m/50 g) in
Sand (Fb 46),
Marineblau (Fb 27),
Naturweiß (Fb 01) und
Senfgelb (Fb 09), je
50 g, in Schwarz (Fb 28),
Rest
Häkelnadel 2,5 mm
Wollnadel
Sticknadel
Schere
Stecknadeln
Maschenmarkierer
Füllwatte
ggfs. Sicherheitsaugen
(ø 8-9 mm)

### KOPF UND KÖRPER

(in Sand beginnen)

**1. Rd:** 6 fM in einen Magic-Ring häkeln (= 6 M).
**2. Rd:** Jede fM verdoppeln (= 12 M).
**3. Rd:** Jede 2. fM verdoppeln (= 18 M).
**4. Rd:** Jede 3. fM verdoppeln (= 24 M).
**5. Rd:** Jede 4. fM verdoppeln (= 30 M).
**6. Rd:** Jede 5. fM verdoppeln (= 36 M).
**7. Rd:** Jede 6. fM verdoppeln (= 42 M).
**8. Rd:** Jede 7. fM verdoppeln (= 48 M).
**9. Rd:** Jede 8. fM verdoppeln (= 54 M).
**10. Rd:** Jede 9. fM verdoppeln (= 60 M).
**11.-20. Rd:** 60 fM häkeln.
**21. Rd:** Jede 4. und 5. fM zusammen abmaschen (= 48 M).
**22. Rd:** Jede 3. und 4. fM zusammen abmaschen (= 36 M).
**23. Rd:** Jede 5. und 6. fM zusammen abmaschen (= 30 M).
**24. Rd:** Jede 4. und 5. fM zusammen abmaschen (= 24 M).
**25. Rd:** Jede 3. und 4. fM zusammen abmaschen (= 18 M).
**26.-27. Rd:** 18 fM, in der letzten M der letzten Rd zu Marineblau wechseln.

Den Kopf gut ausstopfen und die Augen auf der gegenüberliegenden Seite des Rd-Anfangs aufsticken (Augen aufsticken, S. 15). Wenn du Sicherheitsaugen verwendest, müssen diese zwischen der 15. und 16. Rd mit einem Abstand von 8 M eingesetzt werden.

Hinweis: Häkle noch ein paar fM oder ziehe einige auf, wenn der Fb-Wechsel nicht in der rückwärtigen Mitte des Löwen liegt, nachdem die Augen aufgestickt wurden. Dies ist der neue Rd-Beginn.

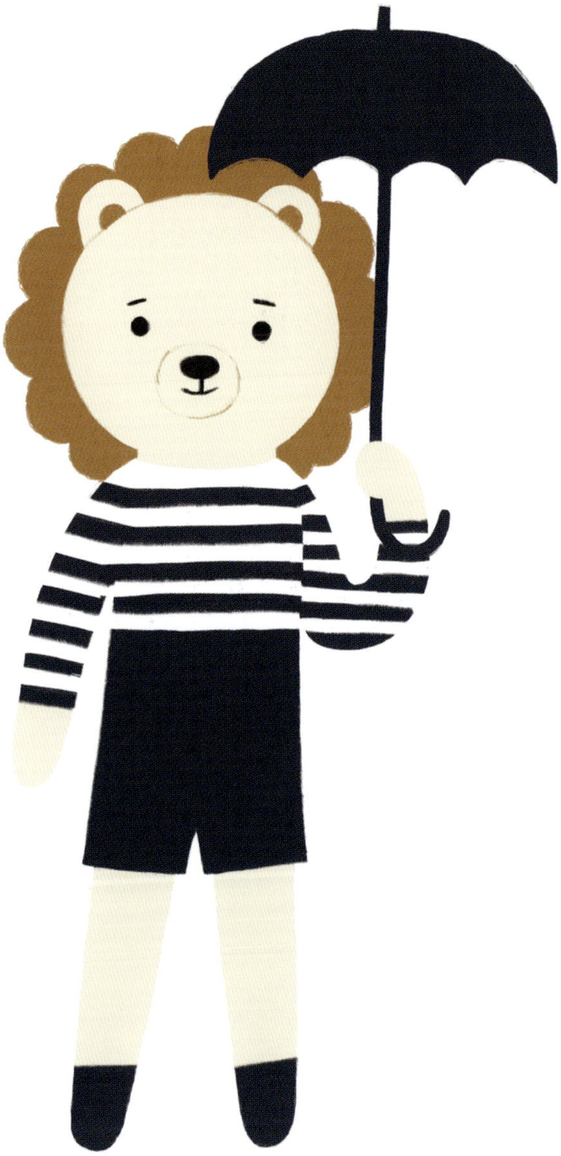

**28. Rd:** Jede 3. fM verdoppeln, in der letzten M zu Naturweiß wechseln (= 24 M).
**29. Rd:** Jede 4. fM verdoppeln, in der letzten M zu Marineblau wechseln (= 30 M).
**30. Rd:** 30 fM, in der letzten M zu Naturweiß wechseln.
**31. Rd:** 30 fM, in der letzten M zu Marineblau wechseln.
**32. Rd:** Jede 5. fM verdoppeln, in der letzten M zu Naturweiß wechseln (= 36 M).
**33. Rd:** 36 fM, in der letzten M zu Marineblau wechseln.
**34. Rd:** 36 fM, in der letzten M zu Naturweiß wechseln.
**35.-38. Rd:** Die 33.-34. Rd noch 2x wdh.
**39. Rd:** 36 fM, in der letzten M zu Marineblau wechseln.
**40. Rd:** 36 fM, in der letzten M zu Sand wechseln.
**41. Rd:** In die hinteren M-Glieder 36 fM häkeln.
**42.-44. Rd:** 36 fM häkeln.
**45. Rd:** Jede 5. und 6. fM zusammen abmaschen (= 30 M).
**46.-48. Rd:** 30 fM häkeln.
Faden nicht abschneiden. Gut ausstopfen.

## BEINE

(weiter mit Sand)
Für die Beine wird die Arbeit geteilt. Dazu für den Abstand zwischen den Beinen 3 M in der vorderen und 3 M in der hinteren Mitte des Körpers markieren, gerne mit M-Markierern, um den Überblick über diese 6 M zu behalten. Ggfs. ein paar fM auftrennen, um Platz für den Raum zwischen den Beinen zu schaffen. Die Beine gut ausstopfen. Für jedes Bein sollten 12 M vorhanden sein (Beine häkeln, S. 19).

**1. Bein**

**49. Rd:** Die Vorder- und Rückseite für das 1. Bein zusammenfügen. Bis zum M-Markierer ein paar fM häkeln und auf der anderen Seite weiterhäkeln, insgesamt 12 fM häkeln (= 12 M).

Hinweis: In der 70. Rd noch ein paar fM mehr häkeln oder auftrennen, damit der Fb-Wechsel in der Mitte der Beinrückseite liegt.

**50.-70. Rd:** 12 fM, in der letzten M der letzten Rd zu Marineblau wechseln.

**71.-75. Rd:** 12 fM häkeln.

**76. Rd:** Fortlaufend 2 fM zusammen abmaschen (= 6 M). Faden lang abschneiden, durchziehen, in eine Wollnd fädeln, durch die vorderen M-Glieder der restlichen M ziehen und gut festziehen. Vernähen.

**2. Bein**

**49. Rd:** In Sand auf der Rückseite anschlingen. Hier beginnt das 2. Bein. Insgesamt 12 fM häkeln und Vorder- und Rückseite wie beim 1. Bein miteinander verbinden (= 12 M).

Hinweis: In der 70. Rd noch ein paar fM mehr häkeln oder auftrennen, damit der Fb-Wechsel in der Mitte der Beinrückseite liegt.

**50.-70. Rd:** 12 fM, in der letzten M der letzten Rd zu Marineblau wechseln.

**71.-75. Rd:** 12 fM häkeln.

**76. Rd:** Fortlaufend 2 fM zusammen abmaschen (= 6 M). Faden lang abschneiden, durchziehen, in eine Wollnd fädeln, durch die vorderen M-Glieder der restlichen M ziehen und gut festziehen. Vernähen.

Zwischen den Beinen zusätzlich ausstopfen. Garn in Sand in eine Wollnd fädeln und das Loch schließen.

## OHREN

(2x, in Sand)

**1. Rd:** 6 fM in einen Magic-Ring häkeln (= 6 M).

**2. Rd:** Jede fM verdoppeln (= 12 M).

**3.-5. Rd:** 12 fM häkeln.

Mit 1 Km in die 1. M enden. Faden lang abschneiden und durchziehen.

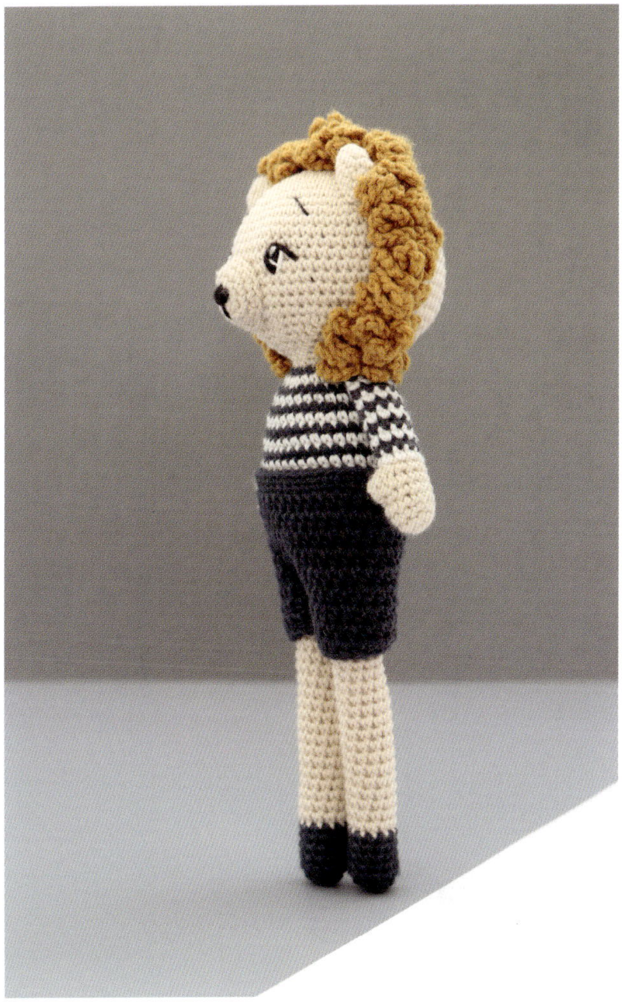

## SCHNAUZE

(in Sand)

**1. Rd:** 6 fM in einen Magic-Ring häkeln (= 6 M).

**2. Rd:** Jede fM verdoppeln (= 12 M).

**3. Rd:** Jede 2. fM verdoppeln (= 18 M).

**4. Rd:** 18 fM häkeln.

Faden lang abschneiden und durchziehen. Einen unsichtbaren Abschluss (S. 12) arb. Eine Nase in Schwarz aufsticken.

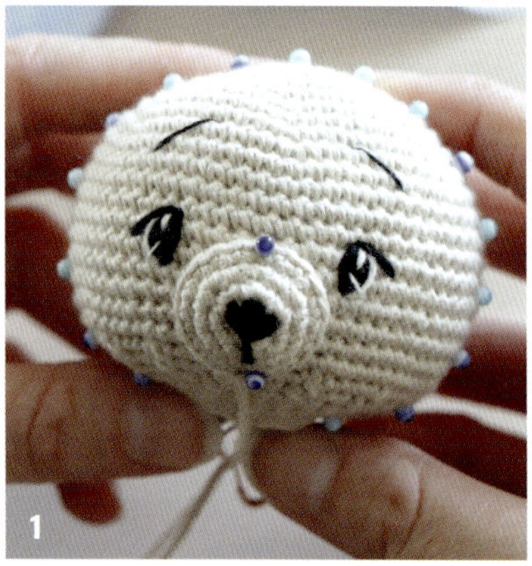


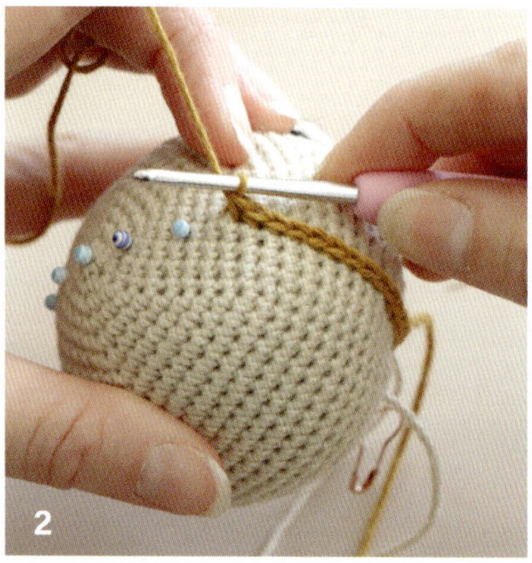


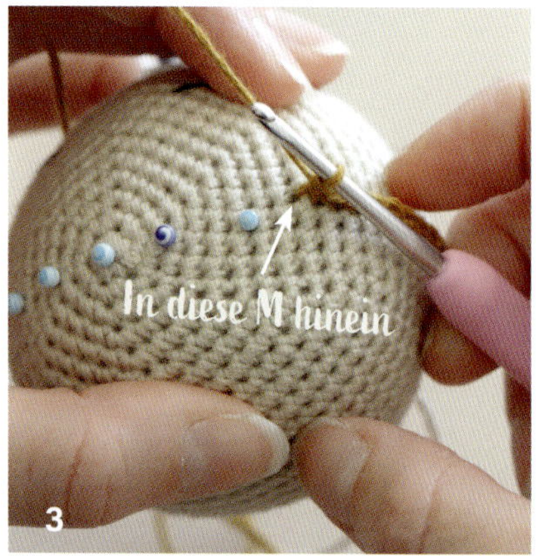


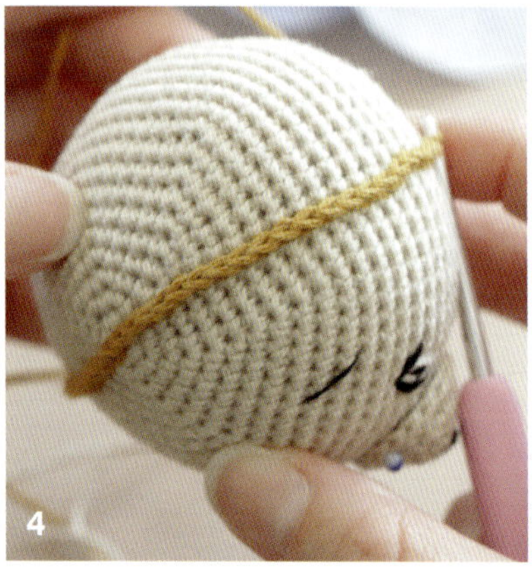


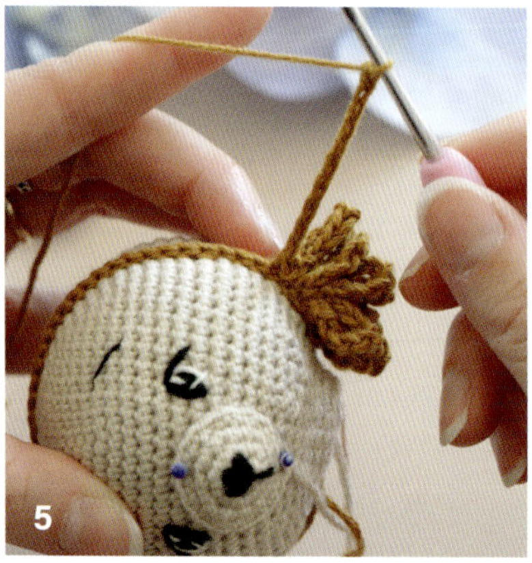


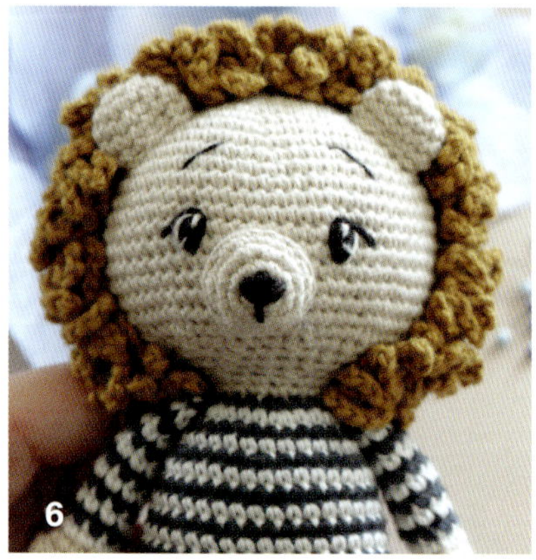


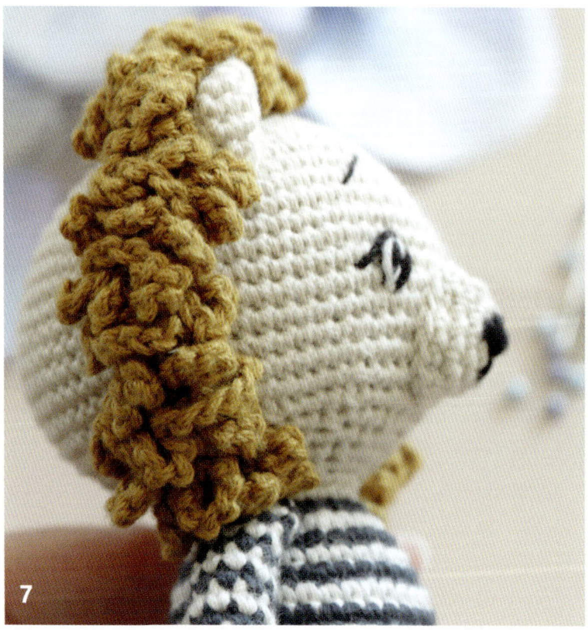


## MÄHNE

(in Senfgelb)

Stelle dir nun eine Linie von der rechten Seite zur linken Seite des Löwenkopfes vor. Die Linie soll über die Mitte des Kopfes verlaufen und braucht nicht völlig gerade zu sein. Ich habe mir eine Linie mit Stecknadeln markiert (Bild 1).

Entlang dieser Linie 1 R fM über alle Rd des Kopfes häkeln (Bild 2 und 3). Dafür den Löwen so drehen, dass das Gesicht von dir weg zeigt. An der rechten Seite des Löwen, ca. 1 Rd vom Halsausschnitt, einen neuen Faden anschlingen. Darauf achten, die Häkelnd zwischen allen Rd von vorne einzustechen, sodass die fM wie Perlen auf einer Schnur liegen (Bild 4). Den Löwen in der letzten fM so drehen, dass das Gesicht wieder zu dir zeigt.

Nun pro Strähne * 10 Lm anschl, 1 Km in die M, in der die Lm-Kette beginnt, ab * noch 1x wdh, 1 fM in die nächste M. Auf diese Weise in alle fM Strähnen arb (Bild 5-7). Faden abschneiden, durchziehen und vernähen.

## ARME

(2x, in Sand beginnen)
Gut ausstopfen, im Oberarmbereich etwas weniger.
**1. Rd:** 6 fM in einen Magic-Ring häkeln (= 6 M).
**2. Rd:** * 1 fM verdoppeln, 1 fM, ab * noch 2x wdh (= 9 M).
**3. Rd:** 1 fM verdoppeln, 4 fM, 1 fM verdoppeln, 3 fM (= 11 M).
**4.-5. Rd:** 11 fM häkeln.
**6. Rd:** 5 fM, 1 Büschelm, 5 fM.
**7. Rd:** 4 fM, * 2 fM zusammen abmaschen, ab * noch 1x wdh, 3 fM, in der letzten M zu Naturweiß wechseln (= 9 M).
Hinweis: Am rechten Arm noch 2-4 fM mehr häkeln, bevor du zu Naturweiß wechselst. Dies ist der neue Rd-Beginn, damit der Fb-Wechsel auf der Vorderseite des Löwen nicht sichtbar ist.
**8. Rd:** 9 fM, in der letzten M zu Marineblau wechseln.
**9. Rd:** 9 fM, in der letzten M zu Naturweiß wechseln.
**10.-17. Rd:** Die 8.-9. Rd noch 4x wdh.
**18. Rd:** 9 fM, in der letzten M zu Marineblau wechseln.
Nun die Öffnung des Arms flachdrücken und 4 fM durch beide Lagen häkeln, sodass der Daumen mit den Büschelm auf der Handseite liegt. Faden lang abschneiden und durchziehen.

## HOSE

(in Marineblau)
40 Lm anschl und mit 1 Km in die 1. Lm zum Ring schließen. Dabei darauf achten, dass sich die Lm-Kette nicht verdreht. Weiter in Spiral-Rd häkeln.
**1. Rd:** 40 fM häkeln.
**2.-8. Rd:** 40 hStb häkeln.
Faden nicht abschneiden.

**1. Hosenbein**
(weiter mit Marineblau)
**9. Rd:** Jetzt werden die beiden Hosenbeine gehäkelt. Dazu für den Abstand zwischen den Beinen 3 M in der vorderen und 3 M in der hinteren Mitte der Hose markieren. Gerne M-Markierer verwenden, um den Überblick über diese 6 M zu behalten. Für jedes Hosenbein sollten 17 M vorhanden sein. Insgesamt 17 hStb häkeln und die Vorder- und Rückseite miteinander verbinden (= 17 M).
**10. Rd:** 17 hStb häkeln.
**11. Rd:** 17 Km häkeln.
Mit 1 Km in die 1. M enden. Faden abschneiden, durchziehen und vernähen.

**2. Hosenbein**
**9. Rd:** In Marineblau hinten anschlingen. Hier beginnt das 2. Hosenbein. Insgesamt 17 hStb häkeln und die Vorder- und Rückseite wie beim 1. Hosenbein miteinander verbinden (= 17 M).
**10. Rd:** 17 hStb häkeln.
**11. Rd:** 17 Km häkeln.
Mit 1 Km in die 1. M enden. Faden abschneiden, durchziehen und vernähen.

**Hosenbund**
(in Marineblau)
In Marineblau in der 1. M der 1. Rd der Hose hinten anschlingen und 40 fM häkeln.
Mit 1 Km in die 1. M enden. Faden abschneiden, durchziehen und vernähen.
Garn in Marineblau in eine Wollnd fädeln und das Loch zwischen den Hosenbeinen schließen. Die Hose dem Löwen anziehen

## FERTIGSTELLEN

Die Schnauze ausstopfen und über die 15.-21. Rd am Gesicht annähen. Die Ohren vor der Mähne über die 6.-11. Rd am Kopf annähen. In der 28. Rd die Arme an den Körper nähen, sodass die Daumen nach vorne zeigen.

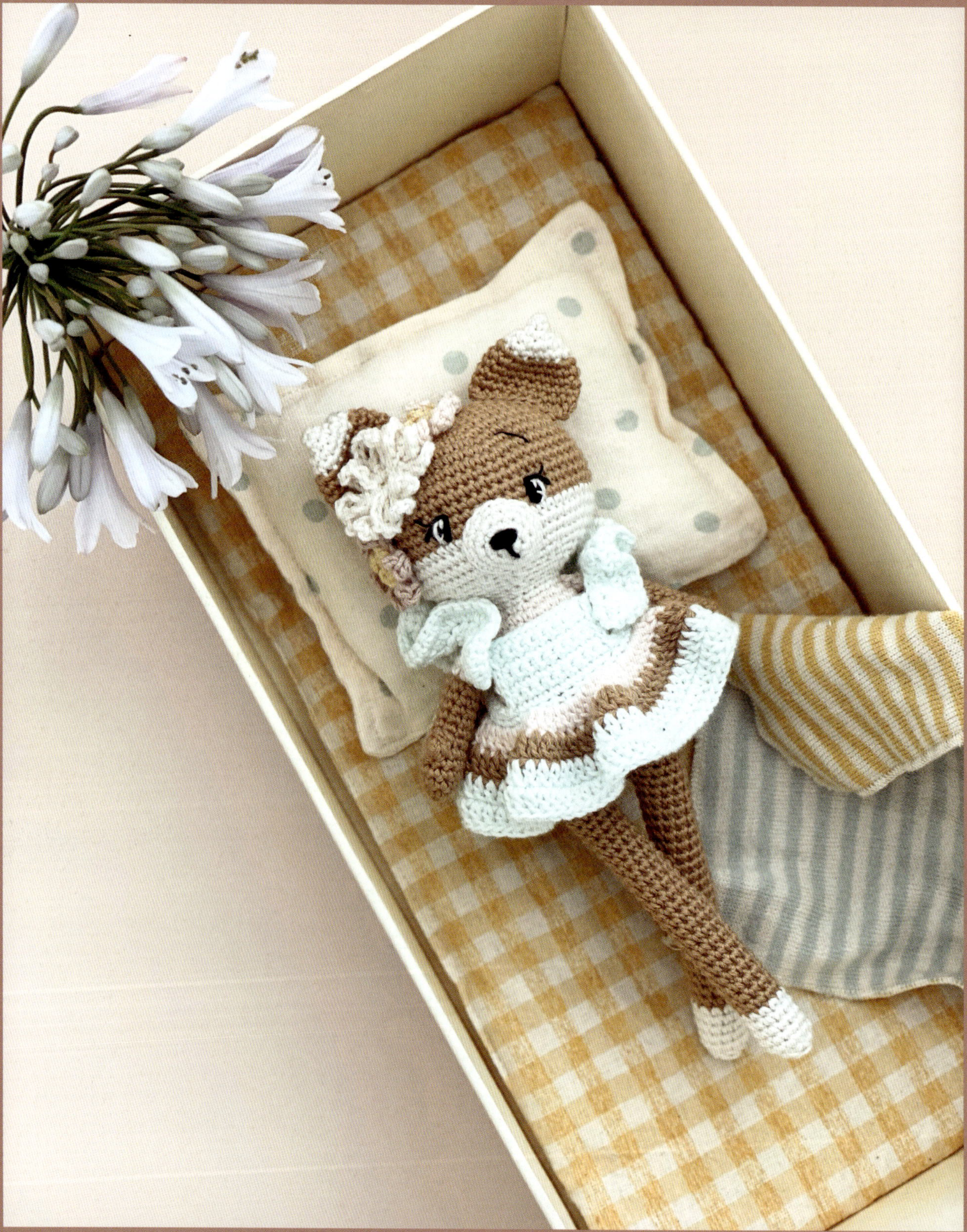

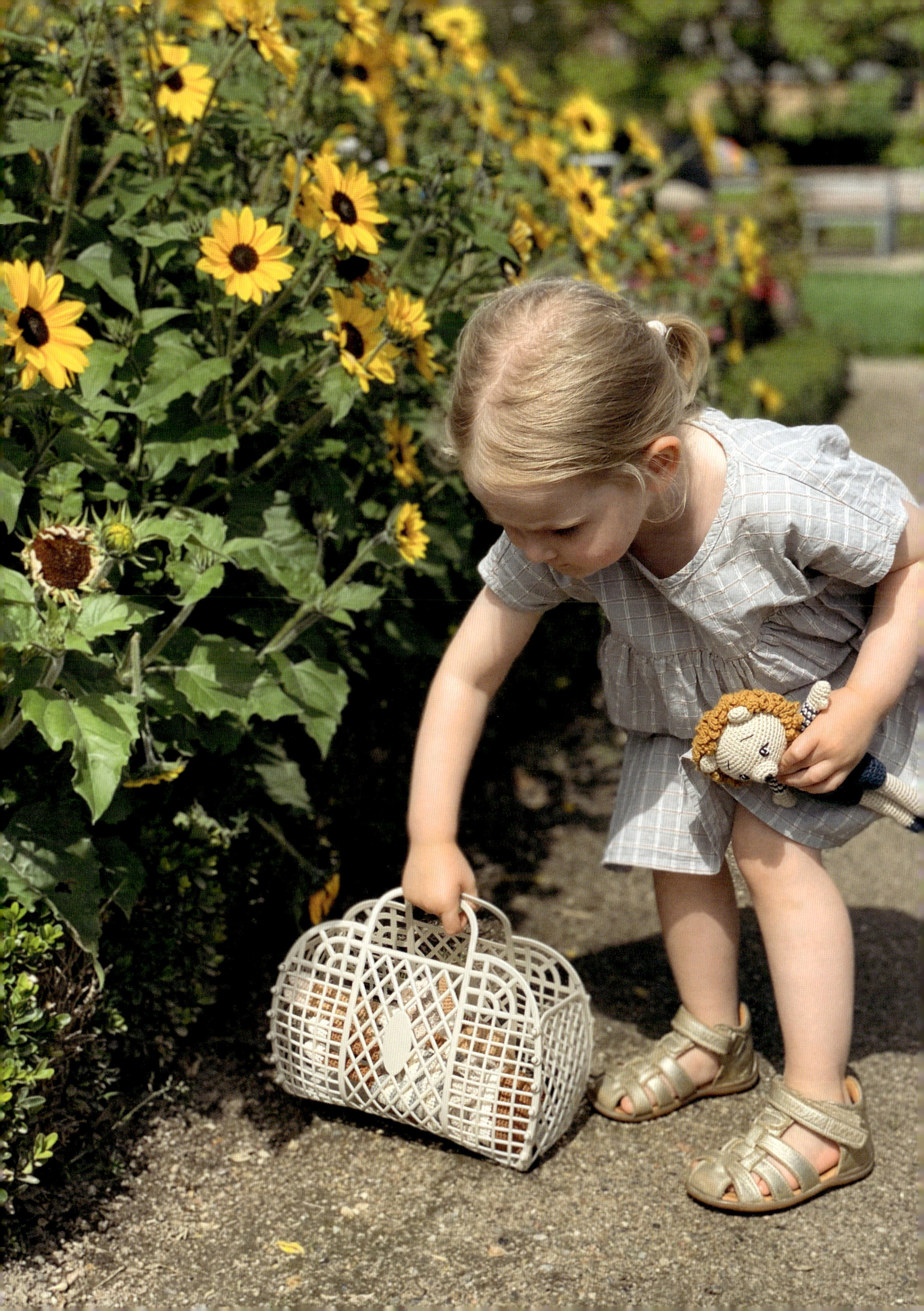

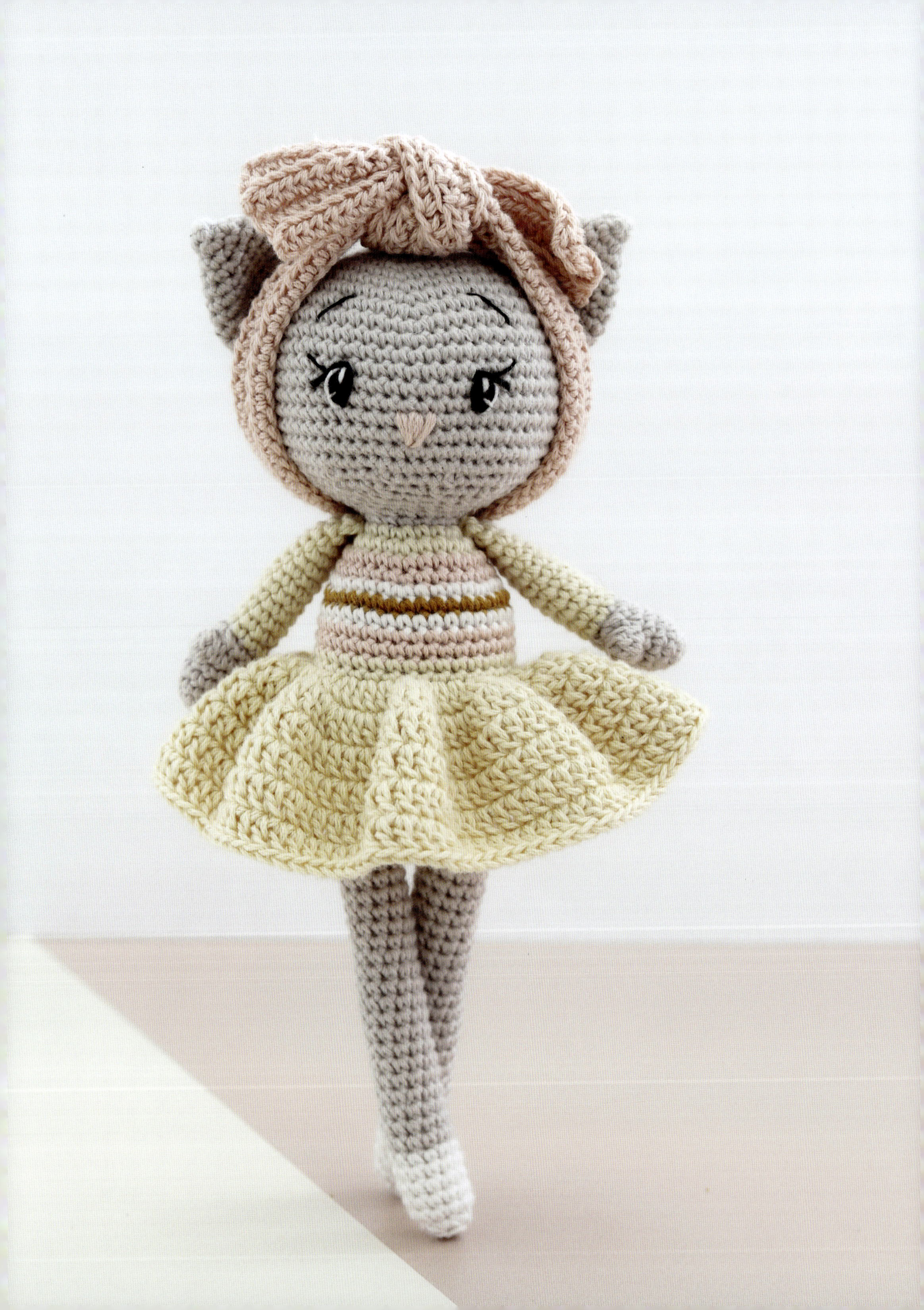

# Kätzchen
# ELVIRA

## MATERIAL

Krea Deluxe
Organic Cotton
(100 % Baumwolle,
LL 165 m/50 g) in
Hellgrau (Fb 17),
Hellgelb (Fb 04),
Puder (Fb 07) und
Naturweiß (Fb 01), je 50 g,
in Senfgelb (Fb 09) und
Schwarz (Fb 28), Reste
Häkelnadel 2,5 mm
Wollnadel
Sticknadel
Schere
Stecknadeln
Maschenmarkierer
Füllwatte
ggfs. Sicherheitsaugen
(ø 8-9 mm)

## KOPF UND KÖRPER

(in Hellgrau beginnen)

**1. Rd:** 6 fM in einen Magic-Ring häkeln (= 6 M).
**2. Rd:** Jede fM verdoppeln (= 12 M).
**3. Rd:** Jede 2. fM verdoppeln (= 18 M).
**4. Rd:** Jede 3. fM verdoppeln (= 24 M).
**5. Rd:** Jede 4. fM verdoppeln (= 30 M).
**6. Rd:** Jede 5. fM verdoppeln (= 36 M).
**7. Rd:** Jede 6. fM verdoppeln (= 42 M).
**8. Rd:** Jede 7. fM verdoppeln (= 48 M).
**9. Rd:** Jede 8. fM verdoppeln (= 54 M).
**10. Rd:** Jede 9. fM verdoppeln (= 60 M).
**11.-20. Rd:** 60 fM häkeln.
**21. Rd:** Jede 4. und 5. fM zusammen abmaschen (= 48 M).
**22. Rd:** Jede 3. und 4. fM zusammen abmaschen (= 36 M).
**23. Rd:** Jede 5. und 6. fM zusammen abmaschen (= 30 M).
**24. Rd:** Jede 4. und 5. fM zusammen abmaschen (= 24 M).
**25. Rd:** Jede 3. und 4. fM zusammen abmaschen (= 18 M).
**26.-27. Rd:** 18 fM, in der letzten M der letzten Rd zu Hellgelb wechseln.

Den Kopf gut ausstopfen und die Augen auf der gegenüberliegenden Seite des Rd-Anfangs aufsticken (Augen aufsticken, S. 15). Wenn du Sicherheitsaugen verwendest, müssen diese zwischen der 15. und 16. Rd mit einem Abstand von 8 M eingesetzt werden.

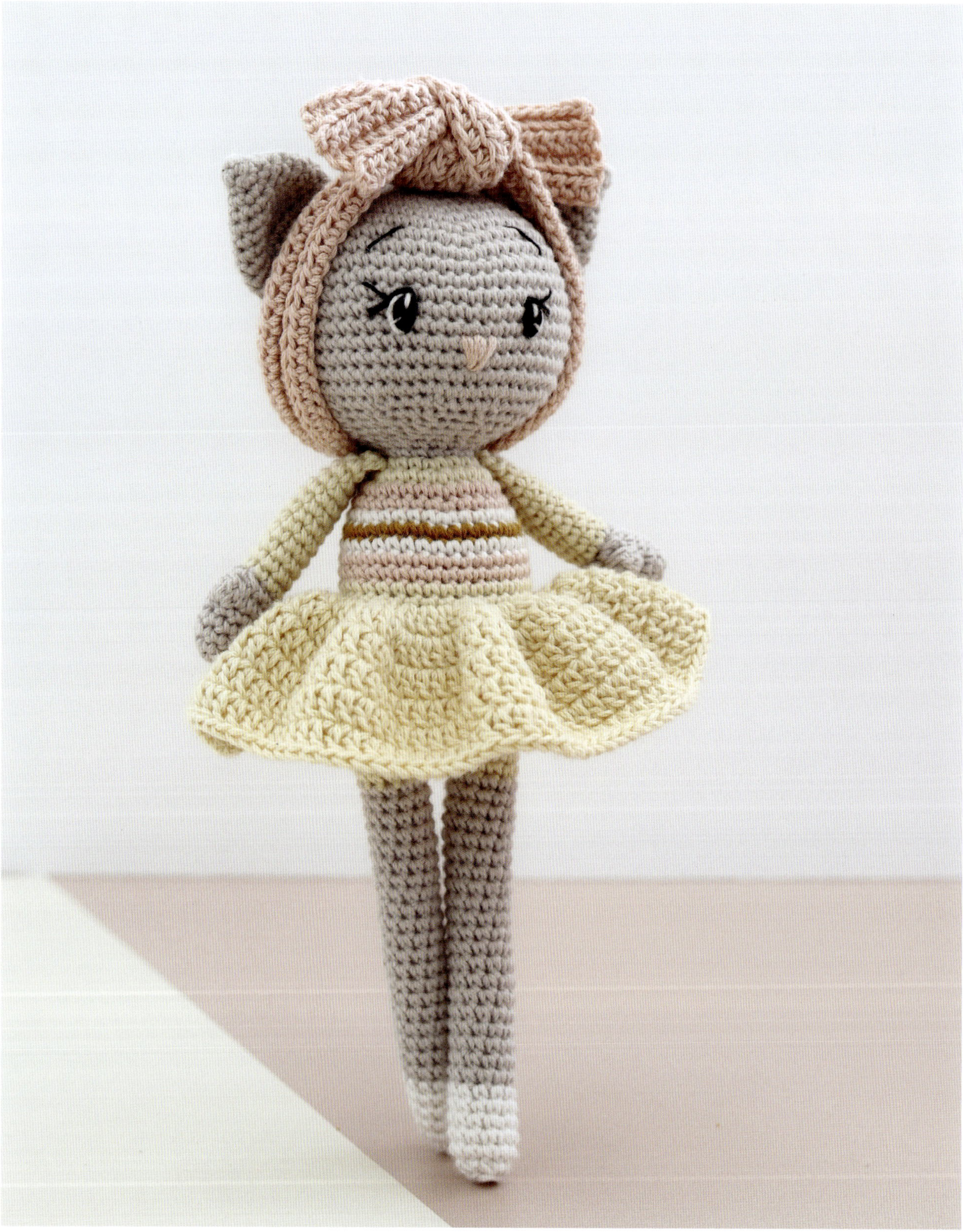

Hinweis: Häkle noch ein paar fM oder ziehe einige auf, wenn der Fb-Wechsel nicht in der rückwärtigen Mitte des Kätzchens liegt, nachdem die Augen aufgestickt wurden. Dies ist der neue Rd-Beginn.
**28. Rd:** Jede 3. fM verdoppeln (= 24 M).
**29. Rd:** Jede 4. fM verdoppeln, in der letzten M zu Puder wechseln (= 30 M).
**30.-31. Rd:** 30 fM, in der letzten M zu Naturweiß wechseln.
**32. Rd:** Jede 5. fM verdoppeln, in der letzten M zu Senfgelb wechseln (= 36 M).
**33. Rd:** 36 fM, in der letzten M zu Naturweiß wechseln.
**34. Rd:** 36 fM, in der letzten M zu Puder wechseln.
**35.-36. Rd:** 36 fM, in der letzten M zu Hellgelb wechseln.
**37.-38. Rd:** 36 fM häkeln.
**39. Rd:** In die hinteren M-Glieder 36 fM häkeln.
**40.-44. Rd:** 36 fM häkeln.
**45. Rd:** Jede 5. und 6. fM zusammen abmaschen (= 30 M).
**46.-48. Rd:** 30 fM häkeln.
Faden nicht abschneiden. Gut ausstopfen.

## BEINE

(weiter in Hellgelb)
Für die Beine wird die Arbeit geteilt. Dazu für den Abstand zwischen den Beinen 3 M in der vorderen und 3 M in der hinteren Mitte des Körpers markieren, gerne mit M-Markierern, um den Überblick über diese 6 M zu behalten. Ggfs. ein paar fM auftrennen, um Platz für den Raum zwischen den Beinen zu schaffen. Die Beine gut ausstopfen. Für jedes Bein sollten 12 M vorhanden sein (Beine häkeln, S. 19).

### 1. Bein

**49. Rd:** Die Vorder- und Rückseite für das 1. Bein zusammenfügen. Bis zum M-Markierer ein paar fM häkeln und auf der anderen Seite weiterhäkeln, insgesamt 12 fM häkeln (= 12 M).
Hinweis: In der 50. und 70. Rd noch ein paar fM mehr häkeln oder auftrennen, damit der Fb-Wechsel in der Mitte der Beinrückseite liegt.
**50. Rd:** 12 fM, in der letzten M zu Hellgrau wechseln.
**51.-70. Rd:** 12 fM häkeln, in der letzten M der letzten Rd zu Naturweiß wechseln.
**71.-75. Rd:** 12 fM häkeln.
**76. Rd:** Fortlaufend 2 fM zusammen abmaschen (= 6 M).
Faden lang abschneiden, durchziehen, in eine Wollnd fädeln, durch die vorderen M-Glieder der restlichen M ziehen und gut festziehen. Vernähen.

### 2. Bein

**49. Rd:** In Hellgelb auf der Rückseite anschlingen. Hier beginnt das 2. Bein. Insgesamt 12 fM häkeln und Vorder- und Rückseite wie beim 1. Bein miteinander verbinden (= 12 M).
Hinweis: In der 50. und 70. Rd noch ein paar fM mehr häkeln oder auftrennen, damit der Fb-Wechsel in der Mitte der Beinrückseite liegt.
**50. Rd:** 12 fM, in der letzten M zu Hellgrau wechseln.
**51.-70. Rd:** 12 fM häkeln, in der letzten M der letzten Rd zu Naturweiß wechseln.
**71.-75. Rd:** 12 fM häkeln.
**76. Rd:** Fortlaufend 2 fM zusammen abmaschen (= 6 M).
Faden lang abschneiden, durchziehen, in eine Wollnd fädeln, durch die vorderen M-Glieder der restlichen M ziehen und gut festziehen. Vernähen.
Zwischen den Beinen zusätzlich ausstopfen. Garn in Hellgelb in eine Wollnd fädeln und das Loch schließen.

## OHREN

(2x, in Hellgrau)
**1. Rd:** 5 fM in einen Magic-Ring häkeln (= 5 M).
**2. Rd:** 5 fM häkeln.
**3. Rd:** Jede fM verdoppeln (= 10 M).
**4. Rd:** 10 fM häkeln.
**5. Rd:** Jede 2. fM verdoppeln (= 15 M).
**6. Rd:** 15 fM häkeln.
**7. Rd:** Jede 3. fM verdoppeln (= 20 M).
**8.-9. Rd:** 20 fM häkeln.
Die Ohröffnung flach drücken und 10 fM durch beide Lagen häkeln. Faden lang abschneiden und durchziehen.

## ARME

(2x, in Hellgrau beginnen)

Gut ausstopfen, im Oberarmbereich etwas weniger.

**1. Rd:** 6 fM in einen Magic-Ring häkeln (= 6 M).

**2. Rd:** * 1 fM verdoppeln, 1 fM, ab * noch 2x wdh (= 9 M).

**3. Rd:** 1 fM verdoppeln, 4 fM, 1 fM verdoppeln, 3 fM (= 11 M).

**4.-5. Rd:** 11 fM häkeln.

**6. Rd:** 5 fM, 1 Büschelm, 5 fM.

**7. Rd:** 4 fM, * 2 fM zusammen abmaschen, ab * noch 1x wdh, 3 fM, in der letzten M zu Hellgelb wechseln.

Hinweis: Am rechten Arm noch 2-4 fM mehr häkeln, bevor du zu Hellgelb wechselst. Dies ist der neue Rd-Beginn, damit der Fb-Wechsel auf der Vorderseite des Kätzchens nicht sichtbar ist.

**8.-18. Rd:** 9 fM häkeln.

Nun die Öffnung des Arms flachdrücken und 4 fM durch beide Lagen häkeln, sodass der Daumen mit den Büschelm auf der Handseite liegt. Faden lang abschneiden und durchziehen.

## KLEID

(in Hellgelb)

In Hellgelb im vorderen M-Glied in der 39. Rd am Körper anschlingen. Das Kätzchen drehen, sodass die Beine von dir weg zeigen. Jede Rd beginnt mit 3 Lm (zählt als 1. Stb) und endet mit 1 Km in die 1. M.

**1. Rd:** 3 Lm, 1 Stb in dieselbe M, je 2 Stb in die übrigen 35 M, 1 Km in die 1. M (= 72 M).

**2. Rd:** 3 Lm, * 1 Stb verdoppeln, 1 Stb, ab * noch 34x wdh, 1 Stb verdoppeln, 1 Km in die 1. M (= 108 M).

**3.-6. Rd:** 3 Lm, 107 Stb, 1 Km in die 1. M.

Faden abschneiden, durchziehen und vernähen.

## HAARBAND

(in Puder)

100 Lm anschl und in Hin- und Rückr arb. Ggfs. einige Lm mehr oder weniger häkeln, sodass das Haarband deinem Kätzchen passt.

**1. R:** In der 3. Lm ab Nd beginnen, 98 hStb häkeln, mit 2 Lm wenden (= 98 M).

**2.-3. R:** In die hinteren M-Glieder 98 hStb häkeln, mit 2 Lm wenden.

**4. R:** In die hinteren M-Glieder 98 hStb.

Faden abschneiden, durchziehen und vernähen.

## FERTIGSTELLEN

In der 16. und 17. Rd mit Garn in Puder eine Nase auf das Gesicht sticken. Die Ohren in der 6.-14. Rd am Kopf annähen. In der 28. Rd die Arme an den Körper nähen, sodass die Daumen nach vorne zeigen. Das Haarband wie folgt um den Kopf des Kätzchens binden: in den Nacken legen, vor den Ohren hoch und nach vorn ziehen und am Oberkopf schön verknoten.

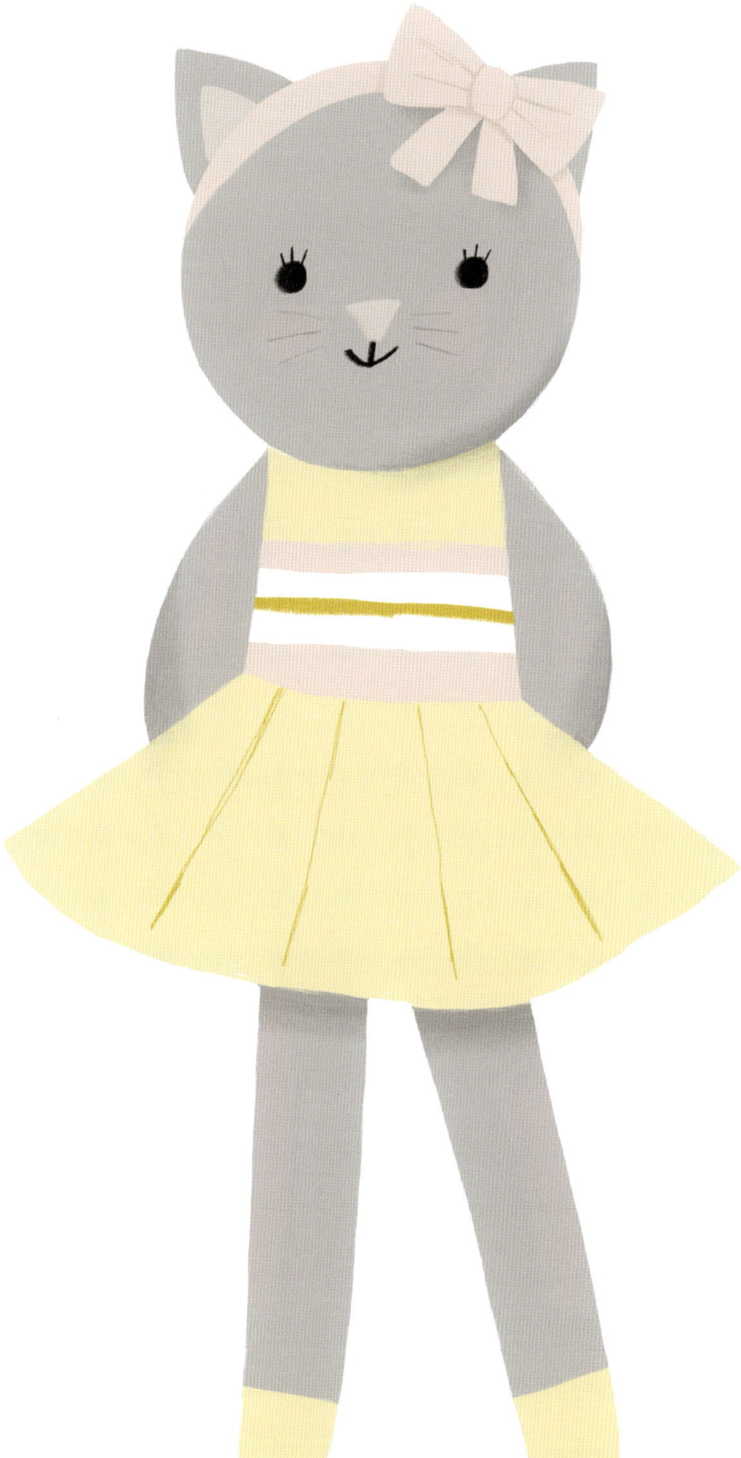

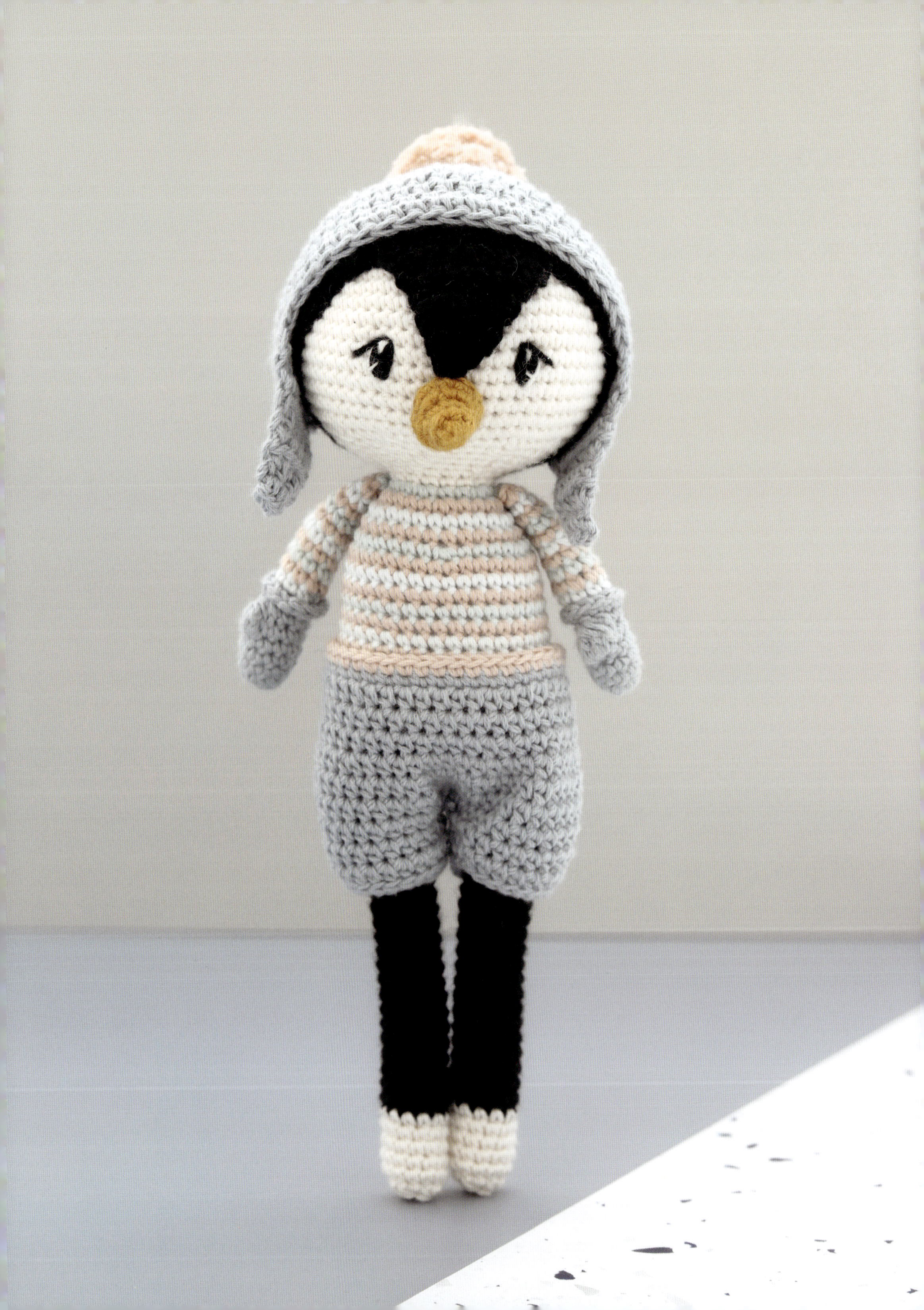

# Pinguin PELLE

## MATERIAL

Krea Deluxe Organic Cotton (100 % Baumwolle, LL 165 m/50 g) in Schwarz (Fb 28), Naturweiß (Fb 01), Puder (Fb 07), Senfgelb (Fb 09), Zartblau (Fb 25), Eisblau (Fb 24) und Mintgrün (Fb 32), je 50 g
Häkelnadel 2,5 mm (und ggfs. 3,5 mm)
Wollnadel
Sticknadel
Schere
Kleine Gabel
Stecknadeln
Maschenmarkierer
Füllwatte
ggfs. Sicherheitsaugen (ø 8-9 mm)

## KOPF UND KÖRPER

(in Naturweiß beginnen)
**1. Rd:** 6 fM in einen Magic-Ring häkeln (= 6 M).
**2. Rd:** Jede fM verdoppeln (= 12 M).
**3. Rd:** Jede 2. fM verdoppeln (= 18 M).
**4. Rd:** Jede 3. fM verdoppeln (= 24 M).
**5. Rd:** Jede 4. fM verdoppeln (= 30 M).
**6. Rd:** Jede 5. fM verdoppeln (= 36 M).
**7. Rd:** Jede 6. fM verdoppeln (= 42 M).
**8. Rd:** Jede 7. fM verdoppeln (= 48 M).
**9. Rd:** Jede 8. fM verdoppeln (= 54 M).
**10. Rd:** Jede 9. fM verdoppeln (= 60 M).
**11.-20. Rd:** 60 fM häkeln.
**21. Rd:** Jede 4. und 5. fM zusammen abmaschen (= 48 M).
**22. Rd:** Jede 3. und 4. fM zusammen abmaschen (= 36 M).
**23. Rd:** Jede 5. und 6. fM zusammen abmaschen (= 30 M).
**24. Rd:** Jede 4. und 5. fM zusammen abmaschen (= 24 M).
**25. Rd:** Jede 3. und 4. fM zusammen abmaschen (= 18 M).
**26.-27. Rd:** 18 fM, in der letzten M der letzten Rd zu Mintgrün wechseln.
Den Kopf gut ausstopfen und die Augen auf der gegenüberliegenden Seite des Rd-Anfangs aufsticken (Augen aufsticken, S. 15). Wenn du Sicherheitsaugen verwendest, müssen diese zwischen der 15. und 16. Rd mit einem Abstand von 8 M eingesetzt werden.

Hinweis: Häkle noch ein paar fM oder ziehe einige auf, wenn der Fb-Wechsel nicht in der rückwärtigen Mitte des Pinguins liegt, nachdem die Augen aufgestickt wurden. Dies ist der neue Rd-Beginn.
**28. Rd:** Jede 3. fM verdoppeln, in der letzten M zu Puder wechseln (= 24 M).
**29. Rd:** Jede 4. fM verdoppeln, in der letzten M zu Eisblau wechseln (= 30 M).
**30. Rd:** 30 fM, in der letzten M zu Puder wechseln.
**31. Rd:** 30 fM, in der letzten M zu Mintgrün wechseln.
**32. Rd:** Jede 5. fM verdoppeln, in der letzten M zu Puder wechseln (= 36 M).
**33. Rd:** 36 fM, in der letzten M zu Eisblau wechseln.
**34. Rd:** 36 fM, in der letzten M zu Puder wechseln.
**35. Rd:** 36 fM, in der letzten M zu Mintgrün wechseln.
**36. Rd:** 36 fM, in der letzten M zu Puder wechseln.
**37. Rd:** 36 fM, in der letzten M zu Eisblau wechseln.
**38. Rd:** 36 fM, in der letzten M zu Puder wechseln.
**39. Rd:** 36 fM, in der letzten M zu Mintgrün wechseln.
**40. Rd:** 36 fM, in der letzten M zu Schwarz wechseln.
**41. Rd:** In die hinteren M-Glieder 36 fM häkeln.
**42.-44. Rd:** 36 fM häkeln.
**45. Rd:** Jede 5. und 6. fM zusammen abmaschen (= 30 M).
**46.-48. Rd:** 30 fM häkeln.
Faden nicht abschneiden. Gut ausstopfen.

## BEINE

(weiter in Schwarz)
Für die Beine wird die Arbeit geteilt. Dazu für den Abstand zwischen den Beinen 3 M in der vorderen und 3 M in der hinteren Mitte des Körpers markieren, gerne mit M-Markierern, um den Überblick über diese 6 M zu behalten. Ggfs. ein paar fM auftrennen, um Platz für den Raum zwischen den Beinen zu schaffen. Die Beine gut ausstopfen. Für jedes Bein sollten 12 M vorhanden sein (Beine häkeln, S. 19).

**1. Bein**
**49. Rd:** Die Vorder- und Rückseite für das 1. Bein zusammenfügen. Bis zum M-Markierer ein paar fM häkeln und auf der anderen Seite weiterhäkeln, insgesamt 12 fM häkeln (= 12 M).
Hinweis: In der 70. Rd noch ein paar fM mehr häkeln oder auftrennen, damit der Fb-Wechsel in der Mitte der Beinrückseite liegt.
**50.-70. Rd:** 12 fM, in der letzten M der letzten Rd zu Naturweiß wechseln.
**71.-75. Rd:** 12 fM häkeln.
**76. Rd:** Fortlaufend 2 fM zusammen abmaschen (= 6 M).
Faden lang abschneiden, durchziehen, in eine Wollnd fädeln, durch die vorderen M-Glieder der restlichen M ziehen und gut festziehen. Vernähen.

**2. Bein**
**49. Rd:** In Schwarz auf der Rückseite anschlingen. Hier beginnt das 2. Bein. Insgesamt 12 fM häkeln und Vorder- und Rückseite wie beim 1. Bein miteinander verbinden (= 12 M).
Hinweis: In der 70. Rd noch ein paar fM mehr häkeln oder auftrennen, damit der Fb-Wechsel in der Mitte der Beinrückseite liegt.
**50.-70. Rd:** 12 fM, in der letzten M der letzten Rd zu Naturweiß wechseln.
**71.-75. Rd:** 12 fM häkeln.
**76. Rd:** Fortlaufend 2 fM zusammen abmaschen (= 6 M).
Faden lang abschneiden, durchziehen, in eine Wollnd fädeln, durch die vorderen M-Glieder der restlichen M ziehen und gut festziehen. Vernähen.
Zwischen den Beinen zusätzlich ausstopfen. Garn in Schwarz in eine Wollnd fädeln und das Loch schließen.

## KOPF AUSSEN

(in Schwarz)
**1. Rd:** 6 fM in einen Magic-Ring häkeln (= 6 M).
**2. Rd:** Jede fM verdoppeln (= 12 M).
**3. Rd:** Jede 2. fM verdoppeln (= 18 M).
**4. Rd:** Jede 3. fM verdoppeln (= 24 M).
**5. Rd:** Jede 4. fM verdoppeln (= 30 M).
**6. Rd:** Jede 5. fM verdoppeln (= 36 M).
**7. Rd:** Jede 6. fM verdoppeln (= 42 M).
**8. Rd:** Jede 7. fM verdoppeln (= 48 M).
**9. Rd:** Jede 8. fM verdoppeln (= 54 M).
**10. Rd:** Jede 9. fM verdoppeln (= 60 M).

**11.-20. Rd:** 60 fM häkeln.
Mit 1 Km in die 1. M enden. Faden lang abschneiden und durchziehen.
10 fM in der Mitte auf der gegenüberliegenden Seite der Rd markieren. Den äußeren Kopf so drehen, dass der Magic-Ring der 1. Rd zu dir zeigt. An der rechten Seite in Schwarz anschlingen und in Hin- und Rückr arb. Am Ende jeder R mit 1 Lm wenden.
**1.-2. R:** 10 fM häkeln (= 10 M).
**3. R:** 2 fM zusammen abmaschen, 6 fM, 2 fM zusammen abmaschen (= 8 M).
**4. R:** 8 fM häkeln.
**5. R:** 2 fM zusammen abmaschen, 4 fM, 2 fM zusammen abmaschen (= 6 M).
**6. R:** 6 fM häkeln.
**7. R:** 2 fM zusammen abmaschen, 2 fM, 2 fM zusammen abmaschen (= 4 M).
**8. R:** 4 fM häkeln.
**9. R:** Fortlaufend 2 fM zusammen abmaschen (= 2 M).
**10. R:** 2 fM häkeln.
Faden abschneiden, durchziehen und vernähen.

## SCHNABEL

(in Senfgelb)
**1. Rd:** 6 fM in einen Magic-Ring häkeln (= 6 M).
**2. Rd:** 6 fM häkeln.
**3. Rd:** Jede 2. fM verdoppeln (= 9 M).
**4. Rd:** Jede 2. fM verdoppeln, 1 fM (= 13 M).
**5. Rd:** 13 fM häkeln.
Faden lang abschneiden und durchziehen. Einen unsichtbaren Abschluss (S. 12) arb.

## ARME

(2x, in Zartblau beginnen)
Gut ausstopfen, im Oberarmbereich etwas weniger.
**1. Rd:** 6 fM in einen Magic-Ring häkeln (= 6 M).
**2. Rd:** * 1 fM verdoppeln, 1 fM, ab * noch 2x wdh (= 9 M).
**3. Rd:** 1 fM verdoppeln, 4 fM, 1 fM verdoppeln, 3 fM (= 11 M).
**4.-5. Rd:** 11 fM häkeln.
**6. Rd:** 5 fM, 1 Büschelm, 5 fM.
**7. Rd:** 4 fM, * 2 fM zusammen abmaschen, ab * noch 1x wdh, 3 fM (= 9 M).
**8. Rd:** In die hinteren M-Glieder 9 fM häkeln, in der letzten M zu Eisblau wechseln.
Hinweis: Am rechten Arm noch 2-4 fM mehr häkeln, bevor du zu Eisblau wechselst. Dies ist der neue Rd-Beginn, damit der Fb-Wechsel auf der Vorderseite nicht sichtbar ist.
**9. Rd:** 9 fM, in der letzten M zu Puder wechseln.
**10. Rd:** 9 fM, in der letzten M zu Mintgrün wechseln.
**11. Rd:** 9 fM, in der letzten M zu Puder wechseln.
**12. Rd:** 9 fM, in der letzten M zu Eisblau wechseln.
**13.-16. Rd:** Die 9.-12. Rd noch 1x wdh.
**17. Rd:** 9 fM, in der letzten M zu Puder wechseln.
**18. Rd:** 9 fM, in der letzten M zu Mintgrün wechseln.
Nun die Öffnung des Arms flachdrücken und 4 fM durch beide Lagen häkeln, sodass der Daumen mit den Büschelm auf der Handseite liegt. Faden lang abschneiden und durchziehen.

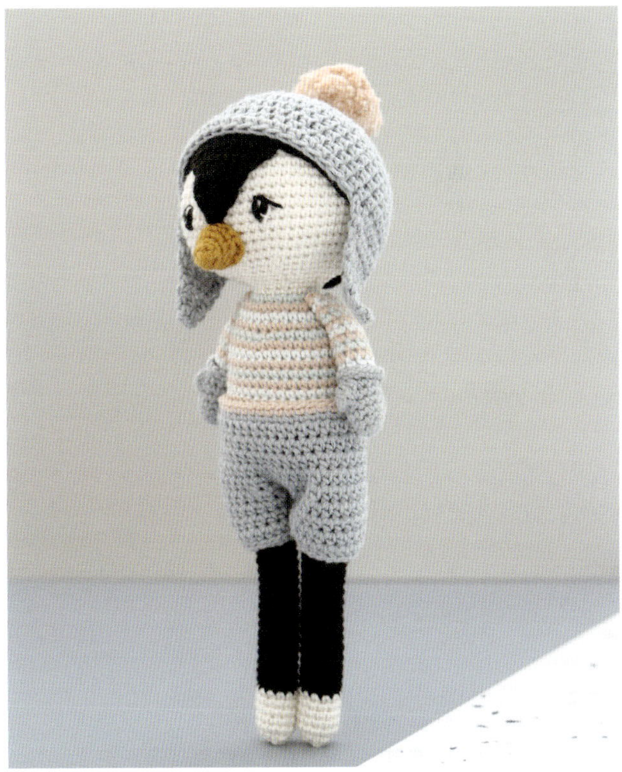

**Handschuhkante**
(2x, in Zartblau)
Den Arm wenden, sodass die Hand zu dir zeigt. In der 8. Rd in Zartblau im vorderen M-Glied anschlingen.
* 1 fM verdoppeln, 1 fM, ab * noch 3x mal wdh, 1 fM verdoppeln, 1 Km in die 1. M (= 14 M). Faden abschneiden, durchziehen und vernähen.

## HOSE

(in Zartblau beginnen)
40 Lm anschl und mit 1 Km in die 1. Lm zum Ring schließen. Dabei darauf achten, dass sich die Lm-Kette nicht verdreht. Weiter in Spiral-Rd häkeln.
**1. Rd:** 40 fM häkeln (= 40 M).
**2.-4. Rd:** 40 hStb häkeln.
**5. Rd:** Jedes 5. hStb verdoppeln (= 48 M).
**6.-8. Rd:** 48 hStb häkeln.
Faden nicht abschneiden.

**1. Hosenbein**
(weiter in Zartblau)
**9. Rd:** Jetzt werden die beiden Hosenbeine gehäkelt. Dazu für den Abstand zwischen den Beinen 4 M in der vorderen und 4 M in der hinteren Mitte der Hose markieren. Gerne M-Markierer verwenden, um den Überblick über diese 8 M zu behalten. Für jedes Hosenbein sollten 20 M vorhanden sein. Insgesamt 20 hStb häkeln und die Vorder- und Rückseite miteinander verbinden (= 20 M).
**10. Rd:** 20 hStb häkeln.
**11. Rd:** 20 Km häkeln.
Mit 1 Km in die 1. M enden. Faden abschneiden, durchziehen und vernähen.

**2. Hosenbein**
**9. Rd:** In Zartblau hinten anschlingen. Hier beginnt das 2. Hosenbein. 1 Lm häkeln (zählt nicht als 1. hStb). Dann 20 hStb häkeln und Vorder- und Rückseite wie beim 1. Hosenbein verbinden (= 20 M).
**10. Rd:** 20 hStb häkeln.
**11. Rd:** 20 Km häkeln.
Mit 1 Km in die 1. M enden. Faden abschneiden, durchziehen und vernähen.

**Hosenbund**
(in Puder)
In Puder in der 1. M der 1. Rd der Hose hinten anschlingen. 40 fM häkeln (= 40 M).
Mit 1 Km in die 1. M enden. Faden abschneiden, durchziehen und vernähen.
Garn in Zartblau in eine Wollnd fädeln und das Loch zwischen den Hosenbeinen schließen.

## MÜTZE

(in Zartblau)
Da die Mütze locker werden soll, ggfs. die größere Häkelnd nehmen oder eine zusätzliche Rd an der Mütze häkeln, damit sie dem Pinguin passt.
Jede Rd beginnt mit 2 Lm (zählt nicht als 1. hStb).
Jede Rd endet mit 1 Km im 1. hStb.
**1. Rd:** Einen Magic-Ring anfertigen, 1 Lm, 8 hStb in den Ring häkeln (= 8 M).
**2. Rd:** 2 Lm, 8 hStb verdoppeln (= 16 M).
**3. Rd:** 2 Lm, jedes 2. hStb verdoppeln (= 24 M).
**4. Rd:** 2 Lm, jedes 3. hStb verdoppeln (= 32 M).
**5. Rd:** 2 Lm, jedes 4. hStb verdoppeln (= 40 M).
**6. Rd:** 2 Lm, jedes 5. hStb verdoppeln (= 48 M).
**7.-11. Rd:** 2 Lm, 48 hStb häkeln.
Faden nicht abschneiden.

**Ohrenklappen**
Weiter in Hin- und Rückr häkeln. Am Ende jeder R mit 2 Lm wenden.
**1. R:** 2 Lm, 8 hStb (= 8 M).
**2. R:** 2 hStb zusammen abmaschen, 4 hStb, 2 hStb zusammen abmaschen (= 6 M).
**3. R:** 6 hStb häkeln.
**4. R:** 2 hStb zusammen abmaschen, 2 hStb, 2 hStb zusammen abmaschen (= 4 M).
**5. R:** 4 hStb häkeln.
**6. R:** Fortlaufend 2 hStb zusammen abmaschen (= 2 M).
**7. R:** 2 hStb häkeln.
Faden abschneiden, durchziehen und vernähen.
Nun die 2. Ohrenklappe häkeln. Dazu 20 M von der 1. Klappe bis zum Beginn der 2. Klappe abzählen, sodass der Abstand zwischen den Klappen vorne 20 M und hinten 12 M beträgt. Garn in Zartblau anschlingen und die 1.-7. R wdh.

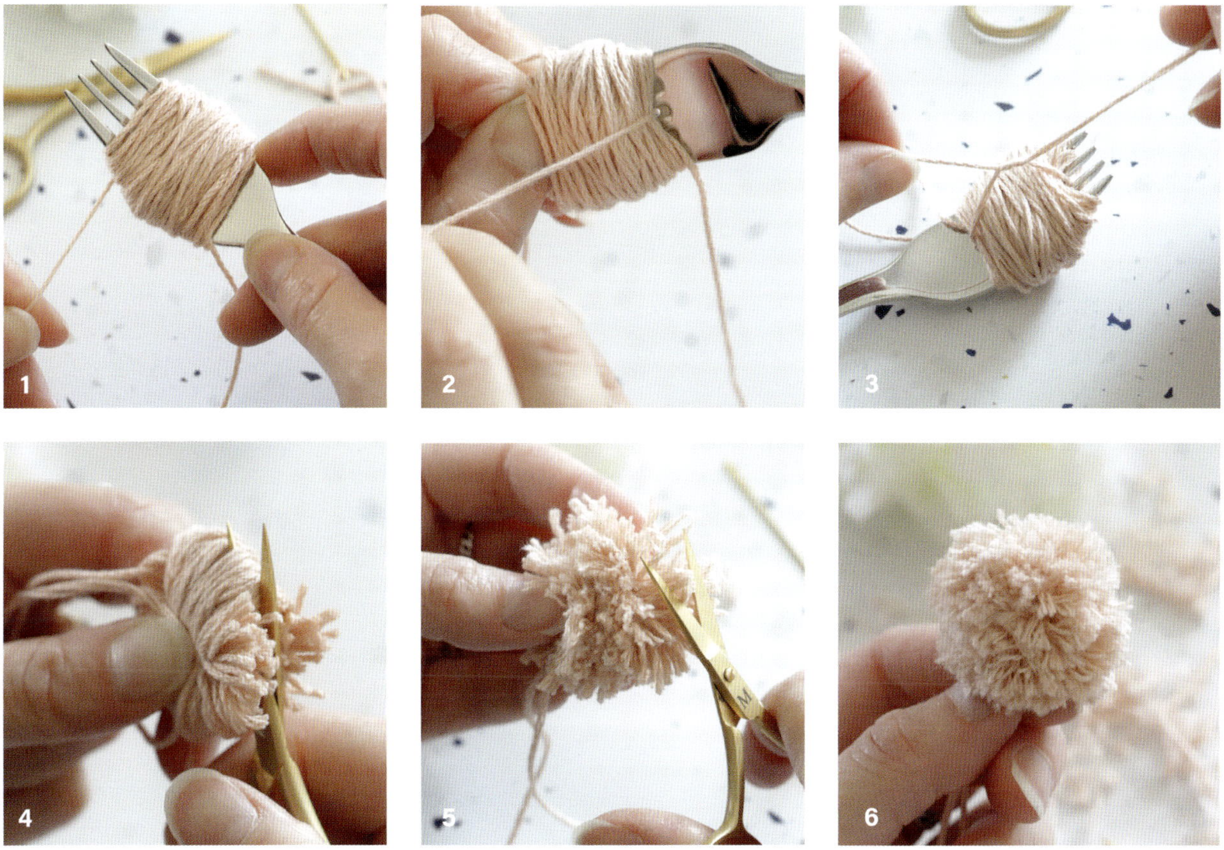


**Pompon**
(in Puder)
Garn um die Zinken einer Gabel wickeln. Je mehr Garn du um die Gabel wickelst, desto fester und dicker wird der Pompon (Bild 1).
Ein Stück Garn abschneiden, zwischen die Zinken der Gabel und um die gewickelten Fäden herum legen (Bild 2).
Die Enden fest verknoten und festziehen, sodass sie sich nicht lösen (Bild 3).
Die gewickelten Fäden vorsichtig von der Gabel nehmen und an beiden Seiten mit einer Schere durchschneiden (Bild 4).
Den Pompon zwischen den Händen hin und her rollen. Die Fäden zurechtschneiden, sodass der Pompon schön rund und symmetrisch wird (Bild 5 und 6). Mein Pompon hat 3,5 cm Durchmesser.

## FERTIGSTELLEN

Den Schnabel ausstopfen und über die 17.-20. Rd am Gesicht annähen. Den äußeren Teil des Kopfes an den inneren Teil nähen. Darauf achten, dass die 2 fM der 10. R des äußeren Teils über der 16. Rd des inneren Teils direkt über dem Schnabel liegen. Den Pompon in der 1. Rd an die Mütze nähen. Die Mütze dem Pinguin anziehen. In der 28. Rd die Arme an den Körper nähen, sodass die Daumen nach vorne zeigen.

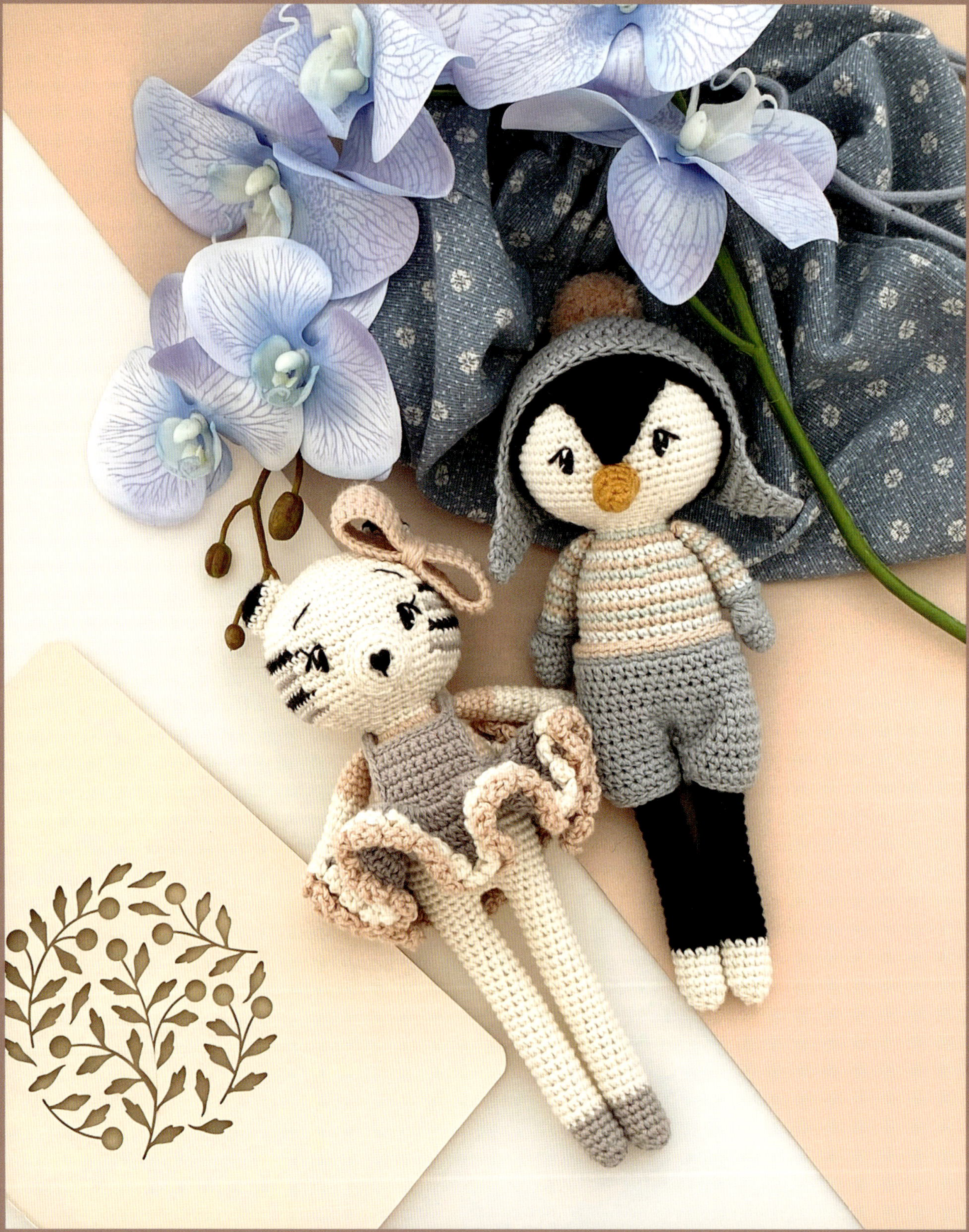

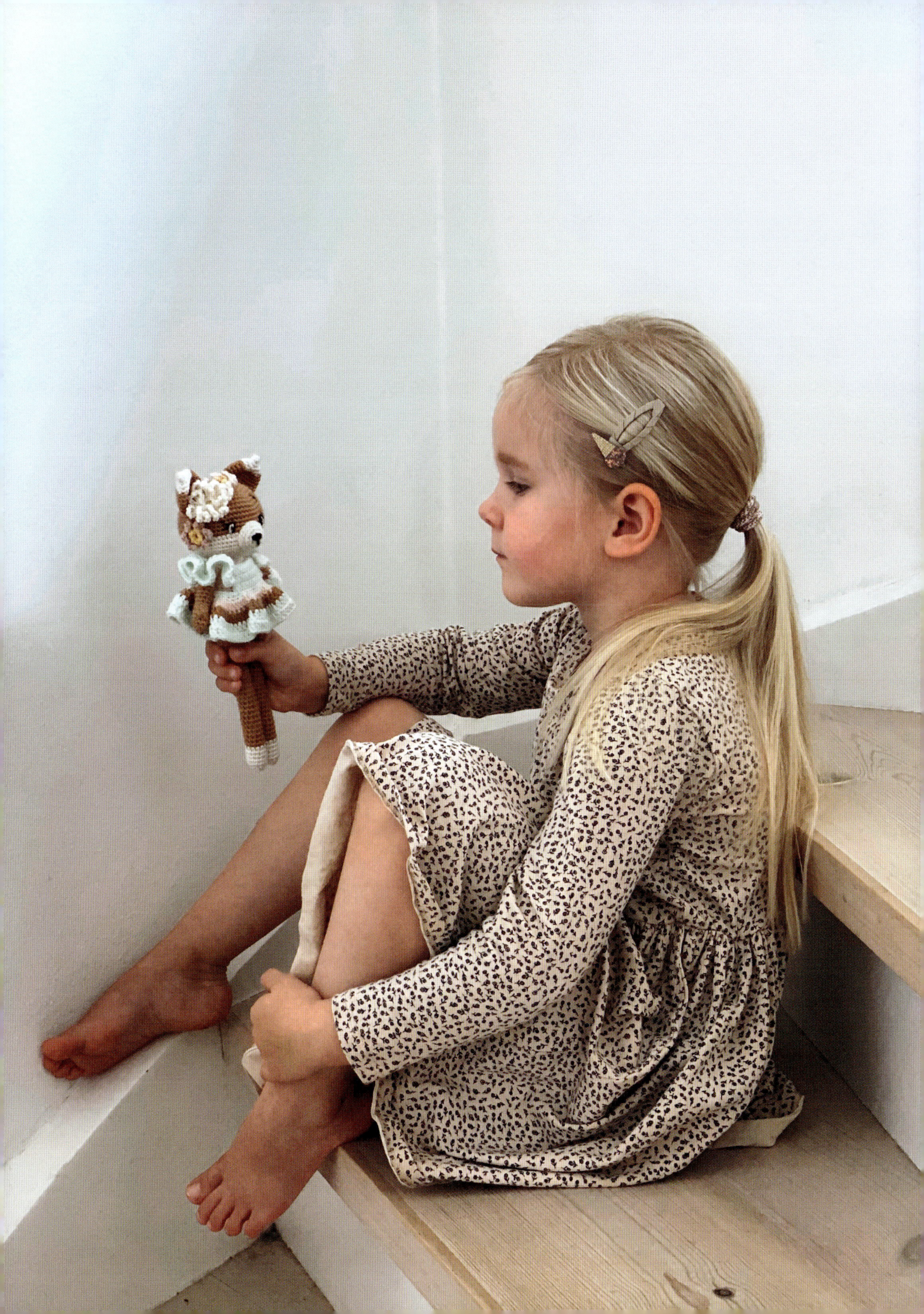

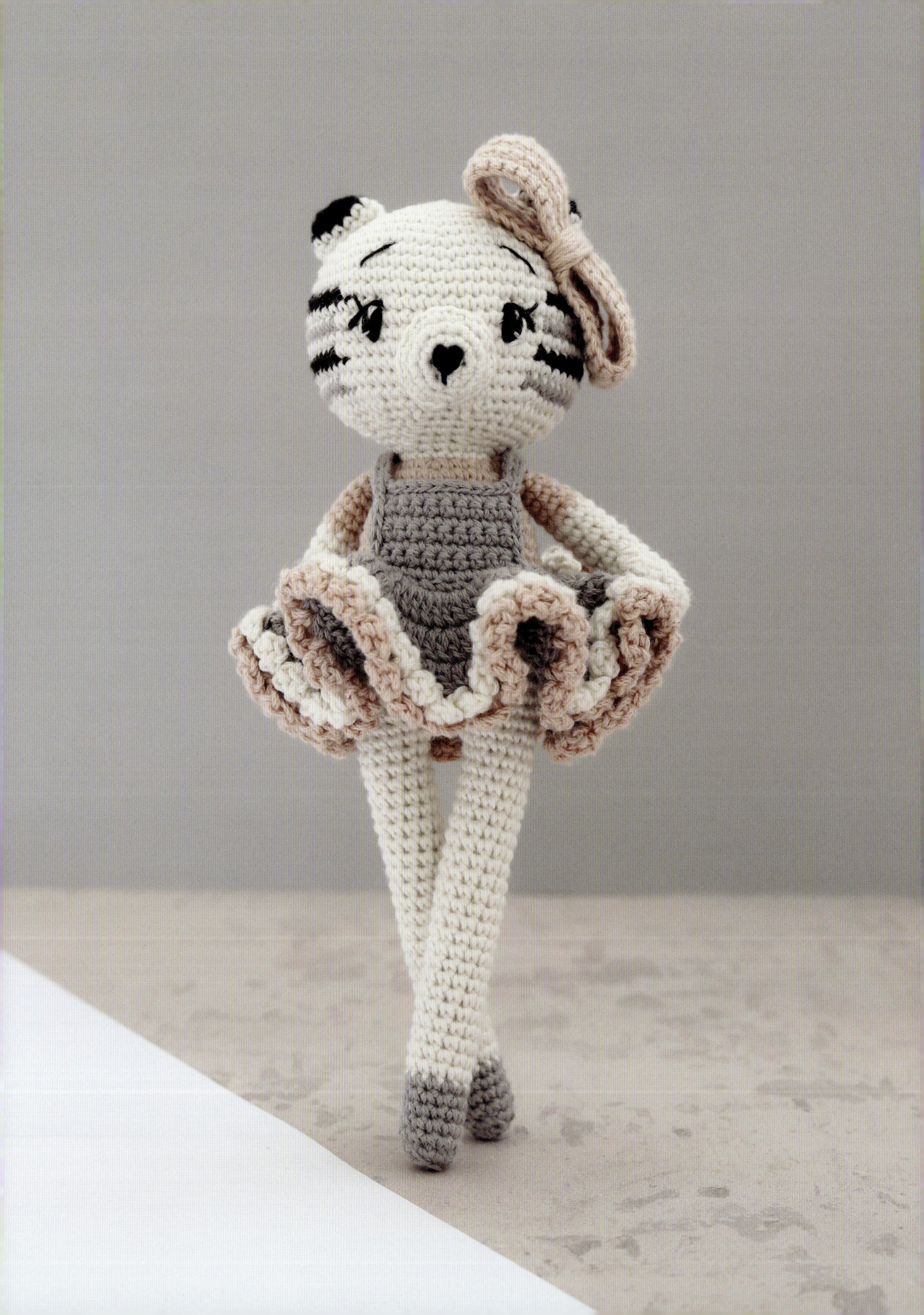

# Weißer Tiger
# NORA

## MATERIAL

Krea Deluxe
Organic Cotton
(100 % Baumwolle,
LL 165 m/50 g) in
Naturweiß (Fb 01),
Puder (Fb 07),
Grau (Fb 48) und
Schwarz (Fb 28), je 50 g
Häkelnadel 2,5 mm
Wollnadel
Sticknadel
Schere
Stecknadeln
Maschenmarkierer
Füllwatte
ggfs. Sicherheitsaugen
(ø 8-9 mm)

## KOPF UND KÖRPER

(in Naturweiß beginnen)

**1. Rd:** 6 fM in einen Magic-Ring häkeln (= 6 M).
**2. Rd:** Jede fM verdoppeln (= 12 M).
**3. Rd:** Jede 2. fM verdoppeln (= 18 M).
**4. Rd:** Jede 3. fM verdoppeln (= 24 M).
**5. Rd:** Jede 4. fM verdoppeln (= 30 M).
**6. Rd:** Jede 5. fM verdoppeln (= 36 M).
**7. Rd:** Jede 6. fM verdoppeln (= 42 M).
**8. Rd:** Jede 7. fM verdoppeln (= 48 M).
**9. Rd:** Jede 8. fM verdoppeln (= 54 M).
**10. Rd:** Jede 9. fM verdoppeln (= 60 M).
**11.-12. Rd:** 60 fM häkeln.
**13. Rd:** 8 fM – in der letzten M zu Schwarz wechseln, 14 fM – in der letzten M zu Naturweiß wechseln, 16 fM – in der letzten M zu Schwarz wechseln, 14 fM – in der letzten M zu Naturweiß wechseln, 8 fM (= 60 M).
**14. Rd:** 60 fM häkeln.
**15. Rd:** 8 fM – in der letzten M zu Grau wechseln, 14 fM – in der letzten M zu Naturweiß wechseln, 16 fM – in der letzten M zu Grau wechseln, 14 fM – in der letzten M zu Naturweiß wechseln, 8 fM (= 60 M).
**16. Rd:** 60 fM häkeln.

**17.-20. Rd:** Die 13.-16. Rd noch 1x wdh.
**21. Rd:** Jede 4. und 5. fM zusammen abmaschen (= 48 M).
**22. Rd:** Jede 3. und 4. fM zusammen abmaschen (= 36 M).
**23. Rd:** Jede 5. und 6. fM zusammen abmaschen (= 30 M).
**24. Rd:** Jede 4. und 5. fM zusammen abmaschen (= 24 M).
**25. Rd:** Jede 3. und 4. fM zusammen abmaschen (= 18 M).
**26.-27. Rd:** 18 fM, in der letzten M der letzten Rd zu Puder wechseln.
Den Kopf gut ausstopfen und die Augen auf der gegenüberliegenden Seite des Rd-Anfangs aufsticken (Augen aufsticken, S. 15). Wenn du Sicherheitsaugen verwendest, müssen diese zwischen der 15. und 16. Rd mit einem Abstand von 8 M eingesetzt werden.
Hinweis: Häkle noch ein paar fM oder ziehe einige auf, wenn der Fb-Wechsel nicht in der rückwärtigen Mitte des weißen Tigers liegt, nachdem die Augen aufgestickt wurden. Dies ist der neue Rd-Beginn.
**28. Rd:** Jede 3. fM verdoppeln (= 24 M).
**29. Rd:** Jede 4. fM verdoppeln (= 30 M).
**30.-31. Rd:** 30 fM häkeln.
**32. Rd:** Jede 5. fM verdoppeln (= 36 M).
**33.-40. Rd:** 36 fM häkeln, in der letzten M der letzten Rd zu Naturweiß wechseln.
**41. Rd:** In die hinteren M-Glieder 36 fM häkeln.
**42.-44. Rd:** 36 fM häkeln.
**45. Rd:** Jede 5. und 6. fM zusammen abmaschen (= 30 M).
**46.-48. Rd:** 30 fM häkeln.
Faden nicht abschneiden. Gut ausstopfen.

## BEINE

(weiter in Naturweiß)
Für die Beine wird die Arbeit geteilt. Dazu für den Abstand zwischen den Beinen 3 M in der vorderen und 3 M in der hinteren Mitte des Körpers markieren, gerne mit M-Markierern, um den Überblick über diese 6 M zu behalten. Ggfs. ein paar fM auftrennen, um Platz für den Raum zwischen den Beinen zu schaffen. Die Beine gut ausstopfen. Für jedes Bein sollten 12 M vorhanden sein (Beine häkeln, S. 19).

**1. Bein**
**49. Rd:** Die Vorder- und Rückseite für das 1. Bein zusammenfügen. Bis zum M-Markierer ein paar fM häkeln und auf der anderen Seite weiterhäkeln, insgesamt 12 fM häkeln (= 12 M).
Hinweis: In der 70. Rd noch ein paar fM mehr häkeln oder auftrennen, damit der Fb-Wechsel in der Mitte der Beinrückseite liegt.
**50.-70. Rd:** 12 fM, in der letzten M der letzten Rd zu Grau wechseln.
**71.-75. Rd:** 12 fM häkeln.
**76. Rd:** Fortlaufend 2 fM zusammen abmaschen (= 6 M).
Faden lang abschneiden, durchziehen, in eine Wollnd fädeln, durch die vorderen M-Glieder der restlichen M ziehen und gut festziehen. Vernähen.

**2. Bein**
**49. Rd:** In Naturweiß auf der Rückseite anschlingen. Hier beginnt das 2. Bein. Insgesamt 12 fM häkeln und Vorder- und Rückseite wie beim 1. Bein miteinander verbinden (= 12 M).
Hinweis: In der 70. Rd noch ein paar fM mehr häkeln oder auftrennen, damit der Fb-Wechsel in der Mitte der Beinrückseite liegt.
**50.-70. Rd:** 12 fM, in der letzten M der letzten Rd zu Grau wechseln.
**71.-75. Rd:** 12 fM häkeln.
**76. Rd:** Fortlaufend 2 fM zusammen abmaschen (= 6 M).
Faden lang abschneiden, durchziehen, in eine Wollnd fädeln, durch die vorderen M-Glieder der restlichen M ziehen und gut festziehen. Vernähen.
Zwischen den Beinen zusätzlich ausstopfen. Garn in Naturweiß in eine Wollnd fädeln und das Loch schließen.

## OHREN

(2x, in Schwarz beginnen)
**1. Rd:** 6 fM in einen Magic-Ring häkeln (= 6 M).
**2. Rd:** Jede fM verdoppeln, in der letzten M zu Naturweiß wechseln (= 12 M).

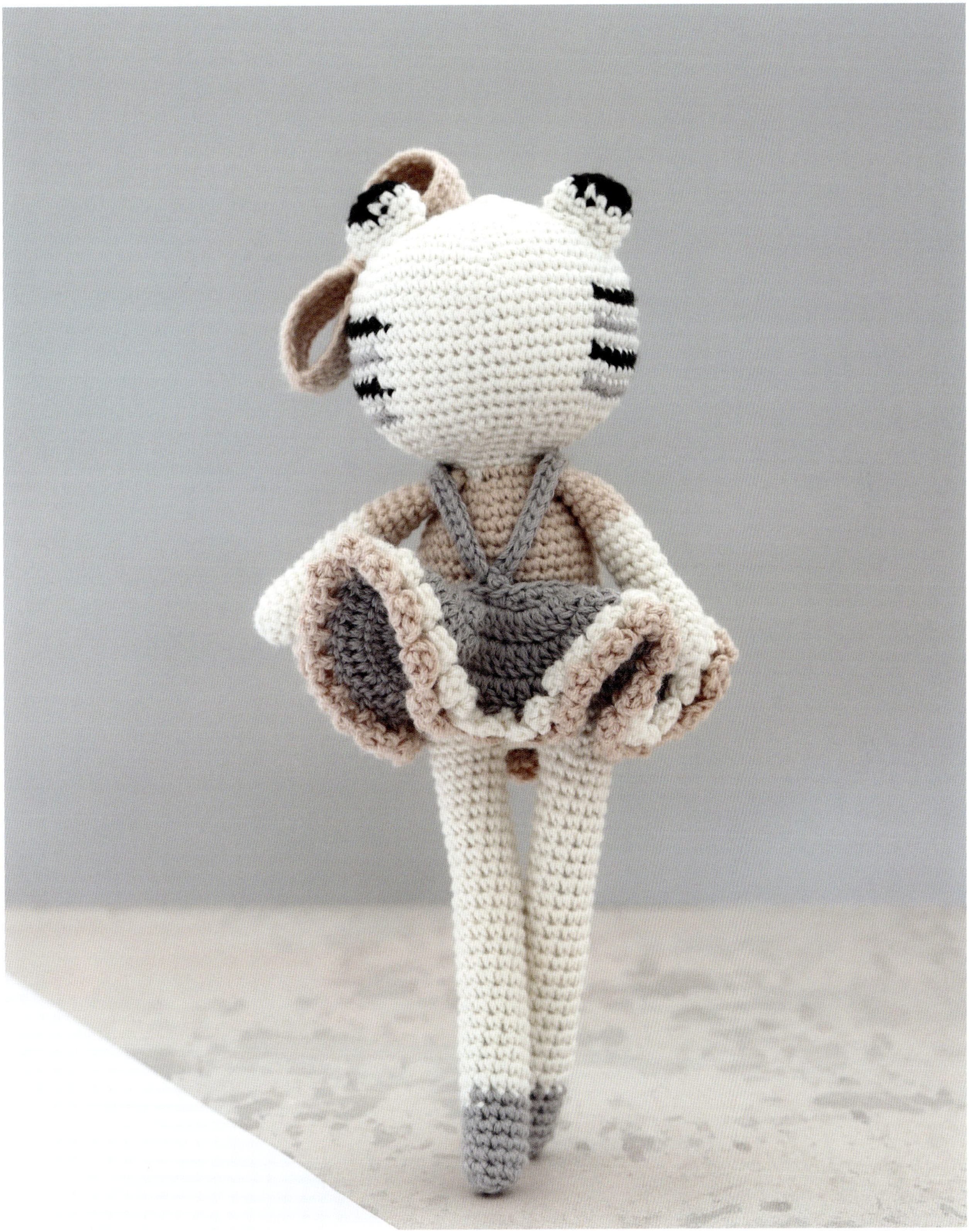

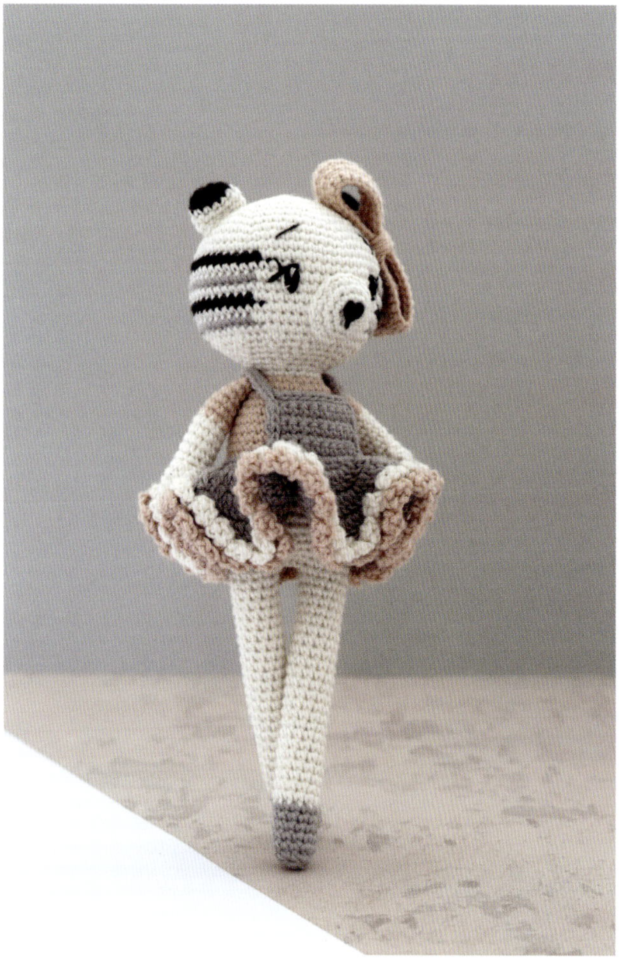

**3.-5. Rd:** 12 fM häkeln.
Mit 1 Km in die 1. M enden. Faden lang abschneiden und durchziehen.

## SCHNAUZE

(in Naturweiß)
**1. Rd:** 6 fM in einen Magic-Ring häkeln (= 6 M).
**2. Rd:** Jede fM verdoppeln (= 12 M).
**3. Rd:** Jede 2. fM verdoppeln (= 18 M).
**4. Rd:** 18 fM häkeln.
Faden lang abschneiden und durchziehen. Einen unsichtbaren Abschluss (S. 12) arb. Eine Nase in Schwarz aufsticken.

## ARME

(2x, in Naturweiß beginnen)
Gut ausstopfen, im Oberarmbereich etwas weniger.
**1. Rd:** 6 fM in einen Magic-Ring häkeln (= 6 M).
**2. Rd:** * 1 fM verdoppeln, 1 fM, ab * noch 2x wdh (= 9 M).
**3. Rd:** 1 fM verdoppeln, 4 fM, 1 fM verdoppeln, 3 fM (= 11 M).
**4.-5. Rd:** 11 fM häkeln.
**6. Rd:** 5 fM, 1 Büschelm, 5 fM.
**7. Rd:** 4 fM, * 2 fM zusammen abmaschen, ab * noch 1x wdh, 3 fM (= 9 M).
**8.-12. Rd:** 9 fM, in der letzten M der letzten Rd zu Puder wechseln.
Hinweis: Am rechten Arm noch 2-4 fM mehr häkeln, bevor du zu Puder wechselst. Dies ist der neue Rd-Beginn, damit der Fb-Wechsel auf der Vorderseite des weißen Tigers nicht sichtbar ist.
**13.-18. Rd:** 9 fM häkeln.
Nun die Öffnung des Arms flachdrücken und 4 fM durch beide Lagen häkeln, sodass der Daumen mit den Büschelm auf der Handseite liegt. Faden lang abschneiden und durchziehen.

## KLEID

(in Grau beginnen)
40 Lm anschl und mit 1 Km in die 1. Lm zum Ring schließen. Dabei darauf achten, dass sich die Lm-Kette nicht verdreht.
**1. Rd:** 40 fM, 1 Km in die 1. M (= 40 M).
Ab jetzt beginnt jede Rd mit 3 Lm (zählt als 1. Stb) und endet mit 1 Km in die 1. M.
**2. Rd:** 3 Lm, 1 Stb in dieselbe M, je 2 Stb in die übrigen 39 M, 1 Km in die 1. M (= 80 M).
**3. Rd:** 3 Lm, * 1 Stb verdoppeln, 1 Stb, ab * noch 38x wdh, 1 Stb verdoppeln, 1 Km in die 1. M (= 120 M).
**4. Rd:** 3 Lm, 119 Stb, 1 Km in die 1. M.
Faden abschneiden, durchziehen und vernähen.
Für die Rüschen in Naturweiß im vorderen M-Glied der 1. M anschlingen.

**5. Rd:** * 3 Lm, 1 Stb in die 1. Lm, 1 M überspringen, 1 Km in das vordere M-Glied der nächsten M, ab * fortlaufend wdh bis zum Rd-Ende. Mit 1 Km in die 1. M enden. Faden abschneiden, durchziehen und vernähen.
Für die Rüschen in Puder im hinteren M-Glied in der 1. M anschlingen.
**5. Rd:** * 4 Lm, 1 Stb in die 1. Lm, 1 M überspringen, 1 Km in das hintere M-Glied der nächsten M, ab * fortlaufend wdh bis zum Rd-Ende. Mit 1 Km in die 1. M enden. Faden abschneiden, durchziehen und vernähen.

### Latz

(in Grau)
Den Latz in Hin- und Rückr häkeln. Zunächst die 10 mittleren M auf der Vorderseite des Rocks markieren. Dann auf der rechten Seite der Arbeit in der 1. Mittel-M in Grau anschlingen.
**1.-6. R:** 10 fM, mit 1 Lm wenden (= 10 M).
**7. R:** 10 fM häkeln.
Faden nicht abschneiden.
Für den 1. Träger 23 Lm anschl, in der 2. Lm ab Nd beginnen, 22 Km häkeln. An der rechten Seite des Latzes fortfahren, jeweils 1 Km in die 7 Rdm häkeln.
Für den Bund je 1 fM in alle M entlang der oberen Kante des Rocks häkeln und an der linken Seite des Latzes fortfahren, jeweils 1 Km in die 7 Rdm häkeln. Dann für den 2. Träger 23 Lm anschl, in der 2. Lm ab Nd beginnen, 22 Km. Weiter entlang der Oberkante des Latzes, 10 Km. Faden abschneiden, durchziehen und vernähen.
Das Kleid dem weißen Tiger anziehen, bevor die Träger angenäht werden. Die Länge der Träger ggfs. anpassen und hinten am Kleid annähen.

## SCHLEIFE

(in Puder)
41 Lm anschl. In Hin- und Rückr häkeln.
**1. R:** In der 2. Lm ab Nd beginnen, 40 fM, mit 1 Lm wenden (= 40 M).
**2.-5. R:** 40 fM, mit 1 Lm wenden.
**6. R:** 40 fM häkeln.
Faden lang abschneiden und durchziehen, damit die kurzen Seiten zusammennähen. Das Fadenende einige Male um die Mitte wickeln, vorsichtig festziehen und verknoten.

## FERTIGSTELLEN

Die Schnauze ausstopfen und über die 15.-20. Rd am Gesicht annähen. Die Ohren über die 6.-10. Rd am Kopf annähen. In der 28. Rd die Arme an den Körper nähen, sodass die Daumen nach vorne zeigen. Die Schleife über dem linken Ohr annähen.

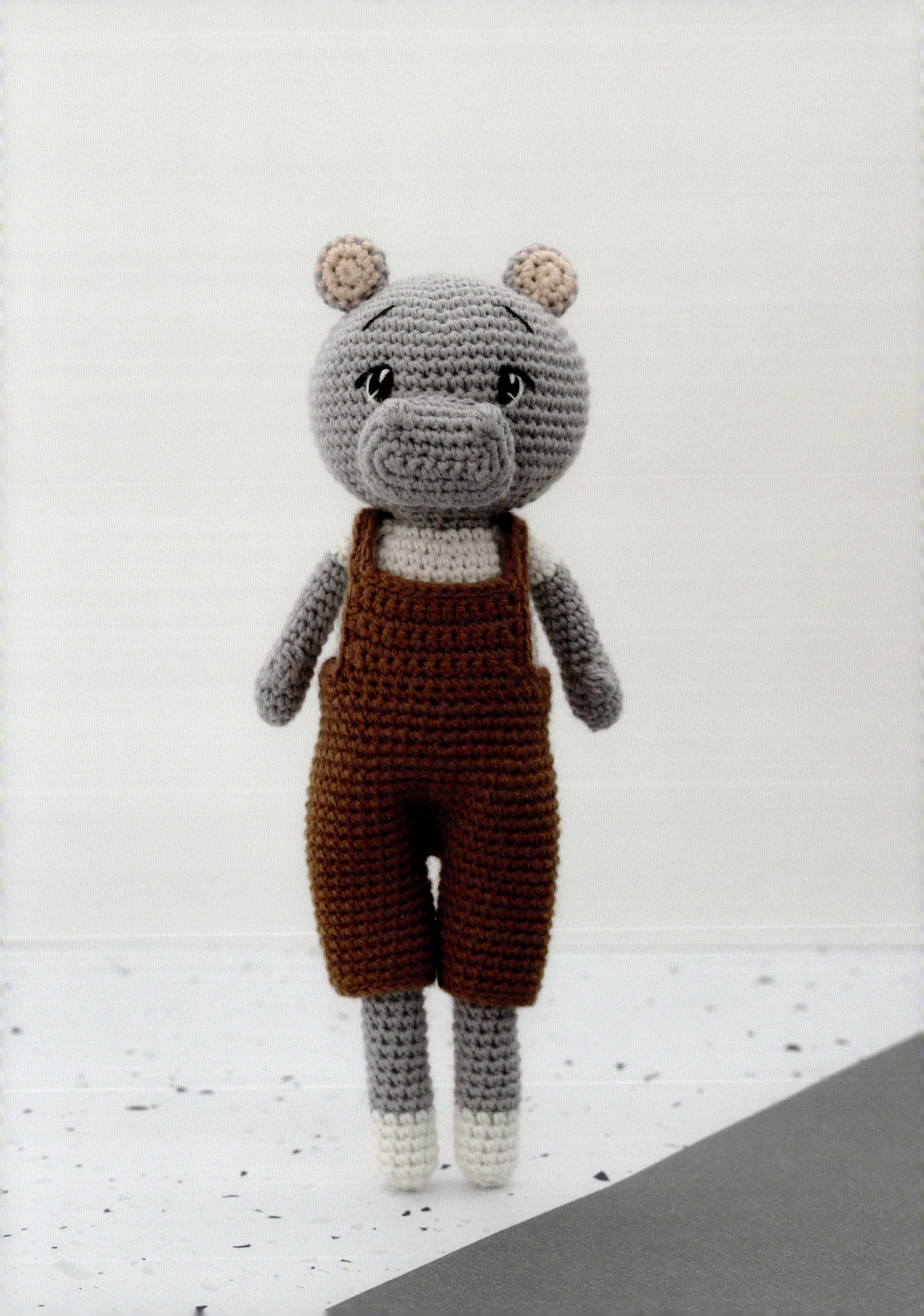

# Nilpferd
# ALBERT

## MATERIAL

Krea Deluxe
Organic Cotton
(100 % Baumwolle,
LL 165 m/50 g) in
Grau (Fb 48),
Naturweiß (Fb 01),
Puder (Fb 07) und
Cognac (Fb 52), je 50 g, in
Schwarz (Fb 28), Rest
Häkelnadel 2,5 mm
Wollnadel
Sticknadel
Schere
Stecknadeln
Maschenmarkierer
Füllwatte
ggfs. Sicherheitsaugen
(ø 8-9 mm)

## KOPF UND KÖRPER

(in Grau beginnen)

**1. Rd:** 6 fM in einen Magic-Ring häkeln (= 6 M).
**2. Rd:** Jede fM verdoppeln (= 12 M).
**3. Rd:** Jede 2. fM verdoppeln (= 18 M).
**4. Rd:** Jede 3. fM verdoppeln (= 24 M).
**5. Rd:** Jede 4. fM verdoppeln (= 30 M).
**6. Rd:** Jede 5. fM verdoppeln (= 36 M).
**7. Rd:** Jede 6. fM verdoppeln (= 42 M).
**8. Rd:** Jede 7. fM verdoppeln (= 48 M).
**9. Rd:** Jede 8. fM verdoppeln (= 54 M).
**10. Rd:** Jede 9. fM verdoppeln (= 60 M).
**11.-20. Rd:** 60 fM häkeln.
**21. Rd:** Jede 4. und 5. fM zusammen abmaschen (= 48 M).
**22. Rd:** Jede 3. und 4. fM zusammen abmaschen (= 36 M).
**23. Rd:** Jede 5. und 6. fM zusammen abmaschen (= 30 M).
**24. Rd:** Jede 4. und 5. fM zusammen abmaschen (= 24 M).
**25. Rd:** Jede 3. und 4. fM zusammen abmaschen (= 18 M).
**26.-27. Rd:** 18 fM, in der letzten M der letzten Rd zu Naturweiß wechseln.

Den Kopf gut ausstopfen und die Augen auf der gegenüberliegenden Seite des Rd-Anfangs aufsticken (Augen aufsticken, S. 15). Wenn du Sicherheitsaugen verwendest, müssen diese zwischen der 15. und 16. Rd mit einem Abstand von 8 M eingesetzt werden.

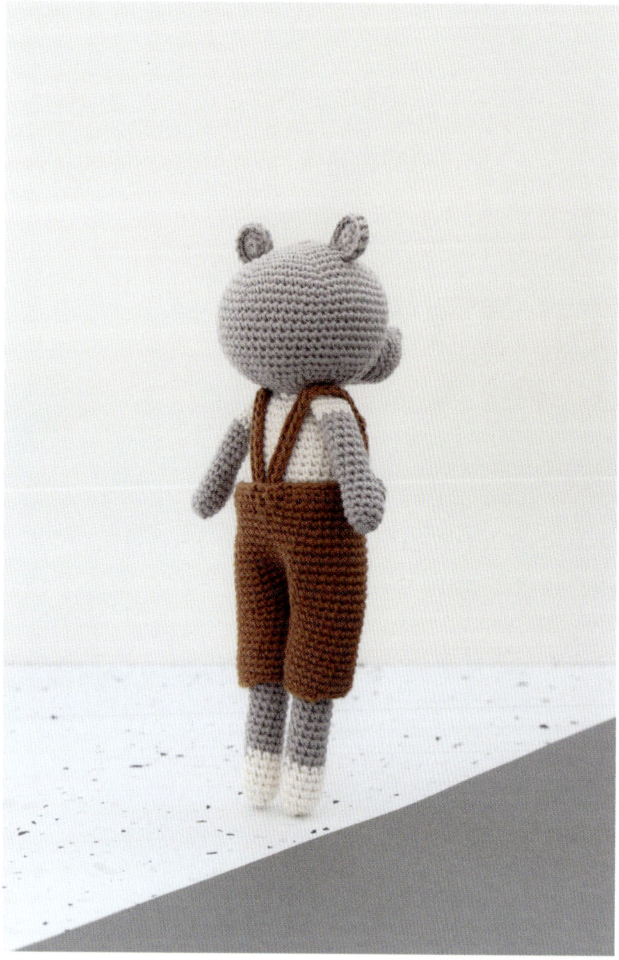

Hinweis: Häkle noch ein paar fM oder ziehe einige auf, wenn der Fb-Wechsel nicht in der rückwärtigen Mitte des Nilpferdes liegt, nachdem die Augen aufgestickt wurden. Dies ist der neue Rd-Beginn.
**28. Rd:** Jede 3. fM verdoppeln (= 24 M).
**29. Rd:** Jede 4. fM verdoppeln (= 30 M).
**30.-31. Rd:** 30 fM häkeln.
**32. Rd:** Jede 5. fM verdoppeln (= 36 M).
**33.-44. Rd:** 36 fM häkeln.
**45. Rd:** Jede 5. und 6. fM zusammen abmaschen (= 30 M).
**46.-48. Rd:** 30 fM häkeln.
Faden nicht abschneiden. Gut ausstopfen.

## BEINE

(weiter in Naturweiß)
Für die Beine wird die Arbeit geteilt. Dazu für den Abstand zwischen den Beinen 3 M in der vorderen und 3 M in der hinteren Mitte des Körpers markieren, gerne mit M-Markierern, um den Überblick über diese 6 M zu behalten. Ggfs. ein paar fM auftrennen, um Platz für den Raum zwischen den Beinen zu schaffen. Die Beine gut ausstopfen. Für jedes Bein sollten 12 M vorhanden sein (Beine häkeln, S. 19).

**1. Bein**
**49. Rd:** Die Vorder- und Rückseite für das 1. Bein zusammenfügen. Bis zum M-Markierer ein paar fM häkeln und auf der anderen Seite weiterhäkeln, insgesamt 12 fM häkeln (= 12 M).
Hinweis: In der 50. und 70. Rd noch ein paar fM mehr häkeln oder auftrennen, damit der Fb-Wechsel in der Mitte der Beinrückseite liegt.
**50. Rd:** 12 fM, in der letzten M zu Grau wechseln.
**51.-70. Rd:** 12 fM häkeln, in der letzten M der letzten Rd zu Naturweiß wechseln.
**71.-75. Rd:** 12 fM häkeln.
**76. Rd:** Fortlaufend 2 fM zusammen abmaschen (= 6 M). Faden lang abschneiden, durchziehen, in eine Wollnd fädeln, durch die vorderen M-Glieder der restlichen M ziehen und gut festziehen. Vernähen.

**2. Bein**
**49. Rd:** In Naturweiß auf der Rückseite anschlingen. Hier beginnt das 2. Bein. Insgesamt 12 fM häkeln und Vorder- und Rückseite wie beim 1. Bein miteinander verbinden (= 12 M).
Hinweis: In der 50. und 70. Rd noch ein paar fM mehr häkeln oder auftrennen, damit der Fb-Wechsel in der Mitte der Beinrückseite liegt.
**50. Rd:** 12 fM, in der letzten M zu Grau wechseln.
**51.-70. Rd:** 12 fM häkeln, in der letzten M der letzten Rd zu Naturweiß wechseln.
**71.-75. Rd:** 12 fM häkeln.
**76. Rd:** Fortlaufend 2 fM zusammen abmaschen (= 6 M).

Faden lang abschneiden, durchziehen, in eine Wollnd fädeln, durch die vorderen M-Glieder der restlichen M ziehen und gut festziehen. Vernähen.
Zwischen den Beinen zusätzlich ausstopfen. Garn in Naturweiß in eine Wollnd fädeln und das Loch schließen.

## OHREN

(2x)

### Innenohr

(in Puder)

**1. Rd:** 6 fM in einen Magic-Ring häkeln (= 6 M).
**2. Rd:** Jede fM verdoppeln (= 12 M).
Mit 1 Km in die 1. M enden. Faden abschneiden, durchziehen und vernähen.

### Außenohr

(in Grau)

**1. Rd:** 6 fM in einen Magic-Ring häkeln (= 6 M).
**2. Rd:** Jede fM verdoppeln (= 12 M).
Faden nicht abschneiden. Das Innenohr links auf links auf das Außenohr legen und rundherum 12 fM durch beide Lagen häkeln.
Mit 1 Km in die 1. M enden. Faden lang abschneiden und durchziehen.

## SCHNAUZE

(in Grau)

8 Lm anschl. Es wird auf beiden Seiten der Lm-Kette gehäkelt.
**1. Rd:** In der 2. Lm ab Nd beginnen, 6 fM, 3 fM in die nächste Lm. Auf der anderen Seite der Lm-Kette 5 fM, 1 fM verdoppeln (= 16 M).
**2. Rd:** 1 fM verdoppeln, 5 fM, 3 fM verdoppeln, 5 fM, 2 fM verdoppeln (= 22 M).
**3. Rd:** 1 fM, 1 fM verdoppeln, 5 fM, * 1 fM, 1 fM verdoppeln, ab * noch 2x wdh, 5 fM, ** 1 fM, 1 fM verdoppeln, ab ** noch 1x wdh (= 28 M).
**4. Rd:** 2 fM, 1 Büschelm, 6 fM, 1 Büschelm, 18 fM.
**5.-6. Rd:** 28 fM häkeln.
Faden lang abschneiden und durchziehen. Einen unsichtbaren Abschluss (S. 12) arb.

## ARME

(2x, in Grau beginnen)

Gut ausstopfen, im Oberarmbereich etwas weniger.
**1. Rd:** 6 fM in einen Magic-Ring häkeln (= 6 M).
**2. Rd:** * 1 fM verdoppeln, 1 fM, ab * noch 2x wdh (= 9 M).
**3. Rd:** 1 fM verdoppeln, 4 fM, 1 fM verdoppeln, 3 fM (= 11 M).
**4.-5. Rd:** 11 fM häkeln.
**6. Rd:** 5 fM, 1 Büschelm, 5 fM.
**7. Rd:** 4 fM, * 2 fM zusammen abmaschen, ab * noch 1x wdh, 3 fM (= 9 M).
**8.-14. Rd:** 9 fM, in der letzten M der letzten Rd zu Naturweiß wechseln.
Hinweis: Am rechten Arm noch 2-4 fM mehr häkeln, bevor du zu Naturweiß wechselst. Dies ist der neue Rd-Beginn, damit der Fb-Wechsel auf der Vorderseite des Nilpferdes nicht sichtbar ist.
**15.-18. Rd:** 9 fM häkeln.
Nun die Öffnung des Arms flachdrücken und 4 fM durch beide Lagen häkeln, sodass der Daumen mit den Büschelm auf der Handseite liegt. Faden lang abschneiden und durchziehen.

## LATZHOSE

(in Cognac)

40 Lm anschl und mit 1 Km in die 1. Lm zum Ring schließen. Dabei darauf achten, dass sich die Lm-Kette nicht verdreht. Weiter in Spiral-Rd häkeln.
**1. Rd:** 40 fM häkeln (= 40 M).
**2.-4. Rd:** 40 fM häkeln.
**5. Rd:** Jede 5. fM verdoppeln (= 48 M).
**6.-14. Rd:** 48 fM häkeln.
Faden nicht abschneiden.

### 1. Hosenbein

(weiter mit Cognac)

**15. Rd:** Jetzt werden die beiden Hosenbeine gehäkelt. Dazu für den Abstand zwischen den Beinen 3 M in der vorderen und 3 M in der hinteren Mitte der Hose markieren. Gerne M-Markierer verwenden, um den Überblick über diese 6 M zu behalten.

Für jedes Hosenbein sollten 21 M vorhanden sein. Insgesamt 21 fM häkeln und die Vorder- und Rückseite miteinander verbinden (= 21 M).
**16.-23. Rd:** 21 fM häkeln.
**24. Rd:** 21 Km häkeln.
Mit 1 Km in die 1. M enden. Faden abschneiden, durchziehen und vernähen.

**2. Hosenbein**
**15. Rd:** In Cognac hinten anschlingen. Hier beginnt das 2. Hosenbein. Insgesamt 21 fM häkeln und die Vorder- und Rückseite wie beim 1. Hosenbein miteinander verbinden (= 21 M).
**16.-23. Rd:** 21 fM häkeln.
**24. Rd:** 21 Km häkeln.
Mit 1 Km in die 1. M enden. Faden abschneiden, durchziehen und vernähen.
Garn in Cognac in eine Wollnd fädeln und das Loch zwischen den Hosenbeinen schließen.

**Latz**
(in Cognac)
Den Latz in Hin- und Rückr häkeln. Zunächst die 12 mittleren M auf der Vorderseite der Hose markieren. Dann auf der rechten Seite der Arbeit in der 1. Mittel-M in Cognac anschlingen.
**1.-6. R:** 12 fM, mit 1 Lm wenden (= 12 M).
**7. R:** 12 fM häkeln.
Faden nicht abschneiden.
Für den 1. Träger 20 Lm anschl, in der 2. Lm ab Nd beginnen, 19 fM häkeln. An der rechten Seite des Latzes fortfahren, jeweils 1 fM in die 7 Rdm häkeln.
Für den Bund je 1 fM in alle M entlang der oberen Hosenkante häkeln und an der linken Seite des Latzes fortfahren, jeweils 1 fM in die 7 Rdm häkeln.
Dann für den 2. Träger 20 Lm anschl, in der 2. Lm ab Nd beginnen, 19 fM häkeln. Weiter entlang der Oberkante des Latzes 12 Km arb. Faden abschneiden, durchziehen und vernähen.

Die Hose dem Nilpferd anziehen, die Länge der Träger ggfs. anpassen und hinten an der Hose annähen.

## FERTIGSTELLEN
Die Schnauze ausstopfen und über die 17.-21. Rd am Gesicht annähen. Die Ohren über die 7. und 8. Rd am Kopf annähen. In der 28. Rd die Arme an den Körper nähen, sodass die Daumen nach vorne zeigen.

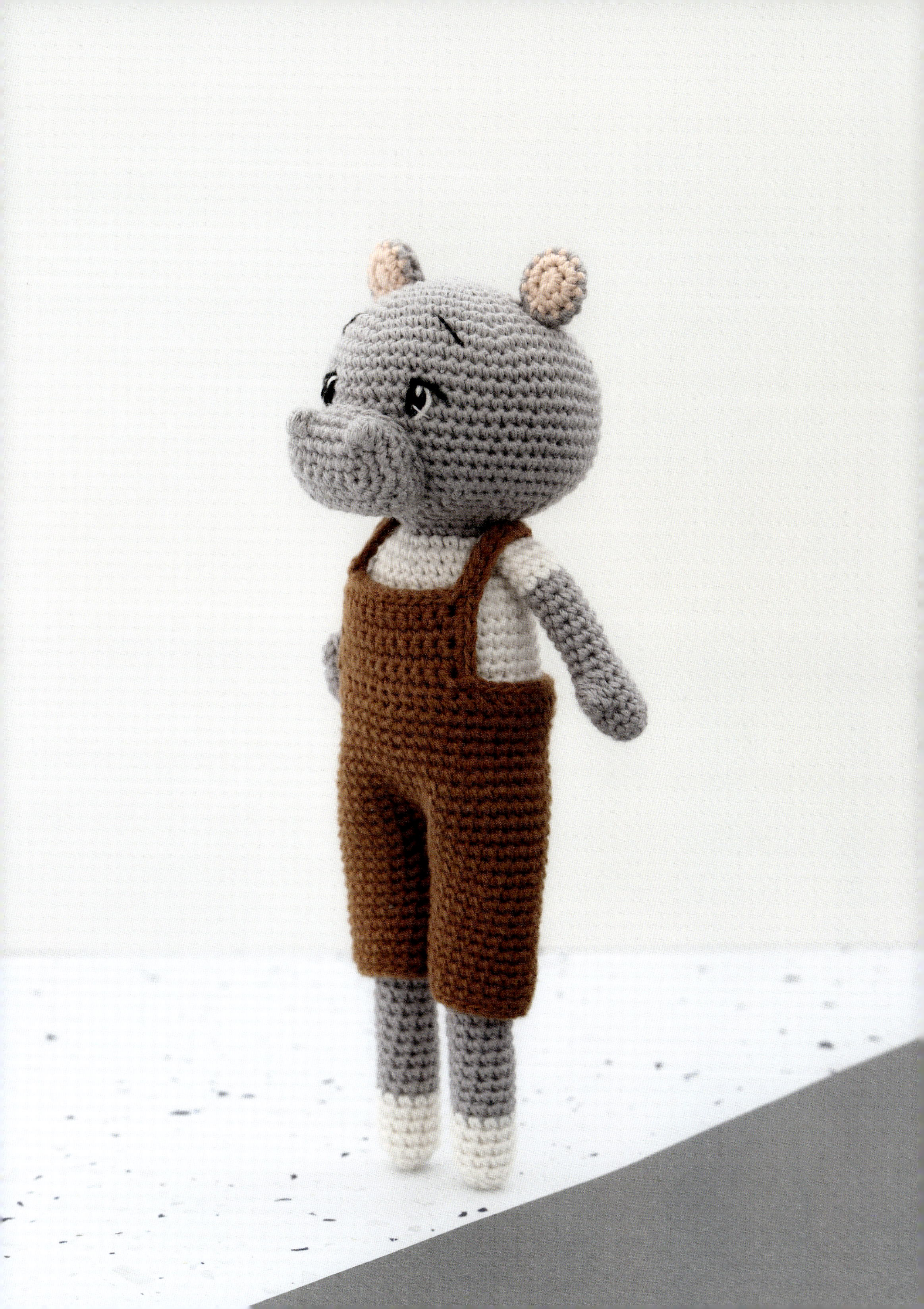

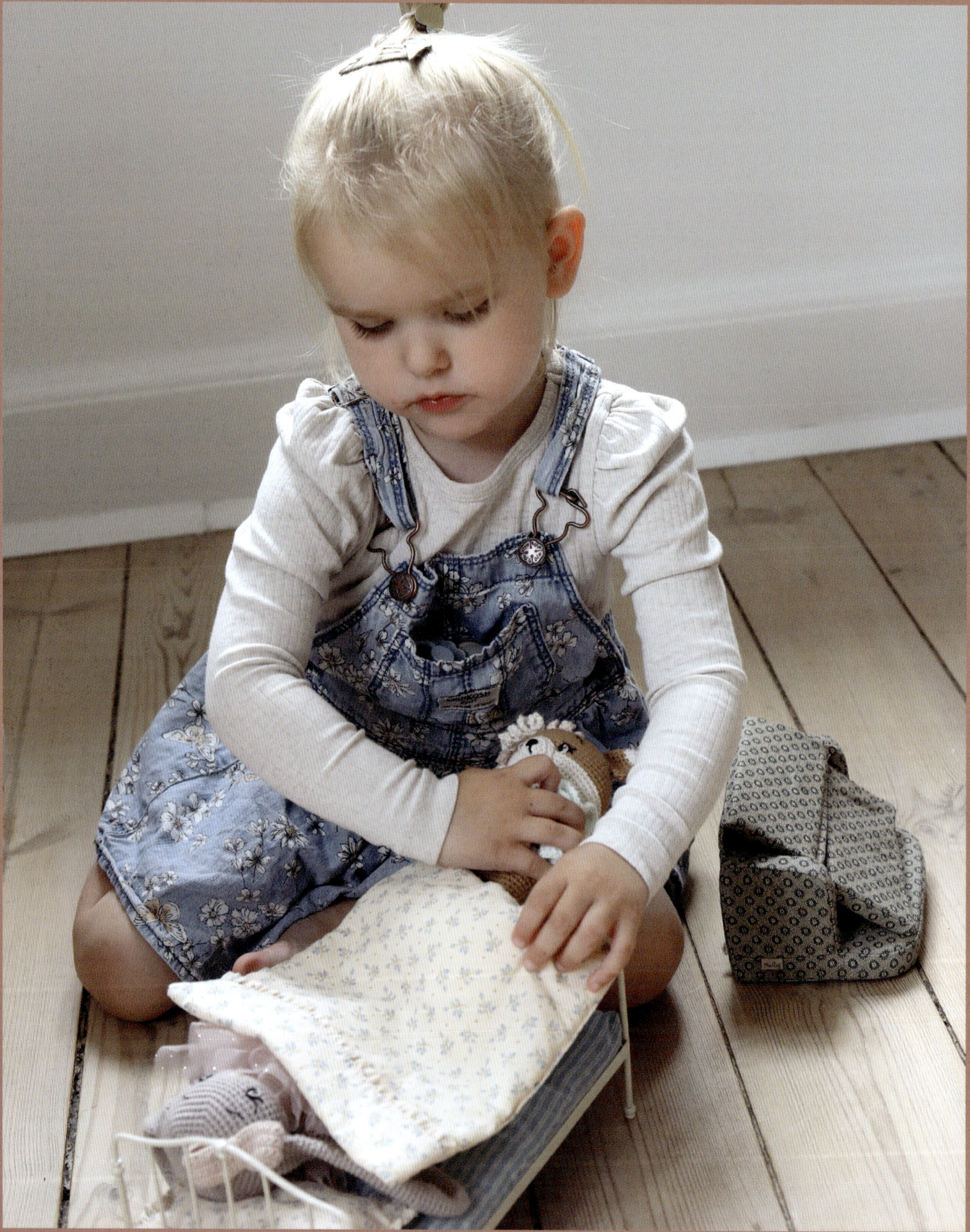

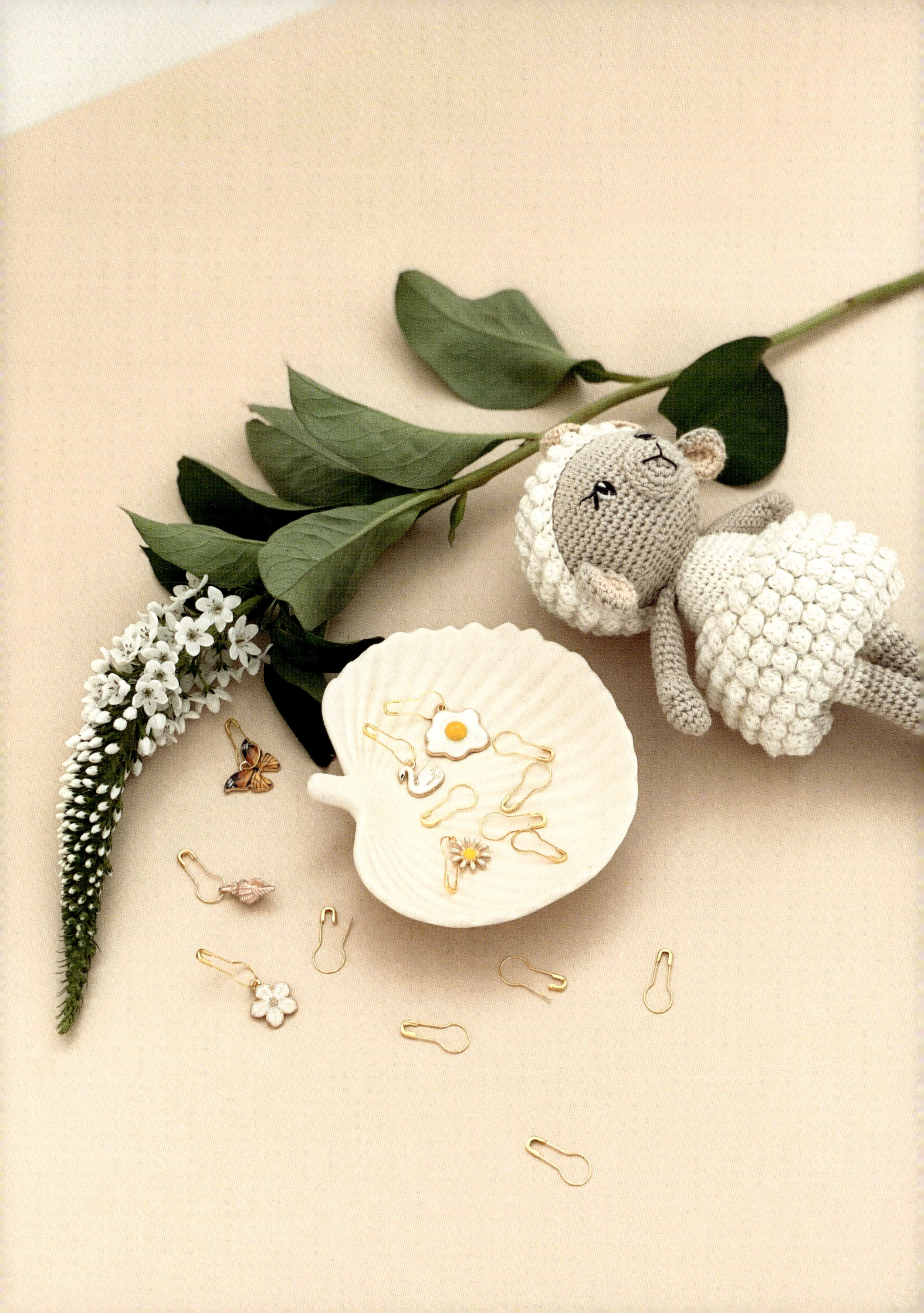

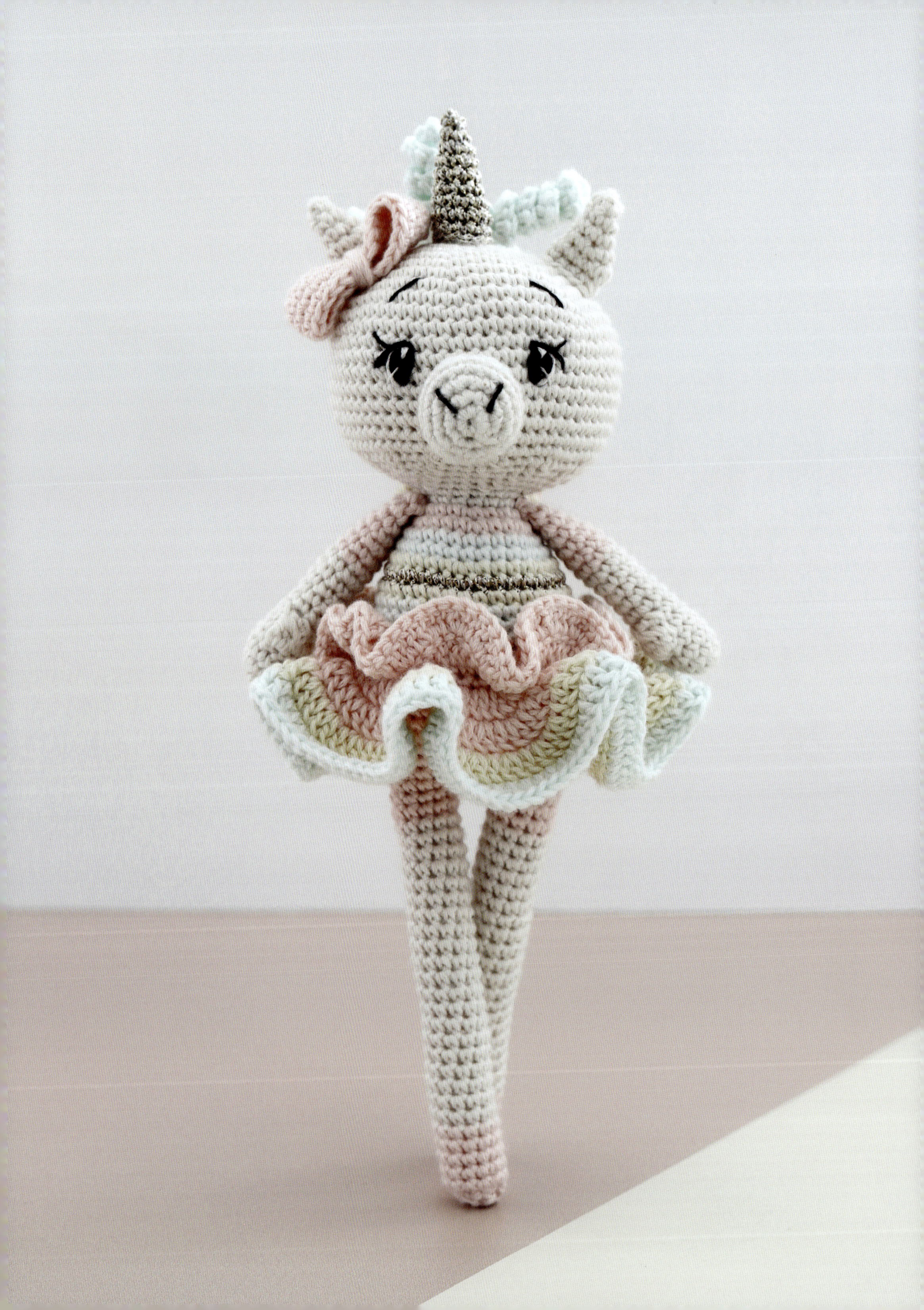

# Einhorn
# EMILY

## MATERIAL

Krea Deluxe
Krea Deluxe
Organic Cotton
(100 % Baumwolle,
LL 165 m/50 g) in
Naturweiß (Fb 01),
Hellrosa (Fb 11),
Hell-Mintgrün (Fb 31) und
Zartgelb (Fb 03), je 50 g, in
Schwarz (Fb 28), Rest
Krea Deluxe Shiny
Glimmergarn
(80 % Viskose, 20 %
Polyester, LL 95 m/25 g) in
Weißgold, 25 g
Häkelnadel 2,5 mm
Wollnadel
Sticknadel
Schere
Stecknadeln
Maschenmarkierer
Füllwatte
ggfs. Sicherheitsaugen
(ø 8-9 mm)

## KOPF UND KÖRPER

(in Naturweiß beginnen)

**1. Rd:** 6 fM in einen Magic-Ring häkeln (= 6 M).
**2. Rd:** Jede fM verdoppeln (= 12 M).
**3. Rd:** Jede 2. fM verdoppeln (= 18 M).
**4. Rd:** Jede 3. fM verdoppeln (= 24 M).
**5. Rd:** Jede 4. fM verdoppeln (= 30 M).
**6. Rd:** Jede 5. fM verdoppeln (= 36 M).
**7. Rd:** Jede 6. fM verdoppeln (= 42 M).
**8. Rd:** Jede 7. fM verdoppeln (= 48 M).
**9. Rd:** Jede 8. fM verdoppeln (= 54 M).
**10. Rd:** Jede 9. fM verdoppeln (= 60 M).
**11.-20. Rd:** 60 fM häkeln.
**21. Rd:** Jede 4. und 5. fM zusammen abmaschen (= 48 M).
**22. Rd:** Jede 3. und 4. fM zusammen abmaschen (= 36 M).
**23. Rd:** Jede 5. und 6. fM zusammen abmaschen (= 30 M).
**24. Rd:** Jede 4. und 5. fM zusammen abmaschen (= 24 M).
**25. Rd:** Jede 3. und 4. fM zusammen abmaschen (= 18 M).
**26.-27. Rd:** 18 fM, in der letzten M der letzten Rd zu Hellrosa wechseln.

Den Kopf gut ausstopfen und die Augen auf der gegenüberliegenden Seite des Rd-Anfangs aufsticken (Augen aufsticken, S. 15). Wenn du Sicherheitsaugen verwendest, müssen diese zwischen der 15. und 16. Rd mit einem Abstand von 8 M eingesetzt werden.

Hinweis: Häkle noch ein paar fM oder ziehe einige auf, wenn der Fb-Wechsel nicht in der rückwärtigen Mitte des Einhorns liegt, nachdem die Augen aufgestickt wurden. Dies ist der neue Rd-Beginn.
**28. Rd:** Jede 3. fM verdoppeln (= 24 M).
**29. Rd:** Jede 4. fM verdoppeln, in der letzten M zu Hell-Mintgrün wechseln (= 30 M).
**30.-31. Rd:** 30 fM, in der letzten M der letzten Rd zu Zartgelb wechseln.
**32. Rd:** Jede 5. fM verdoppeln, in der letzten M zu Weißgold wechseln (= 36 M).
**33. Rd:** 36 fM, in der letzten M zu Zartgelb wechseln.
**34. Rd:** 36 fM, in der letzten M zu Hell-Mintgrün wechseln.
**35.-36. Rd:** 36 fM, in der letzten M der letzten Rd zu Hellrosa wechseln.
**37.-38. Rd:** 36 fM häkeln.
**39. Rd:** In die hinteren M-Glieder 36 fM häkeln.
**40. Rd:** 36 fM häkeln.
**41. Rd:** In die hinteren M-Glieder 36 fM häkeln.
**42.-44. Rd:** 36 fM häkeln.
**45. Rd:** Jede 5. und 6. fM zusammen abmaschen (= 30 M).
**46.-48. Rd:** 30 fM häkeln.
Faden nicht abschneiden. Gut ausstopfen.

## BEINE

(weiter in Hellrosa)
Für die Beine wird die Arbeit geteilt. Dazu für den Abstand zwischen den Beinen 3 M in der vorderen und 3 M in der hinteren Mitte des Körpers markieren, gerne mit M-Markierern, um den 6 M zu behalten. Ggfs. ein paar fM auftrennen, um Platz für den Raum zwischen den Beinen zu schaffen. Die Beine gut ausstopfen. Für jedes Bein sollten 12 M vorhanden sein (Beine häkeln, S. 19).

### 1. Bein

**49. Rd:** Die Vorder- und Rückseite für das 1. Bein zusammenfügen. Bis zum M-Markierer ein paar fM häkeln und auf der anderen Seite weiterhäkeln, insgesamt 12 fM häkeln (= 12 M).
Hinweis: In der 50. und 70. Rd noch ein paar fM mehr häkeln oder auftrennen, damit der Fb-Wechsel in der Mitte der Beinrückseite liegt.
**50. Rd:** 12 fM, in der letzten M zu Naturweiß wechseln.
**51.-70. Rd:** 12 fM häkeln, in der letzten M der letzten Rd zu Hellrosa wechseln.
**71.-75. Rd:** 12 fM häkeln.
**76. Rd:** Fortlaufend 2 fM zusammen abmaschen (= 6 M).
Faden lang abschneiden, durchziehen, in eine Wollnd fädeln, durch die vorderen M-Glieder der restlichen M ziehen und gut festziehen. Vernähen.

### 2. Bein

**49. Rd:** In Hellrosa auf der Rückseite anschlingen. Hier beginnt das 2. Bein. Insgesamt 12 fM häkeln und Vorder- und Rückseite wie beim 1. Bein miteinander verbinden (= 12 M).
Hinweis: In der 50. und 70. Rd noch ein paar fM mehr häkeln oder auftrennen, damit der Fb-Wechsel in der Mitte der Beinrückseite liegt.
**50. Rd:** 12 fM, in der letzten M zu Naturweiß wechseln.
**51.-70. Rd:** 12 fM häkeln, in der letzten M der letzten Rd zu Hellrosa wechseln.
**71.-75. Rd:** 12 fM häkeln.
**76. Rd:** Fortlaufend 2 fM zusammen abmaschen (= 6 M).
Faden lang abschneiden, durchziehen, in eine Wollnd fädeln, durch die vorderen M-Glieder der restlichen M ziehen und gut festziehen. Vernähen.
Zwischen den Beinen zusätzlich ausstopfen. Garn in Hellrosa in eine Wollnd fädeln und das Loch schließen.

## OHREN

(2x, in Naturweiß)
**1. Rd:** 5 fM in einen Magic-Ring häkeln (= 5 M).
**2. Rd:** 5 fM häkeln.
**3. Rd:** Jede 2. fM verdoppeln, 1 fM (= 7 M).
**4. Rd:** 7 fM häkeln.
**5. Rd:** Jede 2. fM verdoppeln, 1 fM (= 10 M).
**6. Rd:** 10 fM häkeln.
Die Ohröffnung flach drücken und 4-5 fM durch beide Lagen häkeln. Faden lang abschneiden und durchziehen.

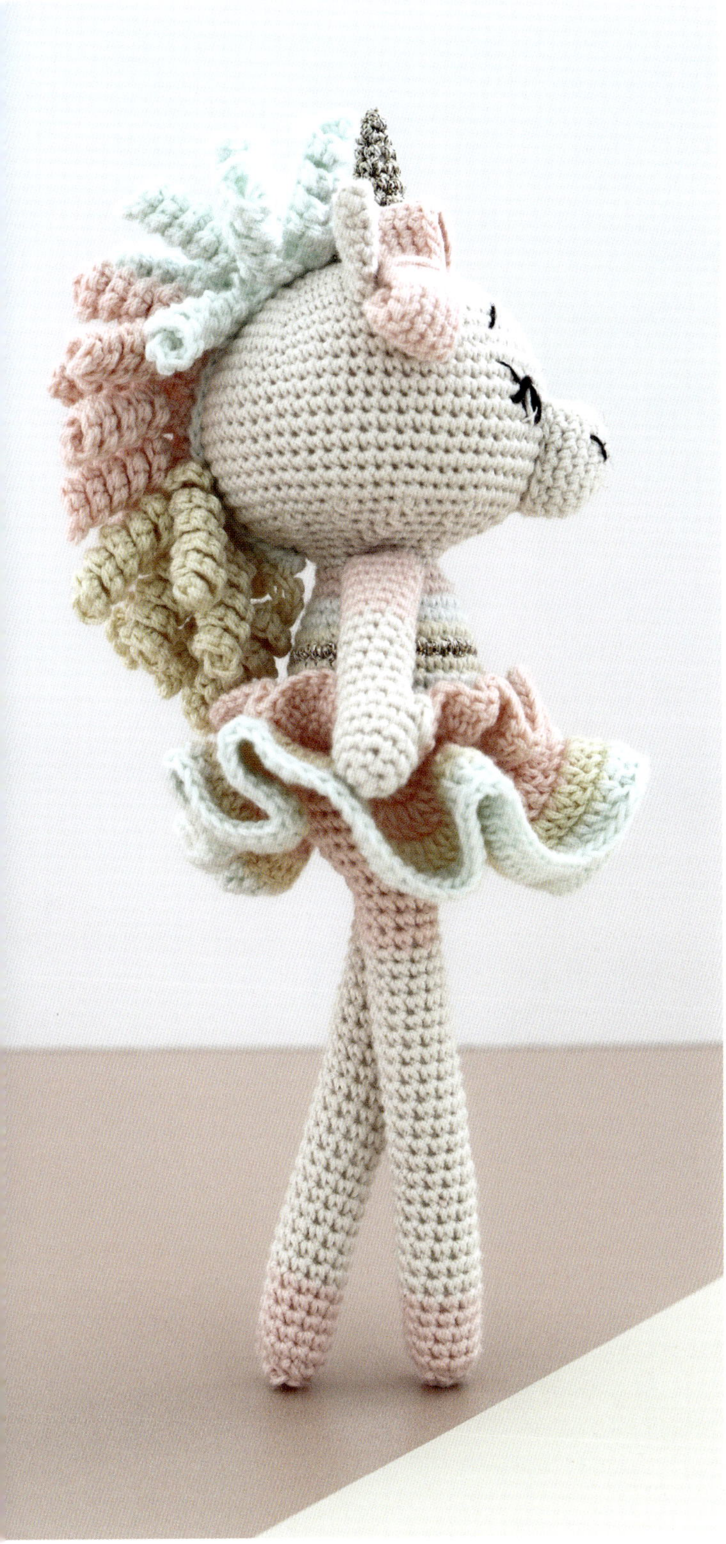

## SCHNAUZE

(in Naturweiß)

**1. Rd:** 6 fM in einen Magic-Ring häkeln (= 6 M).

**2. Rd:** Jede fM verdoppeln (= 12 M).

**3. Rd:** Jede 2. fM verdoppeln (= 18 M)

**4.-6. Rd:** 18 fM häkeln.

Faden lang abschneiden und durchziehen. Einen unsichtbaren Abschluss (S. 12) arb. Die Nasenlöcher in Schwarz aufsticken, dazu das Garn so teilen, dass es nur aus einem einzigen Faden besteht.

## HORN

(in Weißgold)

**1. Rd:** 4 fM in einen Magic-Ring häkeln (4 M).

**2. Rd:** 4 fM häkeln.

**3. Rd:** Jede 2. fM verdoppeln (= 6 M).

**4. Rd:** 6 fM häkeln.

**5. Rd:** Jede 2. fM verdoppeln (= 9 M).

**6.-7. Rd:** 9 fM häkeln.

**8. Rd:** Jede 2. fM verdoppeln, 1 fM (= 13 M).

**9.-10. Rd:** 13 fM häkeln.

Mit 1 Km in die 1. M enden. Faden lang abschneiden und durchziehen.

## MÄHNE

(in Hell-Mintgrün beginnen)

Die Mähne besteht aus 21 Locken: 7 in Hell-Mintgrün, 7 in Hellrosa, 7 in Zartgelb.

Für die Basis-Lm-Kette 21 Lm anschl, in der 2. Lm ab Nd beginnen, 20 fM häkeln (= 20 M).

1. Locke: 15 Lm, in der 2. Lm ab Nd beginnen, je 3 fM in die nächsten 14 Lm. Mit 1 Km in die 1. Lm der Basis-Lm-Kette enden (Bild 2).

2. Locke: 15 Lm, in der 2. Lm ab Nd beginnen, je 3 fM in die nächsten 14 Lm. Mit 1 Km in die 1. Lm der Basis-Lm-Kette enden.

3. Locke: 15 Lm, in der 2. Lm ab Nd beginnen, je 3 fM in die nächsten 14 Lm. Mit 1 Km in die 1. Lm der Basis-Lm-Kette enden.

Du hast nun 3 Locken, die in dieselbe Lm gehäkelt wurden. Diese bilden den oberen Teil der Mähne (Bild 3).

An der anderen Seite der Basis-Lm-Kette fortfahren, 1 fM in die nächste Lm.

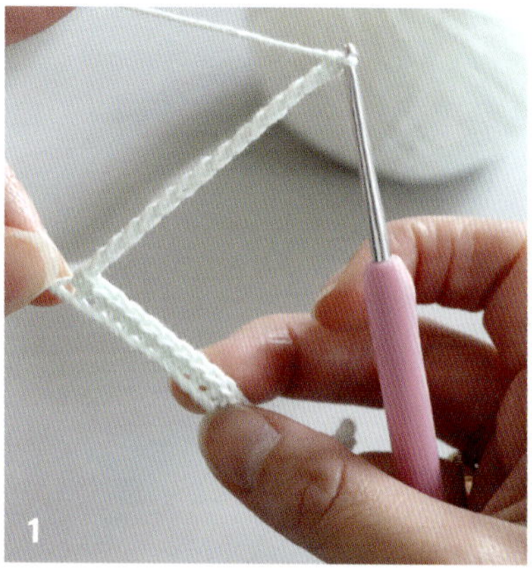


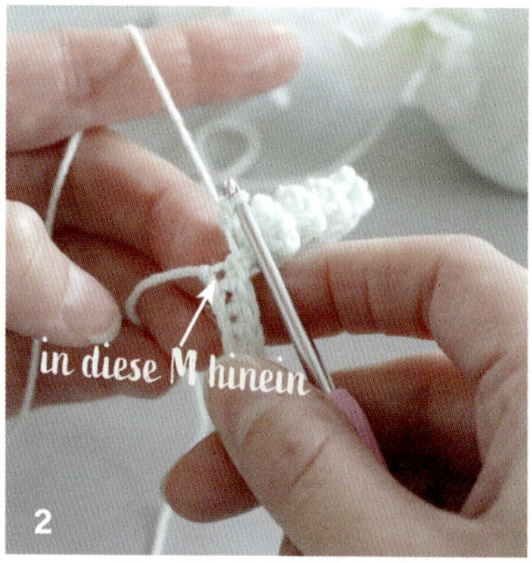


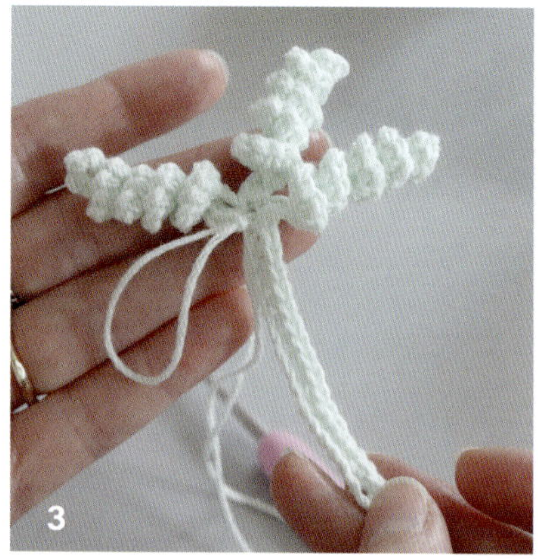


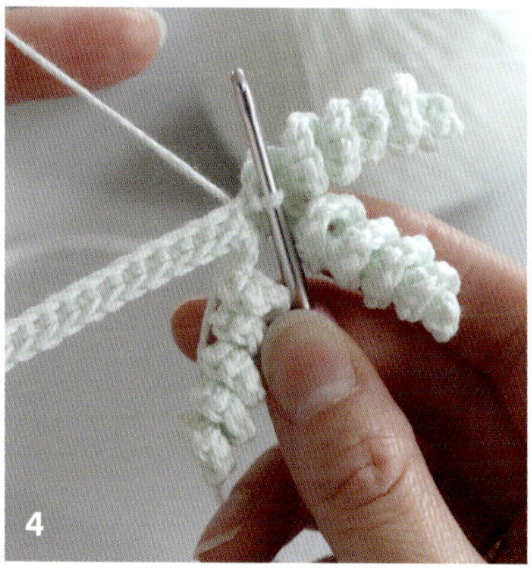


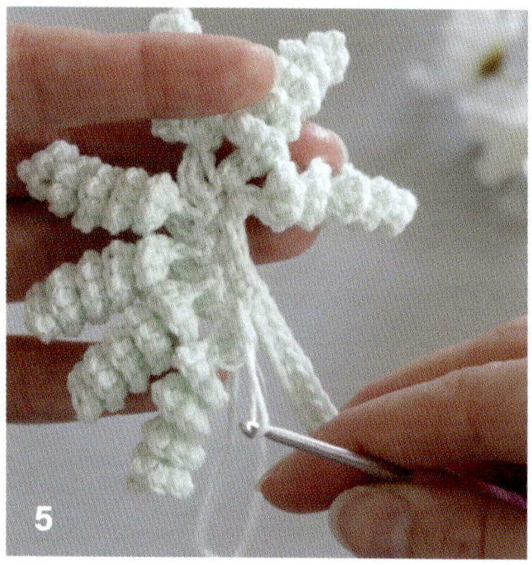


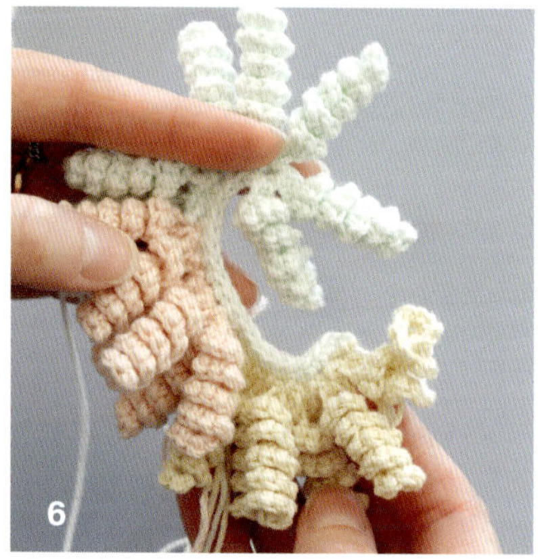


* 15 Lm, in der 2. Lm ab Nd beginnen, je 3 fM in die nächsten 14 Lm. Mit 1 Km in der Lm enden, wo die 15-Lm-Kette beginnt. Ab * so oft wdh, bis entlang der Basis-Lm-Kette 21 Locken gehäkelt sind (7x Hell-Mintgrün, 7x Hellrosa, 7x Zartgelb). Mit 1 fM in die letzte Lm enden und zu Hell-Mintgrün wechseln. Faden lang abschneiden und durchziehen.

## ARME

(2x, in Naturweiß beginnen)

Gut ausstopfen, im Oberarmbereich etwas weniger.

**1. Rd:** 6 fM in einen Magic-Ring häkeln (= 6 M).
**2. Rd:** * 1 fM verdoppeln, 1 fM, ab * noch 2x wdh (= 9 M).
**3. Rd:** 1 fM verdoppeln, 4 fM, 1 fM verdoppeln, 3 fM (= 11 M).
**4.-5. Rd:** 11 fM häkeln.
**6. Rd:** 5 fM, 1 Büschelm, 5 fM.
**7. Rd:** 4 fM, * 2 fM zusammen abmaschen, ab * noch 1x wdh, 3 fM (= 9 M).
**8.-12. Rd:** 9 fM, in der letzten M der letzten Rd zu Hellrosa wechseln.
Hinweis: Am rechten Arm noch 2-4 fM mehr häkeln, bevor du zu Hellrosa wechselst. Dies ist der neue Rd-Beginn, damit der Fb-Wechsel auf der Vorderseite des Einhorns nicht sichtbar ist.
**13.-18. Rd:** 9 fM häkeln.
Nun die Öffnung des Arms flachdrücken und 4 fM durch beide Lagen häkeln, sodass der Daumen mit den Büschelm auf der Handseite liegt. Faden lang abschneiden und durchziehen.

## ROCK

(in Hellrosa beginnen)

**Oberer Rock**

In Hellrosa im vorderen M-Glied in der 39. Rd des Körpers anschlingen. Das Einhorn wenden, sodass die Beine von dir weg zeigen. Jede Rd beginnt mit 3 Lm (zählen als 1. Stb) und endet mit 1 Km in die 1. M.

**1. Rd:** 3 Lm, 1 Stb in dieselbe M, je 2 Stb in die übrigen 35 M, 1 Km in die 1. M (= 72 M).

**2. Rd:** 3 Lm, * 1 Stb verdoppeln, 1 Stb, ab * noch 34x wdh, 1 Stb verdoppeln, 1 Km in die 1. M (= 108 M).

Faden abschneiden, durchziehen und vernähen.

**Unterer Rock**

In Hellrosa im vorderen M-Glied in der 41. Rd des Körpers anschlingen. Das Einhorn wenden, sodass die Beine von dir weg zeigen. Jede Rd beginnt mit 3 Lm (zählen als 1. Stb) und endet mit 1 Km in die 1. M.

**1. Rd:** 3 Lm, 1 Stb in dieselbe M, je 2 Stb in die übrigen 35 M, 1 Km in die 1. M (= 72 M).

**2. Rd:** 3 Lm, * 1 Stb verdoppeln, 1 Stb, ab * noch 34x wdh, 1 Stb verdoppeln, 1 Km in die 1. M, in der letzten M zu Zartgelb wechseln (= 108 M).

**3. Rd:** 3 Lm, * 1 Stb verdoppeln, 1 Stb, ab * noch 52x wdh, 1 Stb verdoppeln, 1 Km in die 1. M, in der letzten M zu Hell-Mintgrün wechseln (= 162 M).

**4. Rd:** 3 Lm, 161 Stb, 1 Km in die 1. M.

Faden abschneiden, durchziehen und vernähen.

## SCHLEIFE

(in Hellrosa)

24 Lm anschl und mit 1 Km in die 1. Lm zum Ring schließen. Dabei darauf achten, dass sich die Lm-Kette nicht verdreht. Weiter in Spiral-Rd häkeln.

**1. Rd:** 24 fM häkeln (= 24 M).

**2.-4. Rd:** 24 fM häkeln.

Mit 1 Km in die 1. M enden. Faden lang abschneiden und durchziehen. Die Schleife in der Mitte zusammenschieben und das Fadenende einige Male um die Mitte wickeln. Vorsichtig festziehen und verknoten.

## FERTIGSTELLEN

Die Schnauze ausstopfen und über die 16.-21. Rd am Gesicht annähen. Die Ohren über die 5.-8. Rd am Kopf annähen. Das Horn über dem Magic-Ring am Kopf annähen. Die Mähne mit den Locken in Hell-Mintgrün direkt hinter dem Horn auf dem Kopf platzieren und bis hinunter in den Nacken annähen. In der 28. Rd die Arme an den Körper nähen, sodass die Daumen nach vorne zeigen. Die Schleife vor dem rechten Ohr annähen.

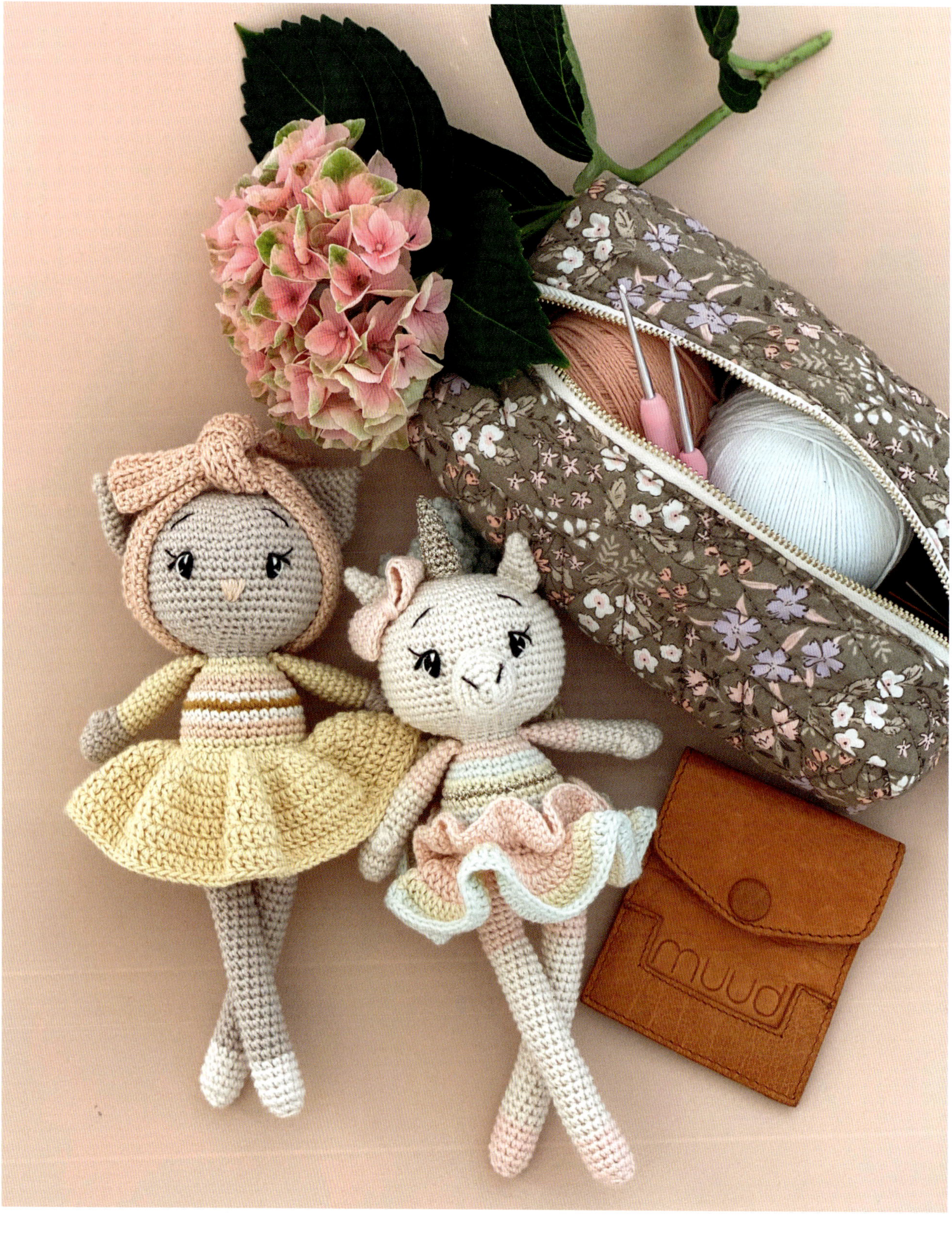
muud

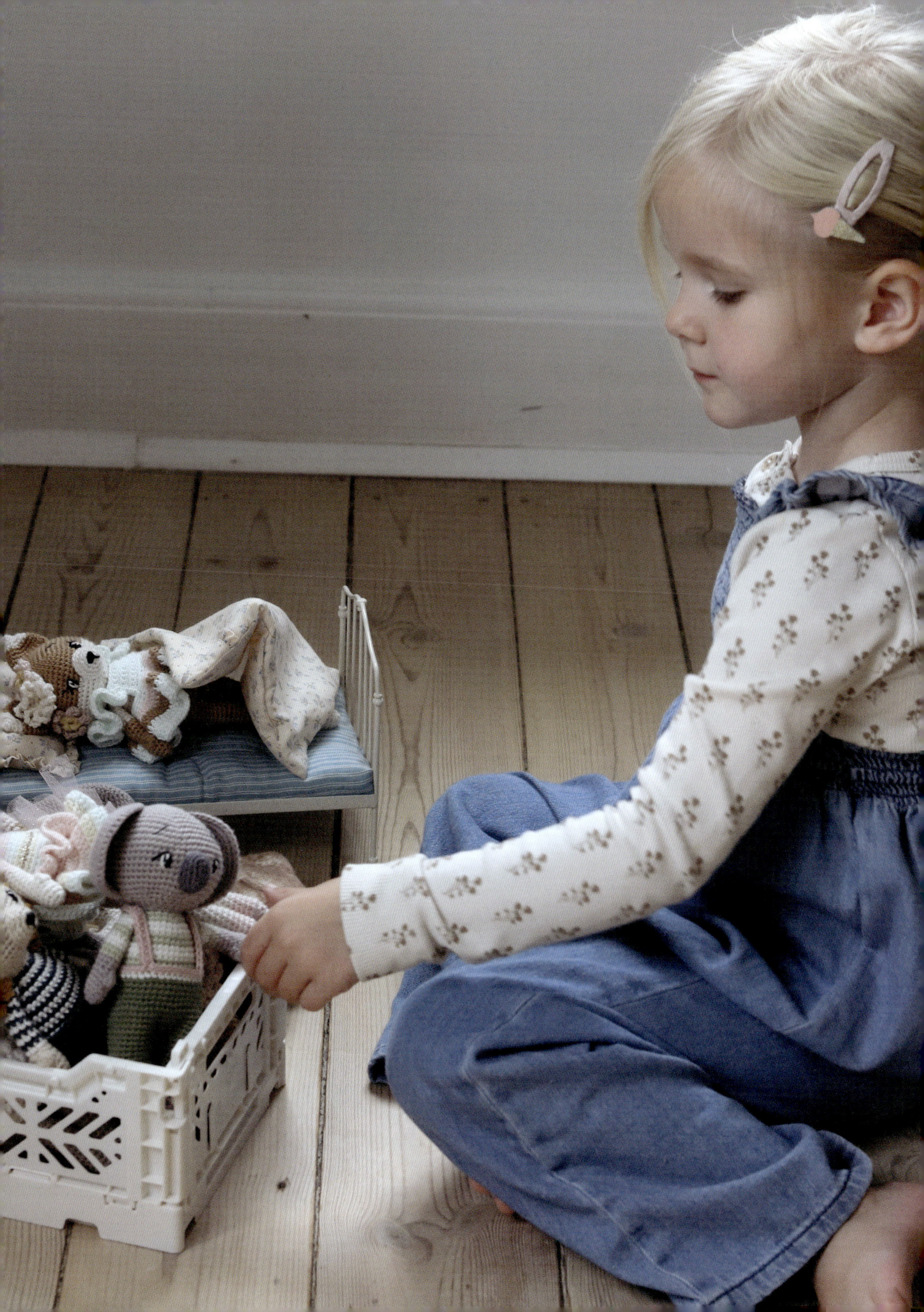

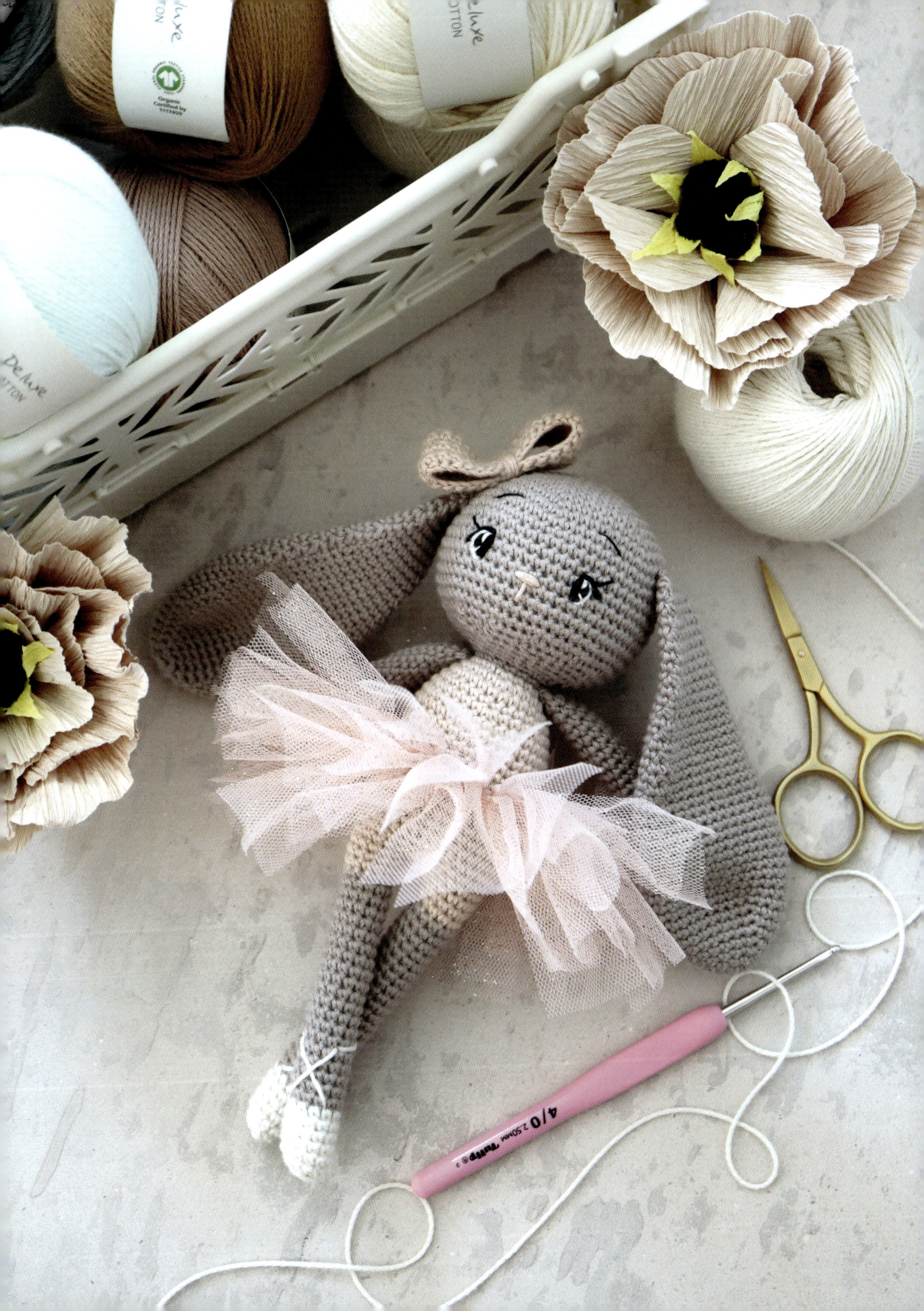
4/0

# Dank

Vielen Dank dem Turbine-Verlag für die fantastische Zusammenarbeit und dafür, dass ihr an mein Buch geglaubt habt.

Vielen Dank an Krea Deluxe für die Ermutigung, das Buch zu schreiben, und für die Unterstützung mit schönen Garnen. Ich schätze euren Beitrag sehr.

Vielen Dank an meine Testhäklerinnen Dorthe Beith Hansen @dorthebeith, Janni Skau Christensen @frauskau, Lena Printz @crochetbyprintz, Malene Møss Christoffersen @crochetbymqss, Maria Bülow @maria_linderodbulow und Annika Schnack-Jensen @byschnackjensen für das Häkeln der Tiere im Buch. Ohne euren unermüdlichen Einsatz, euer Feedback und Engagement wäre dieses Buch nicht möglich gewesen.

Vielen Dank an Warmdal Blomster und Flowerisme für die herrlichen Blumen.

Vielen Dank an meinen Vater für das Ausleihen der Kamera und die angenehme Arbeit zusammen. Ich freue mich sehr, dass du die Bilder des Buches mit mir machen wolltest.

Danke an meine Mutter für gute Ideen, Hilfe und Unterstützung.

Vielen Dank an meine Schwägerin für die schönen Illustrationen.

Vielen Dank an meine beiden Mädchen Josefine und Elvira sowie meine Nichte Emma, die für wunderschöne Bilder posiert haben.

Ich danke meinem Mann für sein ewiges Vertrauen, seine Zuversicht und seine Unterstützung.

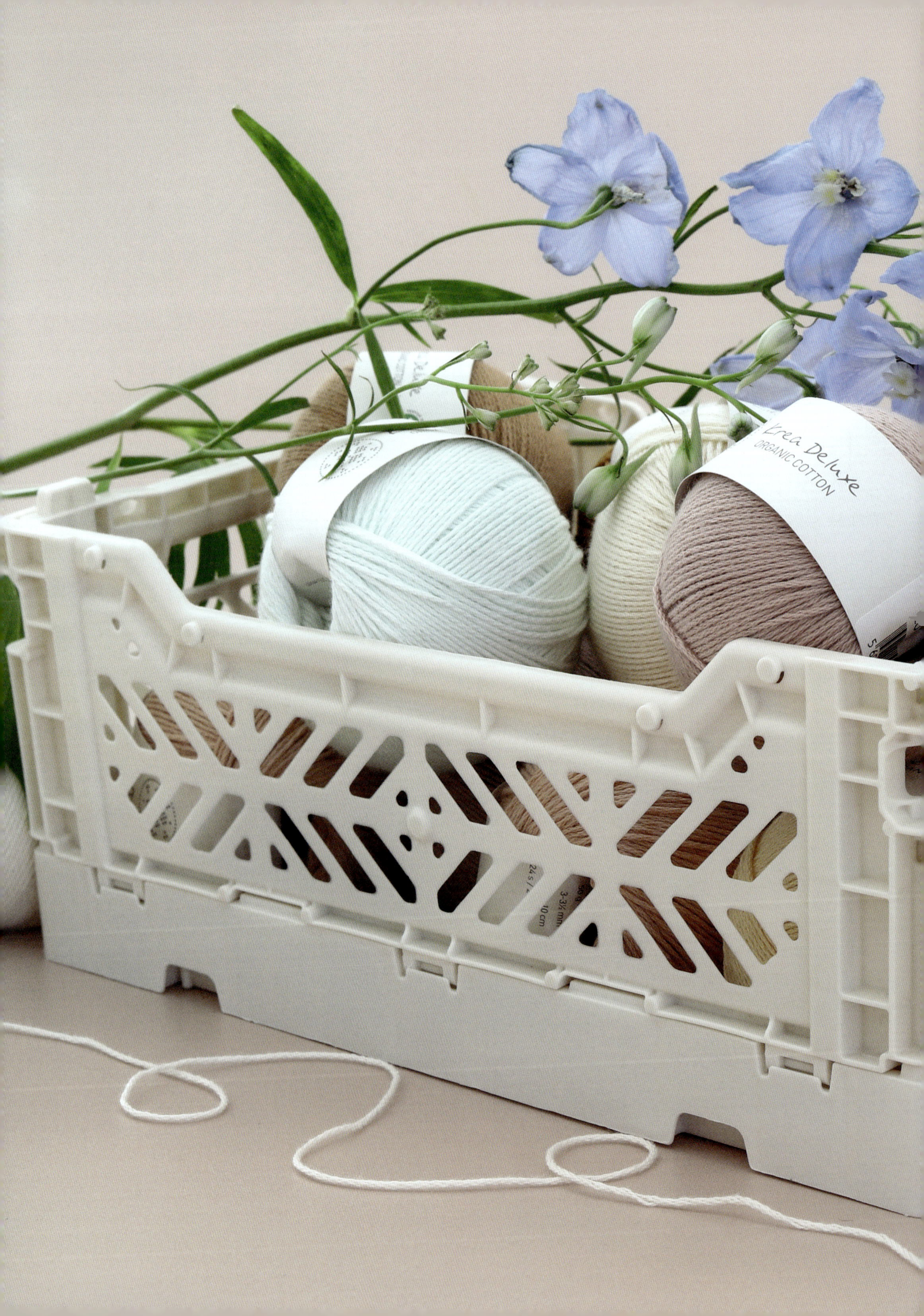
Krea Deluxe
ORGANIC COTTON

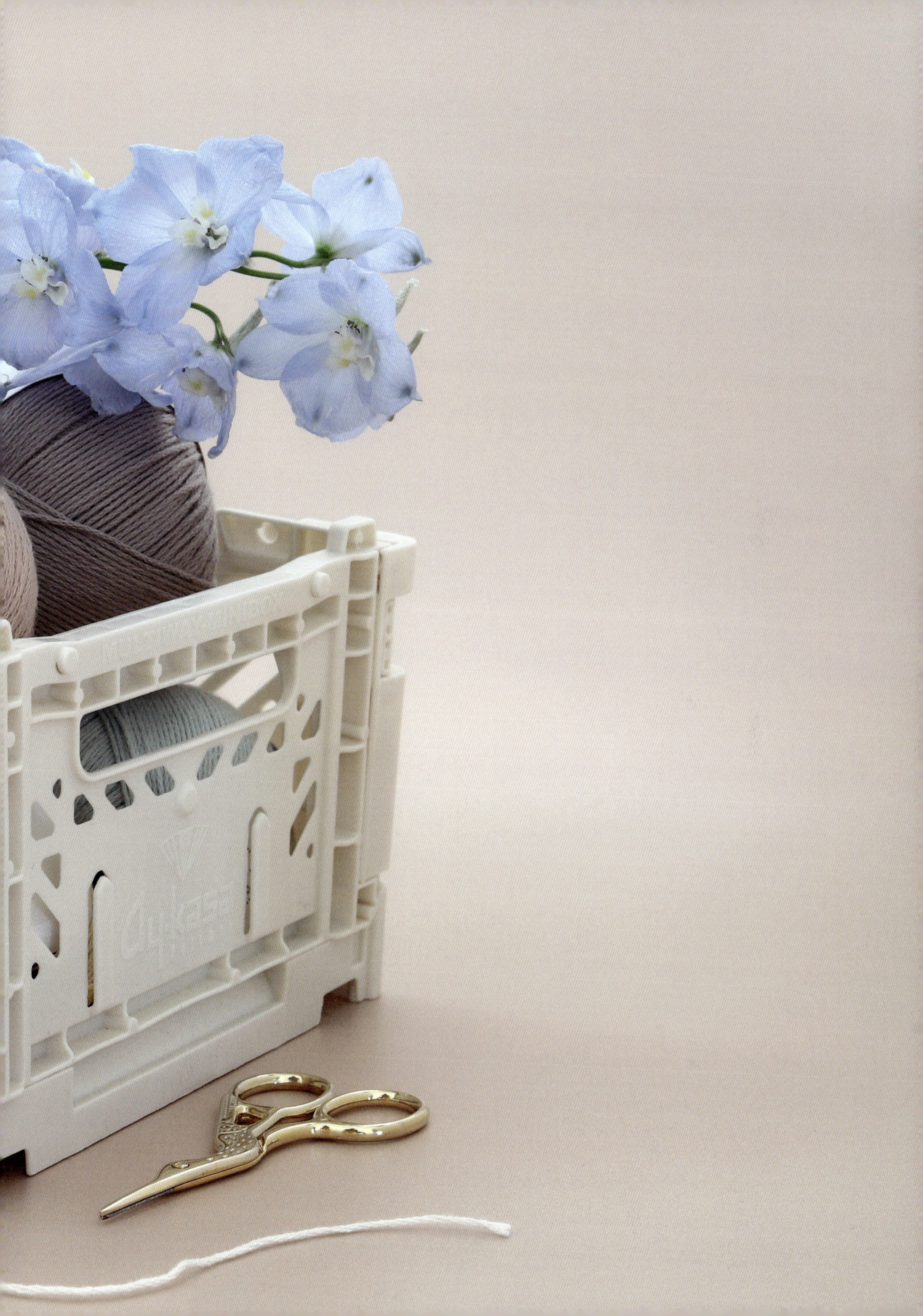

# Über die Autorin

Mein Name ist Christine Maria Sonnenschein. Ich bin im Herzen von Kopenhagen geboren und aufgewachsen.

Ich bin ausgebildete Krankenschwester, und die Betreuung anderer stellt einen großen Teil meiner Arbeit dar, die ich sehr liebe. Besonders die Arbeit mit Kindern und ihren Familien liegt mir am Herzen.

Wenn ich keine Häkelnadel in der Hand habe, genieße ich es, Mutter meiner drei tollen Kinder zu sein, die mich gut auf Trab halten.

Ich habe eine Vorliebe für Einfachheit und Ästhetik und schätze das Schöne. Beim Häkeln strebe ich immer danach, etwas Hübsches und Makelloses zu schaffen. Es macht mir große Freude, meinen Perfektionismus und meine Liebe zum Detail durch meine Häkelfiguren zum Ausdruck zu bringen. Jede Kleinigkeit ist mir wichtig.

Ich trage aber auch große Trauer in mir, denn ich verlor im Alter von 25 Jahren meinen ersten Sohn bei der Geburt. Diese schmerzhafte Erfahrung hat mich geprägt und mich gelehrt, das Leben und die Zeit mit meinen Kindern und meiner Familie noch mehr zu schätzen. Darüber hinaus habe ich 2004 den Tsunami in Thailand überlebt, der mir bewusst gemacht hat, wie zerbrechlich das Leben sein kann und wie wichtig es ist, jeden Moment zu genießen.

Häkeln gibt mir ein Gefühl von innerer Ruhe und Frieden. Mit Häkelnadel und Garn in der Hand kann ich in den kreativen Prozess eintauchen und mich aus der hektischen Welt befreien. Es bringt mir Freude und Zufriedenheit und hilft mir, die Balance im Leben zu finden.

**Instagram:** @bysonnenschein
**Amigurumi.com:** https://www.amigurumi.com/shop/bysonnenschein/
**Etsy:** bysonnenschein.etsy.com

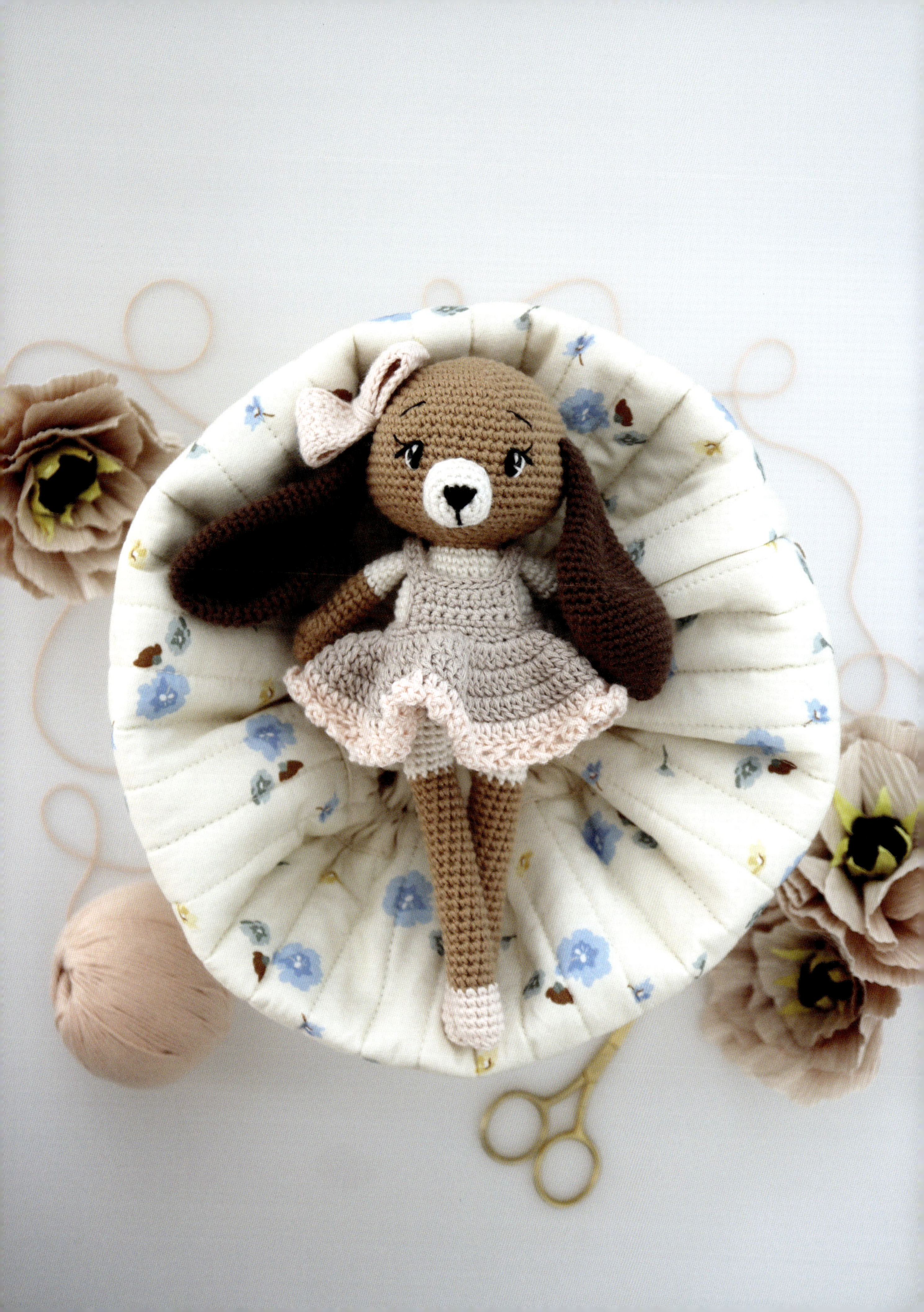

**SERVICE-HOTLINE**
Hast du Fragen oder gibt es ein Problem?
Wir helfen dir gern. Ruf uns an oder schreib uns eine E-Mail:

Telefon: 0711 / 123 757 20*
*normale Telefongebühren

E-Mail: hilfe@frechverlag.de

Weitere Informationen zum Verlag und zu
unserem gesamten Programm findest du
unter: www.topp-kreativ.de

Titel der Originalausgabe:
Frida og vennerne
15 yndige hæklede dyr
Published in agreement with Bennet Agency.



Foto: Christine Maria Sonnenschein und Hans Erik Sonnenschein
Illustrationen: Julie Rask
Grafikdesign: Karin Hald
Herausgeberin: Charlotte Astrup Beck
Übersetzung: Andrea Hauss-Honkanen, Offenburg
Lektorat: Petra Puster, Niederpöcking
Produktmanagement: Claudia Mack
Satz: Ramona Gaar, Werbeagentur Rypka GmbH, www.rypka.at
Herstellung: Heike Köhl
Druck und Bindung: PNB Print Ltd, Lettland



1. Auflage 2024


ISBN 978-3-7358-7130-5• Best.-Nr. 27130

MIX
Papier | Fördert gute Waldnutzung
FSC® C084698
FSC www.fsc.org

Penguin Random House
Verlagsgruppe
FSC® N001967

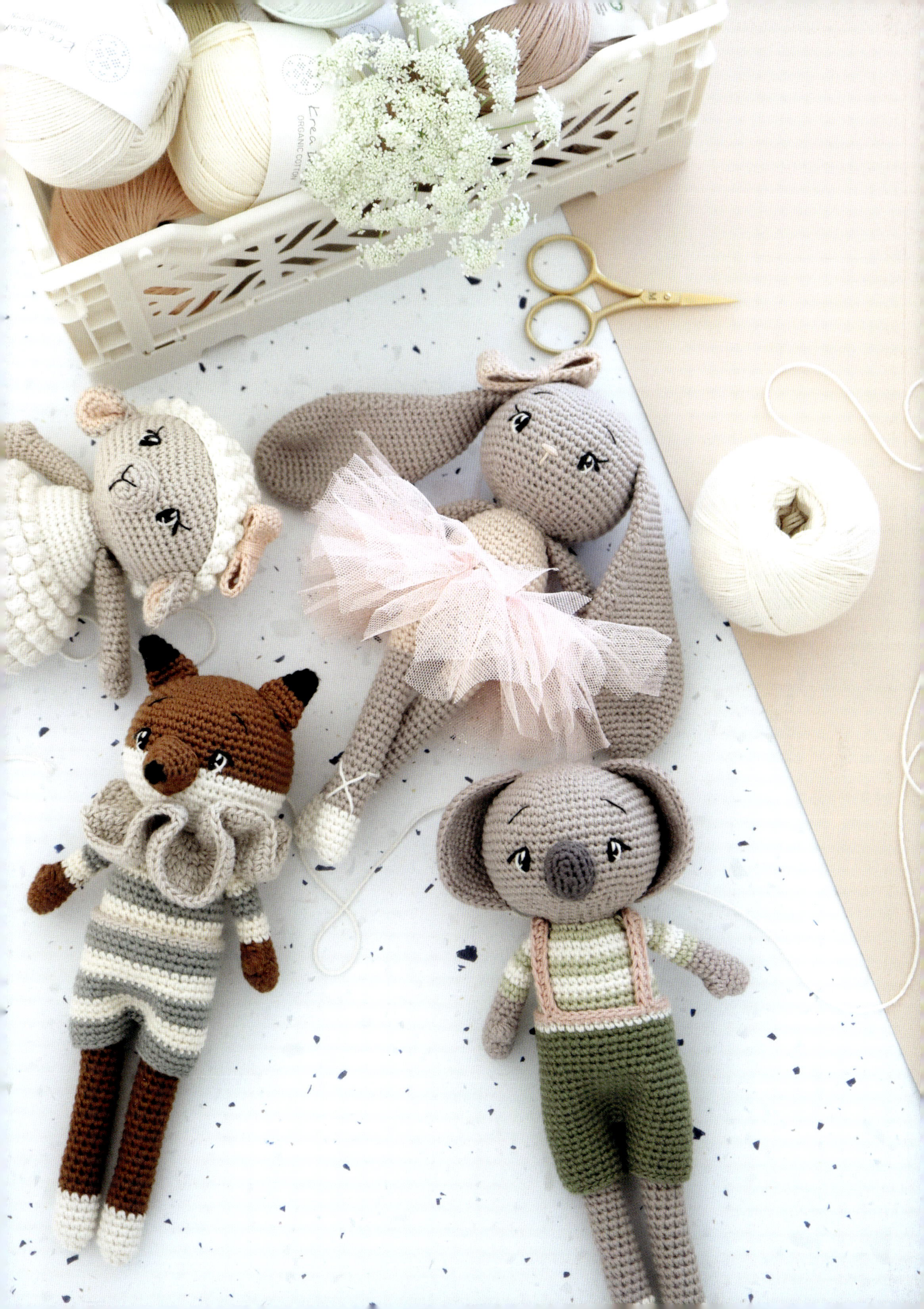

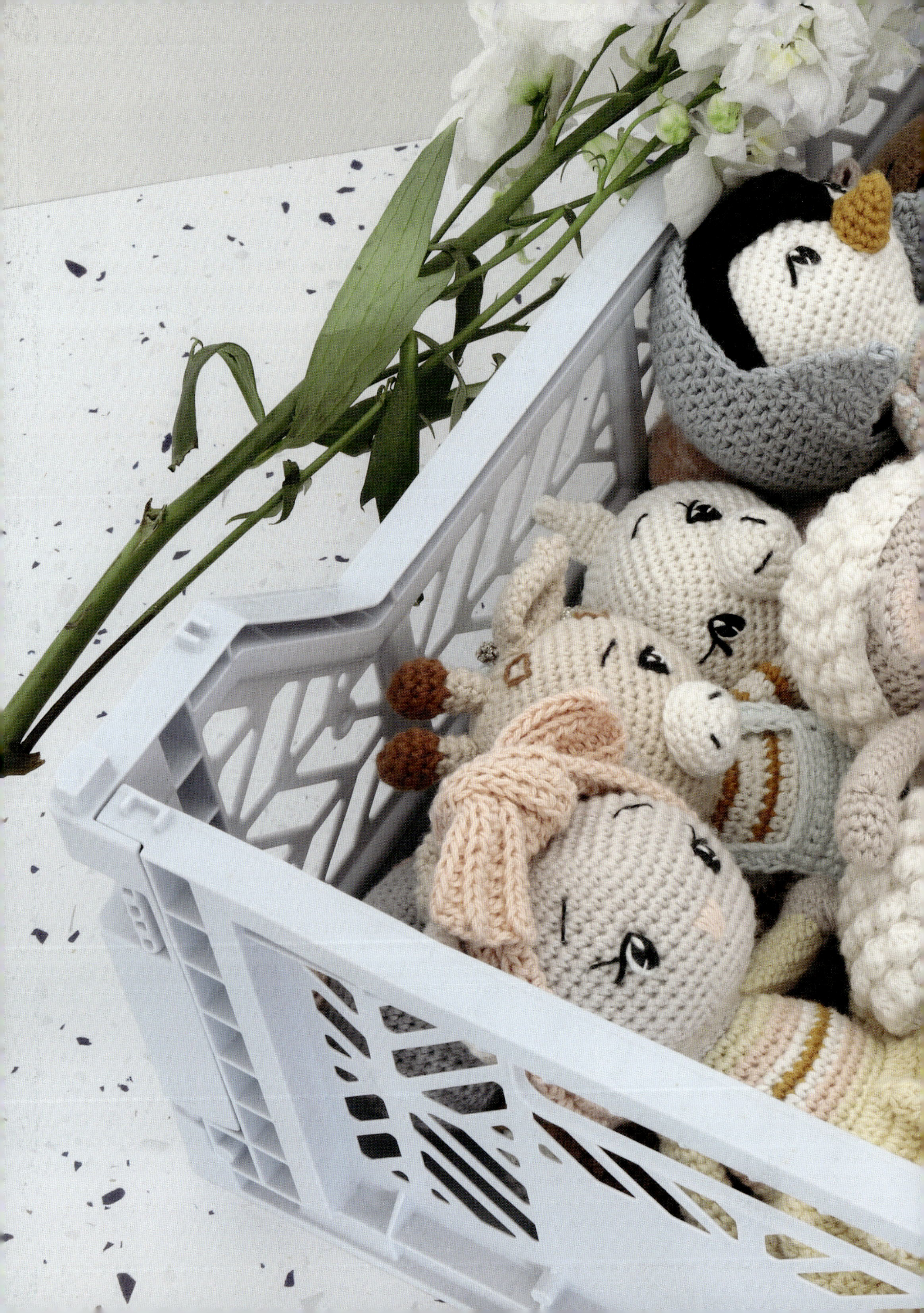